上海市中小学幼儿教师奖励基金会

Reading Nourishes Life

阅读润泽生命

小学语文链群阅读指导的实践探索

陆莉莉◎著

图书在版编目（CIP）数据

阅读润泽生命：小学语文链群阅读指导的实践探索 / 陆莉莉著. — 上海：上海教育出版社，2023.6
ISBN 978-7-5720-2041-4

Ⅰ. ①阅… Ⅱ. ①陆… Ⅲ. ①阅读课 - 教学研究 - 小学 Ⅳ. ①G623.232

中国国家版本馆CIP数据核字(2023)第096535号

责任编辑　公雯雯　袁　玲
书籍设计　王　捷

阅读润泽生命：小学语文链群阅读指导的实践探索
陆莉莉　著

出版发行　上海教育出版社有限公司
官　　网　www.seph.com.cn
地　　址　上海市闵行区号景路159弄C座
邮　　编　201101
印　　刷　浙江临安曙光印务有限公司
开　　本　700×1000　1/16　印张 14
字　　数　222 千字
版　　次　2024年6月第1版
印　　次　2024年6月第1次印刷
书　　号　ISBN 978-7-5720-2041-4/G·1833
定　　价　58.00 元

如发现质量问题，读者可向本社调换　电话：021-64373213

序　言

邻家有女已长成

初次接触莉莉的语文教学是在她参加高级教师职称评审授课答辩的时候，作为评委的我虽然与小学语文课堂有一定的距离，但她生动活泼的教学方式，以及和孩子们在课堂中有意思的互动给我留下了深刻印象：这是个手中有书、目中有人的姑娘。多年后，莉莉成了我在普陀区拔尖教师工作坊带教的学员。彼时，她早已是一所小学的校长了。她是优秀的校长，还是有特色的语文教师？我也曾对莉莉的身份定位有些许游移。但在走进管弄新村小学，比较深入地了解了她的专业发展现状之后，我的顾虑渐消。

那天下午，我们主要就莉莉坚持做了十年的阅读指导聊了很多。莉莉说："我想让这些孩子尽可能地多读一点书，多读一点是一点。因为走出这个校门，孩子们可能再也没有这样读书的机会和环境了……"原来，这曾是一所外来务工子女占了近80%的普通公办小学，而莉莉尽心竭力在做的这件事，是在为孩子们的未来打底色。怪不得当我走在这个面积不大的校园里时，总是感觉有那么点特别的味道在里头。这种特别的味道是莉莉在担任校长的这些年里慢慢营造、渐渐晕染的。这个当年手中有书、目中有人的姑娘，结合学校、学生发展的需要，将语文教学的优势和自身的教育情怀与指导学生阅读这件事进行关联，并在多年默默坚持中取得了令人刮目的成绩。

莉莉说，阅读首先是一件趣事。她把自己的阅读指导经历梳理成"阅读""悦读""越读""跃读"四个阶段，这本身就是一件有趣的事情。小学生的年龄特点决定了其对一切新奇的事物都感兴趣，因此要让这些七八岁的孩子明白虽然电脑短视频知识"读"起来很容易，游戏世界也确实有趣，但阅读却有着不可替代的乐趣。为了让孩子们体验读书的快乐，她动了很多脑筋：结合小学生的年龄特点编制书目，抓住他们最关注的话题，设计形形色色的阅读活动，用富有童趣

的评价激励他们读书。在语文课堂中,她带领教师团队一点一点教会孩子们阅读;在课堂学习外,还尝试通过“全科、全程、全域、全时、全员”的“读书场”让孩子们体验读书之乐、读书之趣。我们知道,所谓“全”,不过是教师为了让孩子们趣读、乐读的“全力以赴”。于是,“阅读”在这样的“全力以赴”中成了“悦读”,继而成了孩子们主动探寻、翻山越岭的“越读”,成了语文素养和能力悄然提升的“跃读”……尽管没有亲历其中,但从莉莉的讲述和一张张过程性照片中,我看到了孩子们阅读及参与相关活动时专注的眼神和发自内心的笑容,也被这样的眼神和笑容感染。

莉莉把阅读变成一件雅事。用书香为孩子们的成长增添一抹亮色是一件雅事,更何况这样的雅事一做就是十年。她没有迫不及待地展示、亮相,只是细细规划,慢慢实施,默默耕耘,就像在观壶中茶叶翻滚,在辨杯中茶色变化,在品尝茶香绕于唇齿之间。如此,阅读成为校园静悄悄的主旋律,成为学生生活与成长的必需品。悠悠古筝伴随的是孩子们清晨诵读《诗经》的声音,暖暖斜阳映衬的是孩子们在晚托班里沉浸书香的身影;午餐后,三五好友“窝”在阅读漂流站的沙发里低声交流;课前课后播放孩子们朗读各自喜爱的阅读作品时录制的别样铃声……这些都是孩子们在阅读光阴里慢慢成长的见证。即使在正常的学习作息被疫情打乱之时,阅读仍是一件能让孩子们“静以养生”的雅事。比如:立春时节,师生开始同读“哇!故宫的二十四节气”丛书;端午节前后,指导学生用各自的长作业给许久未见的老师和同学送上一份特别的惊喜;组织快毕业的学生读一读《人间有味》,学着作品里的样子,拟一份菜谱,烧制一个佳肴,品一品生活的滋味,写一写对未来的期许……在校园里,这群孩子通过读书,以从容优雅的姿态面对生活,这是一件乐事,更是一件雅事。

莉莉让阅读成就了彼此的本事。读写本是一家,书读得多了,孩子们的眉宇间自然多了灵气,写作能力自然也会随之提升。这些年来,孩子们屡屡在《中文自修》《新闻晨报》等组织的写作比赛中获得奖项,也不断在各类杂志上发表作品。别看他们年龄不大,写的东西却常有奇思妙想。有的孩子创作的诗歌既像模像样,又不乏童心童趣,很让人欣喜。老师们也在爱阅读的校长的带领下不断成长。一个规模不大的学校,高级职称教师的比例接近10%。因此,我们完全有理由相信,阅读让师生共同成长,其中也包括莉莉本人的专业成长。多年浸润课

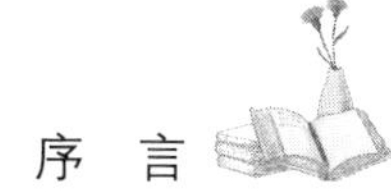

堂的实践，让她能在管理学校的同时不断思考用阅读指导推动语文教学实践，并先后完成两本关于阅读的专著和编撰一本阅读教学专集，这不得不说应归功于其“十年磨一剑”的实践积累。

阅读这点事说来都是寻常事，但在一天天的坚持中成就了师生成长、学校发展的大事和要事。愿孩子们在未来的日子都能享受“手倦抛书午梦长”的悠然，愿莉莉和她带领的教师团队在语文教学中终能寻得“此中有真意，欲辨已忘言”的快乐。

言及于此，我似乎也可以断言一句：莉莉或许早已是一名优秀的校长，但她首先是一名有教育情怀和教学成果的语文教师。

邻家有女已长成，不可养在深闺人未识。

是为序。

2024 年 2 月

前 言

YUE 读

阅读

2013 年 9 月，我在普陀区教育党工委领导的任命下到普陀区管弄新村小学担任校长，到 2023 年恰好十年。都说“十年磨一剑”，而回顾我在这所学校担任校长的十年间，能称得上是“磨一剑”的事情，可能是将“阅读”的种子播进了管弄师生的心田。2013 年，我走进管弄新村小学时的心情是复杂的。学校所处的管弄新村曾经是劳模频出的工人地区，学校也在二三十年里培养了一大批以奥运冠军刘翔为代表的杰出校友。然而，随着时代的变迁和地域板块的调整，原住居民搬迁，外来人口迁入，学生家庭也相应变得弱势，如下岗、单亲、随迁、外来媳妇家庭占了近三分之二。曾经经历过生源高峰的老师们把学校发展的最大问题归结为生源，许多老师都在期待：如果有一天，城市规划让这个老旧社区的生源得以改善，学校的面貌就一定能发生变化。面对这样的办学背景，我这个初来乍到的校长当然希望能尽快转变老师们被动、沮丧的想法，所能做的就是进课堂，了解师生的具体情况。我发现，虽然老师常说，书教得没有成就感，但并不是孩子们不要学，或是这批孩子特别“笨”；相反，当孩子们看到有校长来听课时，表现得特别认真，只是不敢轻易举手发言，课堂氛围有些沉闷。我又向老师们了解了学校前期开展的重点课题“学生学习问题的个案研究”的具体情况，发现部分语文老师引导一些学习困难学生进行大量阅读的实践很有效果。于是，开设一门特别的阅读课程的念头在我的脑中产生。很幸运的是，我的想法得到了老师们的认同和支持。正是在这样的支持下，我和伙伴们共同完成了阅读课程项目研究的前测和理论学习，并在此基础上进行了课程的顶层设计。

悦读

在之后的几年时间里，我和伙伴们想尽一切办法集聚这所学校的资源，将校园变成"悦读"之地：将学校里最大、采光最好的教室改造成了学生图书馆；将教学楼每一个朝南的楼面都做成了各具特色的阅读漂流站，并放上没有做过图书馆侧边贴标的书籍。我们通过教研为孩子们精准地推荐他们喜闻乐见的读物，让他们从一年级进校到五年级毕业，不仅能浸润"悦读100"的书香，还能在一个又一个阅读主题活动中增强自信心和提升能力；我们在课堂里鼓励孩子们积累阅读方法，在课堂外引导他们学习如何管理阅读时间，引导他们学会将每一点碎片时间都用来享受阅读的乐趣。我们发动所有教师、家长、社区工作者的力量，让孩子身边的每一双大手都能为他们点亮阅读之灯……在短短几年时间里，学校为孩子们创设了一个阅读场域，打造了"全科、全程、全域、全时、全员"的阅读场景，以保证孩子们能在书海中"愉悦地读""读到愉悦"，让全校师生在不知不觉中有了书卷味。

越读

推进学生阅读的主阵地一定是在课堂。在2013年的教学质量改进会上，老师们曾为了上一年度学校的学生质量绿色指标测评结果不理想而愁眉不展。10项指标中，有9项指标居于区域均值之下，其中"语言表达""高级思维"等指标的得分更是低得令人揪心。怎样改变质量图谱背后的学生学习问题？短时期内加大火力集中刷题和反复练习，可能会有点成效，但我们深信，只有慢慢在课堂里通过阅读浸润促使学生做出改变，才是提升学生综合素养的正道。我是一名语文教师，向来对阅读教学情根深种。通过整合个人在过去二十多年里对语文阅读教学的实践经验，我根据小学生的年龄特点提出了"一读、二问、三说、四写"的"链式阅读"指导范式。对每个孩子来说，"读"是由外而内的外部输入。在对文字作品进行自我内化后，孩子们能用各种各样的"问"表达他们对作品的不同见解。教师积极鼓励孩子们在听说并行中练习交流表达，这是一种由内而外的外显输出。最后在综合性写作练习中优化表达，实现孩子们的内外兼修——这是"链式阅读"想要追求的目标。"链式阅读"提出伊始，我在学校特有的MINI教研活动中带头上示范课，通过信息化的课堂观测平台倾听全校教师的

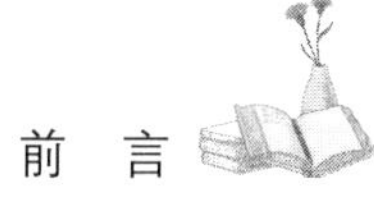

意见和建议。同时,我从一节又一节课、一个又一个案例入手,和教研组老师共同研讨阅读课堂教学效能的提升以及趣味阅读作业的设计与编制……共同参与使得教师"越读"越有味道,学生"越读"越有劲道。因此,他们的阅读兴趣、语文素养在学习中不断提升。

跃读

语文课上愉悦地阅读推动了孩子们的学习变革。阅读不仅仅是语文学习的"专利",更是培养学生创新思维和创新能力的"温床"。要培养学生的创新思维和创新能力,就要让学生自己去发现问题、探索问题、解决问题。在中国教育学会名誉会长顾明远看来,2022 年颁布的新课标对教师提出了更高要求:不是只把本学科的现存知识传授给学生,而是要关注到学生的整体发展;不只是考虑自己所教学科的知识,而是要关注其他学科。在实践中,我们以"链"为方法,以"群"为保障,用"链群阅读指导"创设各类跨学科主题阅读活动,让孩子们在读书的同时综合运用多种学科知识。比如,从五年级的毕业课程"展台设计""食神争霸"到一年一度阅读节的系列主题阅读活动("阅读上海@你""故宫的二十四节气""丝绸之路""跨越山海,奔赴未来"……),跨学科、跨年段的主题阅读引导学生实现了"跃读",让他们突破阅读的界限,学习综合看问题,学习在书本中探索求知。在 2019 年度上海市小学学业质量绿色指标测评中,我校学生的各项测评指标得分均高于区域均值,其中"高级思维""学业质量"的得分均是 2013 年学校测评结果的 2 倍多。数据背后有许多真实而动人的故事,每一个故事都汇聚着"跃读"的成效。

自 2020 年春到 2023 年春,疫情打乱了学校正常的教学秩序,但师生对阅读的热爱却从未停歇。2020 年春天,我带领老师们用两个月的时间着手录制"链群阅读指导"微课,并上传至学校的"指尖上的阅读"平台上,鼓励家长居家期间继续带领孩子用读书来度过这悠长的假期。2022 年春天,倾听了学生们的意见和建议后,我们鼓励他们把自己阅读书籍的声音录制成有声故事,编辑成"GL 好声音",同时向社区里同样居家的幼儿园小朋友开放这个特别的空中图书馆,受到社区大小朋友的欢迎。"链群阅读指导"也在前后三次大面积线上教学的过程中迎来了它的新样态:个性化的阅读方式、精准化的师生互动、多元化的云端评价，让云端阅读又一次跨越时空的阻隔，把不能相见的思念转换成见字如面。

从阅读出发，和孩子、老师共同品味“悦读”的喜悦是我的幸运；用“越读”自勉，追求“跃读”的不断更迭是我对未来的追求。

教育之路不止，YUE读总在路上。

陆莉莉
2024年1月

目　　录

第一章　小学语文链群阅读指导概述 ………………………… 1

第一节　小学语文链群阅读指导的内涵 ………………………… 3

一、什么是“链” ………………………… 4

二、什么是“群” ………………………… 4

三、什么是链群与链群阅读 ………………………… 5

四、小学语文链群阅读指导的概念与特征 ………………………… 5

第二节　小学语文链群阅读指导的理论基础 ………………………… 6

一、建构主义理论 ………………………… 7

二、多元智能理论 ………………………… 8

三、跨学科学习理论 ………………………… 9

第三节　小学语文链群阅读指导的实证研究

——基于对管弄新村小学2019级学生的跟踪调查与数据分析 ………………………… 11

一、《儿童阅读潜能评价测量表》的数据分析 ………………………… 11

二、《小学生综合素养现状调研量表》(家长问卷)的数据分析 …… 16

第二章　链式阅读:提升语文素养 ………………………… 23

第一节　读:由外而内,主动输入 ………………………… 25

一、自主识字,提升阅读速度 ………………………… 26

二、积累方法,提升阅读效率 ………………………… 31

第二节　问:因人而异,自我内化 ………………………… 39

一、学会问:“入门四问”——自己解决阅读中的问题 …… 40
二、坚持问:学会质疑——提升阅读质疑的能力 …… 51
三、习惯问:知行合一——养成自主阅读的习惯 …… 57
第三节 说:由内而外,外显输出 …… 61
一、听说并行——学习口语表达 …… 62
二、读后再说——共享情感交流 …… 69
第四节 写:内外兼修,优化表达 …… 75
一、“剥茧抽丝”的反溯——思考阅读作业研究的切入口 …… 76
二、“学以致用”的实践——形成阅读作业研究的创新点 …… 79
三、“用以致学”的延展——推动链式阅读作业的发展 …… 91

第三章 阅读集群:打造阅读文化 …… 103
第一节 全科——“1+X”跨学科阅读 …… 105
一、从“1”到“X”,设计跨学科阅读课程 …… 105
二、聚焦“1+X”,为学生提供合适的阅读 …… 108
第二节 全程——贯穿学习始终的阅读 …… 124
一、“阅读100”陪伴小学生涯的始终 …… 125
二、融合在每一个学习场景里的自由阅读 …… 130
第三节 全域——让阅读自然发生 …… 138
一、校园即图书馆——让阅读与交流随时发生 …… 139
二、操场上的暖冬书市——让阅读与交流随处进行 …… 141
三、“指尖上的阅读”平台——让阅读与交流跨越时空 …… 143
第四节 全时——阅读时间的有效管理 …… 146
一、缺乏有效的阅读时间管理 …… 147
二、学思结合,知行合一 …… 148
第五节 全员——人人都是阅读促进者 …… 156
一、跨越学科界限 …… 156
二、跨越校园界域 …… 166
三、跨越社区围栏 …… 172

第四章 小学语文链群阅读指导新样态 …… 179
第一节 云端链群阅读指导的范式构建 …… 181
一、数字技术应用于阅读教学的优势分析 …… 181
二、以学生为中心的云端链群阅读指导的范式构建 …… 182
第二节 云端链群阅读指导的难点突破 …… 184
一、师生互动的精准化 …… 185
二、阅读内容的丰富化 …… 189
三、阅读方式的个性化 …… 194
四、评价主体的多元化 …… 197
第三节 云端 MINI 阅读教研的培训保障 …… 198
一、MINI 教研概述 …… 198
二、促进深度学习的云端 MINI 阅读教研模式 …… 199

后 记 …… 208

第一章

小学语文链群阅读指导概述

小学语文链群阅读指导是在小学阶段以“读、问、说、写”四环相扣的链式阅读方法为基础，以“全科、全程、全域、全时、全员”形成的阅读生态为保障，遵循阅读知识发展的逻辑与规律，打破知识壁垒，寻求内部价值秩序，鼓励阅读学科交叉，实现群组知识的衔接与创造，在学生阅读、学科建设、学校治理等领域发挥延伸、裂变、融合作用的一种阅读指导实践探索。本章从小学语文链群阅读的实践起源谈起，从小学生阅读现状分析语文教学与学生核心素养提升之间的差距，在明确小学语文链群阅读概念的基础上，阐述链群阅读指导的实践思考。

第一节　小学语文链群阅读指导的内涵

2014 年,《教育部关于全面深化课程改革落实立德树人根本任务的意见》首次提出“核心素养”这个概念,明确学生应具备的适应终身发展和社会发展需要的必备品格和关键能力。2016 年,北京师范大学等多所高校的近百名研究人员经过三年研究,提炼出中国学生发展核心素养体系。

中国学生发展核心素养体系由一个核心、三个方面、六大素养、十八个基本要点构成。具体来说,以培养“全面发展的人”为核心,分为文化基础、自主发展、社会参与三个方面,综合表现为人文底蕴、科学精神、学会学习、健康生活、责任担当、实践创新六大素养,具体细化为人文积淀、人文情怀、审美情趣、理性思维、批判质疑、勇于探究、乐学善学、勤于反思、信息意识、珍爱生命、健全人格、自我管理、社会责任、国家认同、国际理解、劳动意识、问题解决、技术运用十八个基本要点。各素养之间相互联系、相互补充、相互促进,在不同情境中发挥整体作用,旨在促进学生成为一个全面发展的人。

教育部提出培养学生核心素养,其实是国家对基础教育使命的思考和要求。教育要培养什么样的人是全社会关注的热点问题。在基础教育阶段,不同学科教师各显神通,以学科教学为抓手,努力进行学生核心素养提升的实践探索。就语文学科而言,《义务教育语文课程标准(2022 年版)》在课程理念中提出:“立足学生核心素养发展,充分发挥语文课程育人功能。”由此可见,语文学科是培养和提升学生核心素养的主阵地。如何充分利用课内和课外时间,如何充分调动教师、学生、家长的积极性,如何充分利用各种教学手段和教学资源,以培养学生对中华文化的自信,引导学生正确、规范使用汉字,培养学生的好奇心和求知欲,让每一个学生具有健康的审美意识和正确的审美观念,是每一名语文教师需要思考的问题。

有鉴于此,笔者作为一名语文教师,总结了自己二十多年的教学经验,以课内课外、跨越阅读学科界限的阅读指导为切入口,通过“全科、全程、全域、全时、全员”的阅读集群构架，探索阅读指导学习的新范式，在实践中提出了链群阅读指导的构想。

一、什么是“链”

“链”在《现代汉语词典》（第 7 版）中的解释如下：一是指链子；二是指英美制长度单位；三是指计量海洋上距离的长度单位。

阅读是充分利用人脑视觉区域的局部功能，形成专门用于阅读的神经回路，在特定的脑区进行视觉单词的识别活动。阅读的过程至少需要两个阶段：一个阶段是看到文字，另一个阶段是根据自己已有的知识来考量看到的文字。阅读是信息解码的过程，是视觉和听觉互动的过程。因此，在指导学生阅读，特别是小学低年级学生时，一定要强调环环相扣、循序渐进，不能杂乱无章或揠苗助长。

笔者认为，“链”是语文教学中培养学生核心素养不可或缺的方法。在《义务教育语文课程标准（2022 年版）》中，“链”具体表述为“识字与写字”“阅读与鉴赏”“表达与交流”“梳理与探究”等实践活动。这些实践活动在教育教学的推进过程中不应该是孤立、断裂的，而应该如锁链一样，一环套一环。只有关注前后两者之间的关联，才能取得良好的育人效果。

二、什么是“群”

“群”在《现代汉语词典》（第 7 版）中的第一层意思是“聚在一起的人或物”。“群”本义指牲畜聚合一处，泛指同类相聚，引申意思是众多、集体。此外，“群”也用作量词，用于成群的人或东西。

当阅读较为复杂的文本时，我们总是把大脑理解成一条秩序井然的流水线，这边输入，那边输出。但实际上，大脑真实的运作是一场混乱的大合唱。从眼睛接收视觉信号到大脑识别文字，再到联想语音和语义以及解决冲突，大脑是在不断开会、投票，每一步都很嘈杂。当然，人类的大脑具有可塑性，虽然阅读能力的硬件并没有进化，但我们可以通过后天训练来提升阅读能力。孩子的视觉和语言中枢共同构成了一件精妙的装置，而阅读训练可以通过再利用这些神经回路，将其升级为更熟练的阅读装置，从而帮助孩子提高阅读的效率和效能。

下文中提到的阅读集群是阅读指导过程中培养学生核心素养的助力系统和生态保障。

三、什么是链群与链群阅读

链群是一种有效的分布式结构，把网络分成多个节点。每个节点都有自己的相邻节点，这些节点形成一个链状结构；每个节点都可以直接与其他节点进行通信，从而形成一个紧密的网络结构。因此，链群之间是一种相互依托、相互支撑、相互成就的关系。链群的结构优势决定了它可以在实施过程中有效地分散负载并提高交互效率，允许各种数据在网络中更快地传播，从而改善整个系统的性能。其主要特征如下：(1)相互依存，是指各个事物或现象互为条件而不可分离，缺一不可；(2)相互作用，是指事物之间或事物内部因素之间相互联系的一种表现形式，包括互相联结、互相斗争、互相促进、互相制约等关系；(3)和谐共存，是指人与他人、与自然相处时的一种状态，体现的是一种互惠互利、协同合作的关系。

广义的链群阅读是指由网络用户组成的小组在网络上分享阅读材料并进行讨论，以此来深入了解某一特定的话题。链群阅读的参与者可以从中获得有用的信息和更多的灵感，从而更好地掌握某一特定的话题。

狭义的链群阅读是链式阅读和阅读集群的结合，不仅培养了学生的“读、问、说、写”能力，回答了“人是如何阅读的”这一命题，还在影响学生阅读质量的关键要素，如阅读时间与地点、阅读范围与重点等环节上发挥作用，诠释和演绎了“人是如何更好地阅读的”这一命题。

这种链群阅读既能让学生的思维向着更深的方向发展，如发现问题、分析问题、解决问题，也能让学生在阅读探究过程中实现自主学习、师生互动、生生互动、合作探究。

四、小学语文链群阅读指导的概念与特征

小学语文链群阅读指导是在小学阶段以“读、问、说、写”四环相扣的链式阅读方法为基础，以“全科、全程、全域、全时、全员”形成的阅读生态为保障，遵循阅读知识发展的逻辑与规律，打破知识壁垒，寻求内部价值秩序，鼓励阅读学科

交叉，实现群组知识的衔接与创造，在学生阅读、学科建设、学校治理等领域发挥延伸、裂变、融合作用的一种阅读指导实践探索。

小学语文链群阅读指导具有自发性、开放性、持续性、正向反馈强等特征。

在心理学中，行为不是由外在刺激所引发，而是发自内在（内心）；内在元素起决定性作用的情况称为自发性。链群阅读指导以最终激发学生自我阅读为目标，具有自发性的特征。

链群阅读指导不是强调阅读对学生成长的唯一性，而是追求以学校教育教学中提供的开放性的阅读生态为保障，为学生的阅读成长奠基。

从链群阅读指导的自身发展而言，它具有一种迭代式的持续性，也就是在接近目标即促进学生阅读能力、语文素养提升的过程中，不是直接线性到达，而是朝着大致方向不断折返接近。在链群阅读指导的实践过程中，我们的团队成员不断试错、调整、精进，让学生在小学的五年时间甚至更长的时间里（包括并不止于幼小衔接年段以及小初衔接年段）螺旋式上升。

正向反馈是产生学习效果的关键。学生一旦感受到阅读学习的乐趣，大脑就会展现强大的动力，让自己像沉迷娱乐一样沉迷于学习。[①] 由于链群阅读指导在实践过程中基于学生的阅读兴趣和需求，因此能使学生的本能脑和情绪脑不断接受强烈的正向反馈，愉悦地朝着自主阅读的目标前行。本书将在后续章节的论述中结合具体实践对上述特征进行阐述，此处不再展开。

第二节　小学语文链群阅读指导的理论基础

教育理论是人们在长期教育实践过程中总结、归纳、抽象、概括而形成的理性认识，是由概念、命题、原则等构筑的系统的理论结构，反映了教育活动现象背后的必然联系。恩格斯指出："一个民族要想站在科学的最高峰，就一刻也不能没有理论思维。"习近平总书记在纪念马克思诞辰 200 周年大会上的讲话中引用了恩格斯的这一论述，并提出："中华民族要实现伟大复兴，也同样一刻不能没

① 周岭.认知觉醒：开启自我改变的原动力［M］.北京：人民邮电出版社，2020：148.

有理论思维。”

教育理论是教育实践不可或缺的重要成分，对于提高教育质量、推动教育改革、促进教育创新、培养教育工作者都具有非常重要且不可替代的作用。因此，在任何教育教学实践落地推进之前，必须加强对相关理论的研究。

本节着重研究和阐述与小学语文链群阅读指导紧密相关的建构主义理论、多元智能理论、跨学科学习理论，探索这些教育理论为小学语文链群阅读指导这一具体实践提供的理论支持和方法指导。

一、建构主义理论

建构主义是瑞士心理学家皮亚杰提出的关于知识和学习的理论。相较于传统的学习理论和教学思想，建物主义强调学习者的主动性，认为儿童是在与周围环境相互作用的过程中，通过同化和顺应逐步建构起关于外部世界的知识，并在“平衡—不平衡—新的平衡”的循环中使自身的认知结构得到发展。

建构主义认为，知识是学习者在一定的情境即社会文化背景下，借助其他人（包括教师和学习伙伴）的帮助，利用必要的学习资料，通过意义建构的方式而获得的。因此，在教学中应该注重“情境”“协作”“会话”“意义建构”的创设。

基于建构主义理论，笔者在链群阅读指导的实践中有以下做法：一是基于学生的学习基础，从“由外而内，主动输入”的“读”入手，在扩大学生识字量的基础上，引导学生积累阅读方法，提升阅读速度与效度；引导学生在阅读中“因人而异，自我内化”，学会用“问”来解决阅读中的知识性问题，提升质疑能力，养成自主阅读习惯；通过“由内而外，外显输出”等方法，帮助学生将阅读中习得的内容与同伴、师长进行沟通交流，通过陈述性表达、思辨性表达、创意表达促进思维发展；又以“内外兼修，优化表达”等方法来提升学生的语文综合素养。根据建构主义理论，在上述链群阅读指导的过程中，教师应该是学生建构知识的支持者、帮助者和引导者，学生则是阅读活动的积极参与者和知识的积极建构者。学生在阅读过程中不断发生量变：接纳并认同经由外部环境传递给他们的阅读信息、知识以及技能。同时，学生的阅读能力也在这一过程中悄悄地发生质变：通过不断地“读、问、说、写”，他们渐渐学会了用自己的眼光看世界和用自己的头脑思考世界；正是在这种“平衡—不平衡—新的平衡”的阅读循环中，学生对阅读中的疑难之处不断产生兴趣，并在教师的支持、帮助、引导下提升思辨等素养；长此以往，学生自身的认知结构也会不断完善、更新发展。

二、多元智能理论

多元智能理论是由美国心理学家、教育家加德纳提出的。他认为，“智能是在某种社会或文化环境的价值标准下，个体用以解决自己遇到的真正难题或生产及创造出有效产品所需要的能力”。加德纳对智能的理解明显不同于传统智力观，他特别强调智能是个体解决实际问题或生产及创造出社会需要的产品的能力，也并非简单地以语言能力和抽象逻辑思维能力来衡量一个人智力水平的高低。

他指出，智力不是一种能力而是一组能力，智力不是以整合的方式存在而是以相互独立的方式存在的。加德纳将人的智能概括为以下八种：言语语言智能、数理逻辑智能、视觉空间智能、音乐韵律智能、身体运动智能、人际沟通智能、自我认识智能、自然观察智能。

多元智能理论为小学语文链群阅读指导的落地提供了很好的理论依据。教师在以“读、问、说、写”为方法的链群阅读指导中运用多元智能理论，能促进学生多元智能发展。比如：根据自我认识智能的特点，引导学生将书本蕴含的美好寓意纳入自身的认知结构中，指导学生在读的同时正确看待自己，把握自己的情绪、意向、动机、欲望，树立正确的价值观；根据数理逻辑智能的特点，依据书本内容创设问题情境，启发学生在读的过程中积极思考，大胆提出假设和疑惑；根据言语语言智能的特点，利用书本创设的图文情境（如进行绘本阅读或是结合阅读作品中的插图），加强学生与文本之间的对话，以及与同伴、教师之间的对话，培养学生运用语言、表达思想、与人交流的能力；根据身体运动智能的特点，指导学生运用双手完成阅读后的相关作品制作，在动手、动口、动脑中提升思考能力，在阅读过程中促进身体活动与心智活动相结合，进而发展主体性；根据人际沟通智能的特点，创设各类阅读问题情境，加强学生课堂内外的合作交流，在互动交流的过程中提升学生的合作沟通能力；根据音乐韵律智能的特点，在阅读中创设音乐情境，调动学生的非认知因素，加强情感体验；根据自然观察智能的特点，可以带领学生阅读科普类读本，开阔学生的视野，也可以带领学生走进自然，在自

然中学习,释放学生的天性。综上,多元智能理论在链群阅读指导中的运用实践,既能促进学生多元智能发展,也能全面提升学生的语文素养。

同时,阅读是一种极具个性化的学习活动。正所谓"一百个读者眼中有一百个哈姆雷特",链群阅读指导在探索共性的阅读指导方法的同时,也关注学生个体的成长。在教育数字化转型背景下,我们探索构建以学生为中心的云端阅读指导范式,从阅读方式的个性化、阅读内容的丰富化、评价主体的多元化等方面切入,从云端链群阅读指导的难点突破入手,借用"指尖上的阅读"平台、"人工智能背景下的阅读指导数据分析"等载体,进行了基于数字支持的个性化阅读指导实践,在开发学生多元智能的基础上,推进不同学生个体在阅读中成长,推进教师基于阅读的深度学习,这是链群阅读指导的又一收获。

三、跨学科学习理论

唯物辩证法认为,世界是普遍联系的。用这一观点纵观世界,我们可以认为,世界上的万事万物是相互影响、相互作用、相互制约的,是一种你中有我、我中有你的关联关系。故此,我们不能以片面、孤立的方式看待事物和解决问题。

跨学科学习理论就是以唯物辩证法的观点为基础,采用跨学科的方式,用两种或两种以上学科的知识与理论来解决具体问题的一种学习理念。

在讲跨学科学习之前,我们先来了解一下"学科"一词的含义。根据《辞海》的解释,"学科"包括学术的分类和教学科目的简称两层含义。从学术的分类角度讲,"学科"指一定科学领域或一门科学的分支,如自然科学中的物理学、生物学,社会科学中的史学、教育学等。从教学科目的简称角度讲,"学科"也称"科目",指按一定逻辑顺序和学生接受能力,组织某一科学领域的知识与技能而构成的课程,如中学的物理、化学,高等学校心理学系的普通心理学、儿童心理学等。《现代汉语词典》(第7版)将"学科"解释为"按照学问的性质而划分的门类",一个学科即为一个知识领域。

我们再来了解一下"跨学科"。"跨学科"概念是美国心理学家伍德沃斯在1926年首次提出的。他认为,涉及两个或两个以上学科的合作实践就是跨学科。1972年,经济合作与发展组织(OECD)的教育研究与创新中心将"跨学科"定义为:两个或多个不同学科之间的相互联系,包括学科思想的简单交流,教育与研究范围内的概念、方法论、程序、认识论、学科术语、数据以及科研组织的相互联系。

跨学科学习就是对跨学科理念的一种实践运用，是对传统“分科学习”弊端的一种反思。在传统教学中，学校为学生开设了很多学科，但各学科之间相对独立、互不干涉。学生通过学习获得了关于不同学科的大量知识，但这些不同学科的知识之间没有完成整合，不成系统。这种结果不利于培养学生对问题进行综合思考和协调处理的能力。

我们所处的世界是普遍联系的，是不分科的，分科只是研究世界的一种手段。教育部在《义务教育课程方案（2022 年版）》中强调，统筹设计综合课程和跨学科主题学习，原则上各门课程用不少于 10% 的课时设计跨学科主题学习，以此加强学科间相互关联，强化跨学科实践。这一要求旨在让学生学会整合运用不同学科知识分析、解决具体问题，达到融会贯通、举一反三的效果，并进一步达成培育学生核心素养的目标。

语文学科是培养学生阅读能力的主阵地，但不是说其他学科和阅读能力培养、阅读素养养成没有关系，所有学科都离不开阅读，只不过在培养学生阅读能力上各有优势。因此，我们要打破学科壁垒，改变语文学科单打独斗的现象，培养学生的综合阅读能力。链群阅读指导所主张的“全科”等正是遵循阅读知识发展的逻辑与规律、打破知识壁垒、寻求阅读内部价值秩序的实践。

在实践过程中，链群阅读指导不仅基于跨学科的思考尝试连接语文学科和其他学科，同时寻求连接“课内与课外”“校内与校外”“书本与世界”“学生的当下与未来”。虽然上述连接的达成有赖于“全科”等阅读生态的保障，但我们相信一旦这种通过阅读学科交叉实现的群组知识的衔接与创造变为实践，学生的阅读能力等就会得到很大程度的提高。同时，上述实践也会在学校的学科建设（不仅是语文学科）、课程建设（不仅是阅读课程）乃至学校管理等领域发挥延伸、裂变、融合作用，从而促进校园文化的变革。

在上述理论依据的支撑下，我们努力通过链群阅读指导达成学生的“三高”，即挑战疑难的高兴趣、激活思辨的高素养和提升境界的高品质，实现校园阅读文化的“三体”建设，即发展学生的主体性、融合课程的立体性和浸润校园的群体性。

第三节　小学语文链群阅读指导的实证研究

——基于对管弄新村小学2019级学生的跟踪调查与数据分析

阅读是学生获取知识、认识世界、满足学习和生活需要、实现身心健康发展和社会化的基本途径。阅读能力是学生学习能力的重要组成部分,是21世纪必备的生存和发展技能。2014年,联合国教科文组织发布了第11次《全民教育全球监测报告》,指出全球仍然有约2.5亿儿童不能很好地阅读、写作和计算。于是,我参加了上海市教育学会的"儿童阅读能力研究"课题组,潜心研究学生阅读能力提升的策略和方法。

从2019年开始,我对管弄新村小学2019级学生进行了为期5年的跟踪调查,积累了大量的实证数据。下面,我就两次调研的数据进行分析说明。

一、《儿童阅读潜能评价测量表》的数据分析

课题组首先研制了一套针对一至三年级学生的《儿童阅读潜能评价测量表》,对儿童阅读潜能进行全面系统的评估。

《儿童阅读潜能评价测量表》由量表一(识字、组词、注音符号学习)和量表二(语音、语素、构词等)构成,从识字力、符号学习力以及对汉字的音、形、意的感觉等方面,对学生阅读能力进行预测。

这套测量表的设计原理包括以下三点。

首先,儿童的阅读能力是以识字的数量和质量为基础的。要顺利完成阅读任务,需要一定的识字量做保证。所以,学生识字的数量和质量是其阅读能力发展的最佳预测指标。对识字力和符号学习力进行测量,可快速预测学生现有的阅读水平及其具备的发展潜质。

其次,阅读活动包括信息解码和意义构建两个过程。识字、读音可以检测学生将符号转换成声音的数量和质量;组词可以检测学生从已有知识经验出发,对文字做出理解和合理解释,从而构建字词意义的能力。因此,识字、读音、组词能

测评和反映学生的阅读能力。

最后，注音符号学习可以检测学生在空白背景下对字符学习的获得能力，旨在判断学生学习能力的强弱。

2019年12月，课题组使用《儿童阅读潜能评价测量表》对上海市5所小学的1178个一年级学生进行测量。本书以管弄新村小学的78个一年级学生为例，进行统计分析。本次测量分两部分进行：第一部分是由识字、组词、注音符号学习构成的量表一，总点数为165点；第二部分是由声母辨别、韵母辨别、声调辨别、去除声母、去除韵母、去除介音、正字法、语素构成、同音字辨别构成的量表二，总点数为70点。管弄新村小学2019级学生的测量结果见表1－1和表1－2。

表1－1　管弄新村小学2019级学生阅读潜能的总体情况

人数		78
平均分		98.99
中位数		108.00
标准偏差		40.79
最小值		8
最大值		176
百分位数	10	42.80
	25	67.50
	50	108.00
	75	128.50

从表1－1中的百分位数数据可知（全套测量满分为235点），10%的学生总点数在42.80以下，25%的学生总点数在67.50以下，25%的学生总点数在128.50以上。本次测量的学生中最小值为8点，最大值为176点。

表1－2　管弄新村小学2019级学生的量表一结果统计

	识字	组词	注音符号学习
人数	78	78	78
平均分	42.58	29.97	2.18

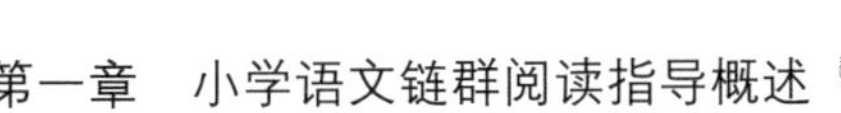

（续表）

		识字	组词	注音符号学习
中位数		43.50	32.50	2.00
标准偏差		23.25	14.53	1.72
最小值		2	0	0
最大值		86	51	8
百分位数	10	8.00	6.00	0
	20	19.80	15.00	1.00
	30	28.00	23.00	1.00
	40	36.20	27.60	1.60
	50	43.50	32.50	2.00
	60	49.40	37.40	2.00
	70	57.00	40.30	3.00
	80	66.20	45.00	3.20
	90	73.10	47.00	4.10

在识字板块（总点数为 90 点）中，平均分为 42.58，不到总点数的 50%；表现最差的学生拿到 2 点，表现最好的学生拿到 86 点；10% 的学生获得的点数在 73.10 以上。

在组词板块（总点数为 65 点）中，平均分为 29.97，不到总点数的 50%；表现最差的学生拿到 0 点，表现最好的学生拿到 51 点；10% 的学生获得的点数在 47.00 以上。

在注音符号学习板块（总点数为 10 点）中，平均分为 2.18，占总点数的 21.8%；表现最差的学生拿到 0 点，表现最好的学生拿到 8 点；10% 的学生获得的点数在 4.10 以上。

表 1－3　管弄新村小学 2019 级学生的量表二结果统计

	声母辨别	韵母辨别	声调辨别	去除声母	去除韵母	去除介音	正字法	语素构成	同音字辨别
人数	78	78	78	78	78	78	78	78	78
平均分	1.33	1.92	2.56	1.35	1.90	2.40	1.37	0.55	10.87

（续表）

		声母辨别	韵母辨别	声调辨别	去除声母	去除韵母	去除介音	正字法	语素构成	同音字辨别
中位数		1.00	2.00	3.00	1.00	1.00	3.00	1.00	0	12.00
标准偏差		1.08	1.33	1.49	1.13	1.70	1.90	1.09	0.71	3.10
最小值		0	0	0	0	0	0	0	0	0
最大值		4	5	5	5	5	5	5	2	16
百分位数	10	0	0	0	0	0	0	0	0	7.00
	20	0	1.00	1.00	0	0	0	0	0	9.00
	30	1.00	1.00	2.00	1.00	1.00	0.70	1.00	0	10.00
	40	1.00	1.60	2.00	1.00	1.00	2.00	1.00	0	11.00
	50	1.00	2.00	3.00	1.00	1.00	3.00	1.00	0	12.00
	60	1.00	2.00	3.00	1.00	2.00	3.00	2.00	1.00	12.00
	70	2.00	3.00	3.00	2.00	3.00	4.00	2.00	1.00	13.00
	80	2.00	3.00	4.00	2.00	4.00	4.00	2.00	1.00	13.00
	90	3.00	4.00	5.00	3.00	5.00	5.00	3.00	2.00	14.00

在声母辨别板块（总点数为 5 点）中，平均分为 1.33，占总点数的 26.6%；表现最差的学生拿到 0 点，表现最好的学生拿到 4 点；10% 的学生获得的点数在 3.00 以上，60% 的学生获得的点数在 1.00 以上。

在去除声母板块（总点数为 5 点）中，平均分为 1.35，占总点数的 27%；表现最差的学生拿到 0 点，表现最好的学生拿到 5 点；10% 的学生获得的点数在 3.00 以上，50% 的学生获得的点数在 1.00 以上。

以上两个板块的调查结果显示，学生在声母掌握上还有待加强。

在正字法板块（总点数为 10 点）中，平均分为 1.37，占总点数的 13.7%；表现最差的学生拿到 0 点，表现最好的学生拿到 5 点；10% 的学生获得的点数在 3.00 以上。该板块的调查结果显示，学生在汉字正字（字形）意识和正字技能方面表现较弱。

在语素构成板块（总点数为 10 点）中，平均分为 0.55，占总点数的 5.5%；表现最差的学生拿到 0 点，表现最好的学生拿到 2 点；10% 的学生获得的点数在

2.00以上，一半学生没有拿到这个板块的点数。该板块的调查结果显示，学生在语素意识和语义技能方面表现较弱。

在同音字辨别板块（总点数为20点）中，平均分为10.87，占总点数的54.35%；表现最差的学生拿到0点，表现最好的学生拿到16点；10%的学生获得的点数在14.00以上。该板块的调查结果显示，学生将特定字形与特定语素相联结的能力还有待加强。

将管弄新村小学的测量结果和其他四校作比对，见图1－1。

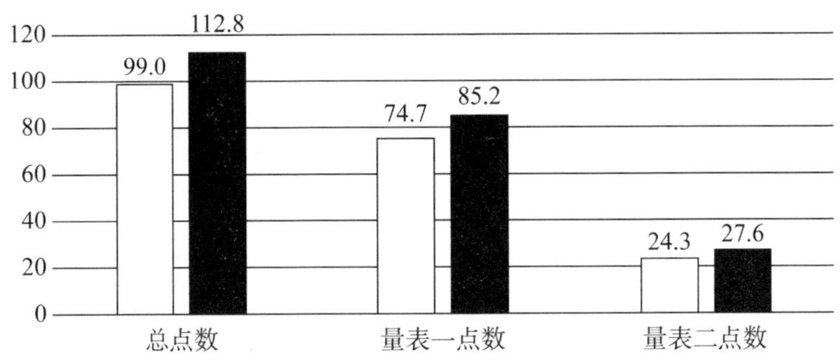

图1－1　管弄新村小学和其他四校的平均点数对比图

汉语拼音对一年级新生具有重要作用，是他们识字的一块“敲门砖”，更是他们打开阅读大门的一把“金钥匙”。从管弄新村小学的测量结果看，总点数不尽如人意。学生们在学习汉语拼音以及读准声母、韵母、声调和音节等方面表现平平。

在识字方面，学生们基本能认清字形、读准字音，以及掌握和了解文字的基本意义，也能了解常用的偏旁部首。此外，他们还能掌握基本的笔顺规则，注意到它们的间架结构，有一定的组词能力。但是大部分学生的识字量不大，对汉字的构词方法不够了解，在从知识到能力的迁移方面普遍表现不佳。

与此同时，大部分学生的学习力较弱。比如，在对一些知识的学习上缺少举一反三的能力，对相关内容的记忆、理解、表达、运用也有缺陷。

在测量的全过程中，部分学生的学习注意力不够稳定、持久，容易受外界干扰，不能做到专心致志，耐挫性弱。

二、《小学生综合素养现状调研量表》(家长问卷)的数据分析

2023 年,2019 级学生已迈入五年级。历经几年的链群阅读指导,通过学校所有学科教师的合作努力,这届学生目前的阅读能力是一种什么样的状态呢?

为此,我们设计了《小学生综合素养现状调研量表》(家长问卷),从“语言运用”“审美创造”“思维能力”“文化自信”四方面进行调研。其中,每一题都按“好”(4 分)、“较好”(3 分)、“弱”(2 分)、“很弱”(1 分)四个等级计分。我们用问卷星的方式邀请家长对自己的孩子在这些方面的表现做出评价,具体情况如下。

第一板块　语言运用

表 1-4　“倾听与理解”中不同题目选项的百分比

	好	较好	弱	很弱
能认真倾听,不随意打断别人说话。	59.86%	30.20%	8.70%	1.24%
能在听不懂、有疑问时适时且礼貌提问。	51.15%	33.04%	13.15%	2.66%
能听懂言外之意或双关语。	48.13%	38.01%	12.08%	1.78%

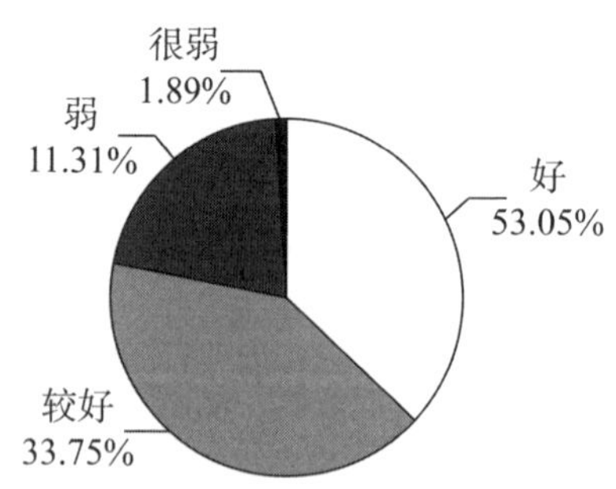

图 1-2　“倾听与理解”的数据统计图

在“倾听与理解”调研中,学生的平均分为 3.38。从图 1-2 可知,家长认为孩子在“倾听与理解”中表现很弱的占比 1.89%,表现较好的占比 33.75%,表现

好的占比53.05%。因此，家长认为自己的孩子在“倾听与理解”方面的表现令人满意。

表1－5　“表达”中不同题目选项的百分比

	好	较好	弱	很弱
愿意与他人交流，能在众人面前大胆说话，口齿清楚。	52.04%	38.9%	7.99%	1.07%
能结合情境，准确表达自己的观点。	52.58%	39.61%	7.10%	0.71%
能有序、连贯、清楚地讲述一件事情。	50.80%	37.83%	10.48%	0.89%
能根据说话的对象和需要，调整自己说话的语气和措辞。	48.85%	39.96%	10.12%	1.07%

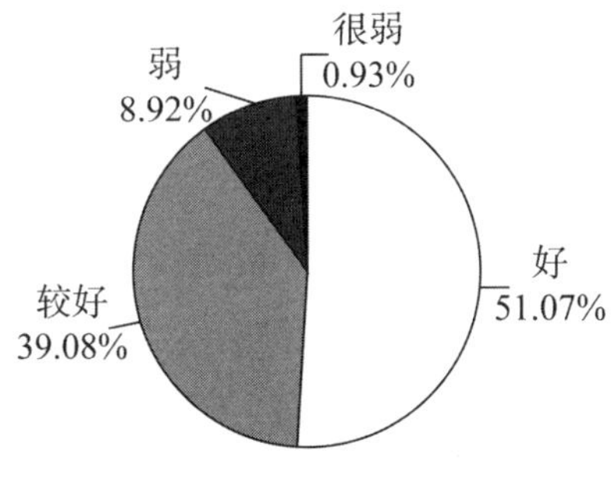

图1－3　“表达”的数据统计图

在“表达”调研中，学生的平均分为3.40。从图1－3可知，家长认为孩子在“表达”中表现很弱的占比0.93%，表现较好的占比39.08%，表现好的占比51.07%。因此，家长认为自己的孩子在“表达”方面的表现令人满意。

表1－6　“阅读兴趣与习惯”中不同题目选项的百分比

	好	较好	弱	很弱
能理解书本、生活情境中文字所表示的意义，能专注阅读纸质图书。	47.96%	38.37%	13.14%	0.53%
喜欢与他人谈论图书和故事的内容。	50.98%	35.52%	12.79%	0.71%
能读完整本书而非其中的片段或部分章节。	48.31%	35.52%	14.93%	1.24%
能自己制订阅读计划，并按计划认真自觉执行。	53.64%	32.68%	13.5%	0.18%

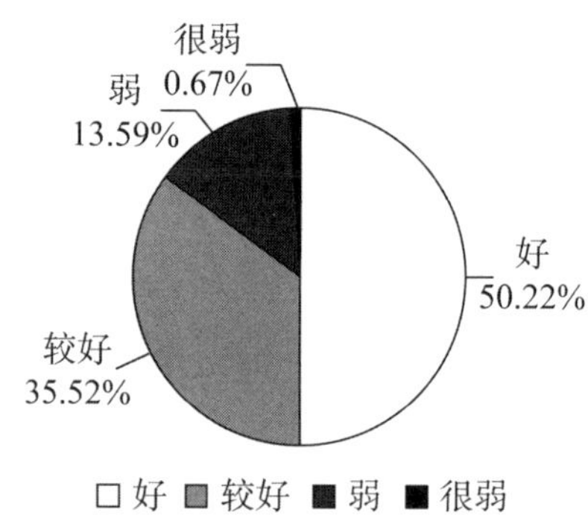

图 1－4 “阅读兴趣与习惯”的数据统计图

在“阅读兴趣与习惯”调研中，学生的平均分为 3.35。从图 1－4 可知，家长认为孩子在“阅读兴趣与习惯”中表现很弱的占比 0.67%，表现较好的占比 35.52%，表现好的占比 50.22%。因此，家长认为自己的孩子具有很高的阅读兴趣和良好的阅读习惯。

表 1－7 “阅读与理解”中不同题目选项的百分比

	好	较好	弱	很弱
能概括作品中的主要内容。	47.25%	41.92%	10.30%	0.53%
能根据提示、线索猜想故事情节的发展。	44.76%	38.9%	15.63%	0.71%
对于看过的书，能从多方面提出自己的见解。	45.29%	40.14%	13.50%	1.07%
能熟练阅读文字、图画、图表等。	57.73%	33.39%	8.70%	0.18%
小学五年内阅读过文学、科技、哲学等不同种类的书籍。	31.97%	43.69%	23.09%	1.25%

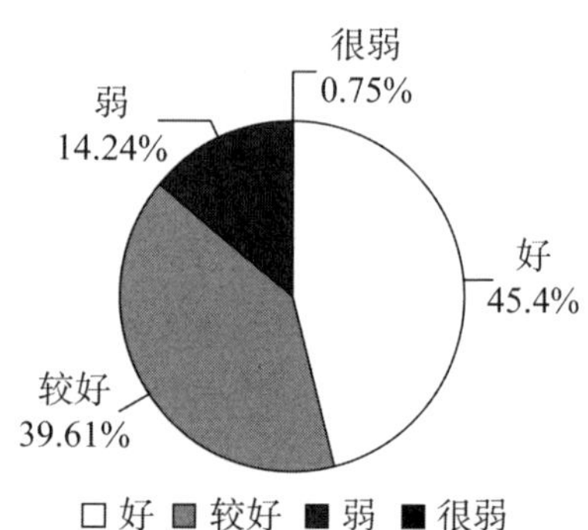

图 1－5 “阅读与理解”的数据统计图

在“阅读与理解”调研中，学生的平均分为3.30，略低于“阅读兴趣与习惯”。从图1－5可知，家长认为孩子在“阅读与理解”中表现好和表现较好的占比共计85.01%。因此，家长对自己的孩子在“阅读与理解”方面的表现较为满意。

表1－8　“书面表达”中不同题目选项的百分比

	好	较好	弱	很弱
写作时，观点清晰，能用材料支持观点。	44.05%	41.39%	13.85%	0.71%
写作时，意思清楚，语义连贯。	38.72%	39.96%	19.72%	1.60%
写作时，语法正确，词汇丰富。	38.37%	39.61%	20.43%	1.59%
喜欢写作，作文得分较高。	26.11%	40.85%	30.20%	2.84%

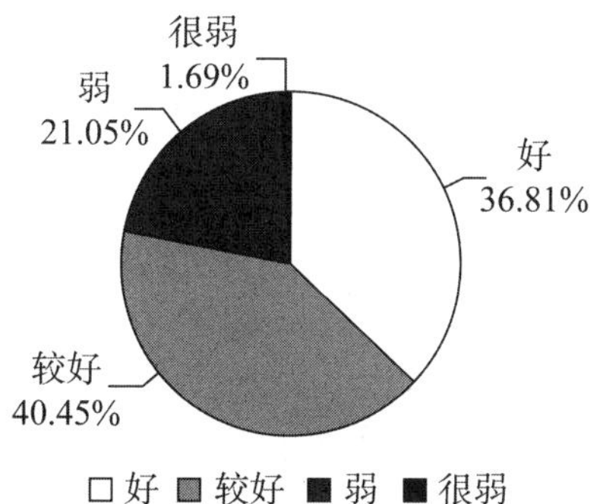

图1－6　“书面表达”的数据统计图

在“书面表达”调研中，学生的平均分为3.12，是这五个维度中得分最低的。因为在“听”“说”“读”“写”四大能力培养中，“写”的难度明显高于其他三个，所以这个数据也在情理之中。从图1－6可知，家长认为孩子在“书面表达”中表现好的占比36.81%，表现较好的占比40.45%。因此，家长对自己的孩子在“书面表达”方面的表现还是较为满意的。

第二板块　审美创造

表1－9　“审美创造”中不同题目选项的百分比

	好	较好	弱	很弱
能感受、理解语言文字及作品传达出来的美。	52.04%	40.50%	6.93%	0.53%
能发现、欣赏各种形式的美。	46.54%	42.27%	10.48%	0.71%

（续表）

	好	较好	弱	很弱
能运用语言文字表现美、创造美。	46.01%	39.25%	14.03%	0.71%
善于和别人分享、交流自己喜爱的作品。	52.58%	37.30%	9.77%	0.35%

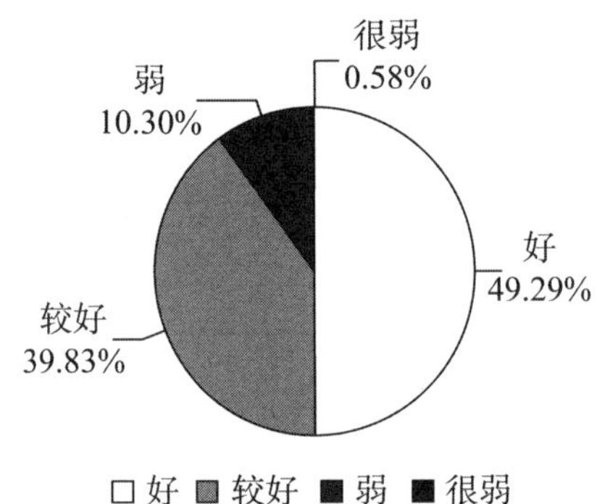

图 1－7 “审美创造”的数据统计图

在“审美创造”调研中，学生的平均分为 3.38。从图 1－7 可知，家长认为孩子在“审美创造”中表现好的占比 49.29%，表现较好的占比 39.83%。因此，家长对自己的孩子在“审美创造”方面的表现相当满意。

第三板块 思维能力

表 1－10 “思维能力”中不同题目选项的百分比

	好	较好	弱	很弱
对事物有好奇心，喜欢打破砂锅问到底。	40.76%	50.67%	5.86%	2.71%
兴趣广泛且有多方面的知识。	40.90%	47.74%	8.83%	2.53%
爱动脑子，喜欢和人争辩，反应快，不轻易认输。	40.59%	47.14%	10.75%	1.52%
表达观点时，有条理，善于用合适的材料进行佐证。	38.44%	39.68%	18.51%	3.37%
好读书，善理解，敢质疑。	40.68%	44.83%	10.64%	3.85%
思维敏捷且有深度。	34.55%	40.56%	19.51%	5.38%
能根据已有的材料和知识，做出符合逻辑的推测。	40.55%	44.97%	10.23%	4.25%
能用发散思维、逆向思维思考问题，喜欢别出心裁。	33.41%	37.64%	20.58%	8.37%
喜欢寻找新思路，不爱做重复的事情。	54.53%	33.93%	10.83%	0.71%

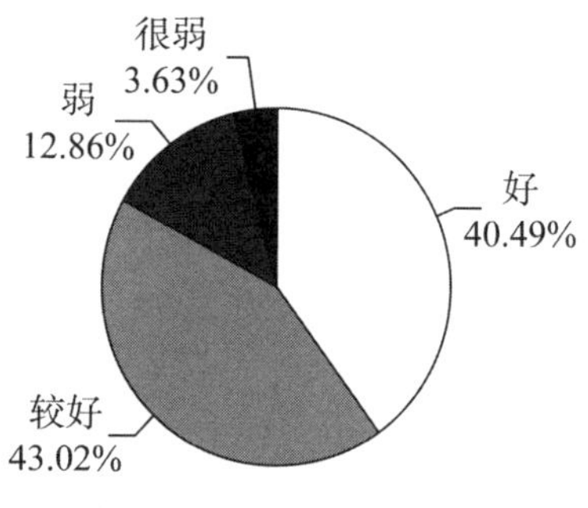

图 1－8　“思维能力”的数据统计图

在“思维能力”调研中，学生的平均分为 3.20。从图 1－8 可知，家长认为孩子在“思维能力”中表现好的占比 40.49%，表现较好的占比 43.02%，表现很弱的占比 3.63%。从数据上看，学校在对学生思维能力的培养上取得了较好的成绩，但后续还有很大努力空间。

第四板块　文化自信

表 1－11　“文化自信”中不同题目选项的百分比

	好	较好	弱	很弱
热爱祖国，对中华民族的民俗民风有兴趣。	84.05%	11.39%	4.55%	0.01%
对彰显中国传统文化的诗文、书画、礼乐等有兴趣。	36.72%	31.96%	29.72%	1.60%
能流利地向别人推荐中国古代小说。	33.37%	34.61%	30.42%	1.60%
能熟练、准确、规范地使用汉字，能说流利标准的普通话。	71.95%	20.85%	7.1%	0.10%

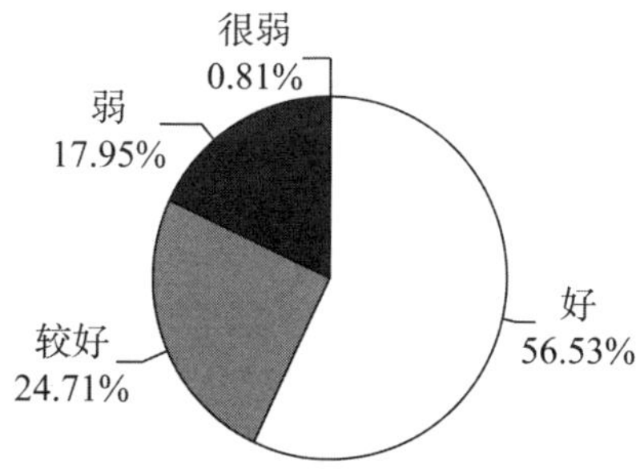

图 1－9　“文化自信”的数据统计图

在“文化自信”调研中，学生的平均分为3.37。从表1－11可知，学生在“热爱祖国，对中华民族的民俗民风有兴趣”上表现好的占比84.05%，在“能熟练、准确、规范地使用汉字，能说流利标准的普通话”上表现好的占比71.95%。这两个数据说明我们的学生有极强的民族自信，热爱祖国，热爱中华民族，热爱汉字和普通话。因此，我校在培养学生的文化自信上是成功的。

从上述测评以及数据分析可见，我校学生在入学之初，相较于同年龄段的学生，他们的阅读能力并没有很大的优势，甚至低于同类学校的学生，但在学校阅读课程浸润、阅读指导的推动下，他们的综合素养获得了较为全面的提升。从家长问卷的数据分析可知，我校家长对孩子在小学五年的成长是满意的。

实践证明，链群阅读指导所追求的“三体”实践模式，即发展学生的主体性、融合课程的立体性和浸润校园的群体性，已在学校、教师、学生等的坚持和推进下初步成型。本书后续章节将从小学语文链群阅读指导的角度，阐述取得以上教育教学效果的具体举措。

第二章

链式阅读：提升语文素养

阅读是人类获取知识、增长智慧的重要方式。蒙田说："初学者的无知在于未学，而学者的无知在于学后。"阅读对个人成长的影响是持续终身且深远的，因为一本好书往往能改变人的一生。人的精神发育史应该是他自己的阅读史，而一个民族的精神境界则很大程度上取决于全民族的阅读水平。党的十八大以来，以习近平同志为核心的党中央高度重视全民阅读。2014 年至 2016 年，"倡导全民阅读"连续三年被写入政府工作报告。2016 年，《中华人民共和国国民经济和社会发展第十三个五年规划纲要》明确提出"推动全民阅读"。另有文件将全民阅读工程列为"十三五"时期文化重大工程之一，将全民阅读提升到国家战略高度。

在全民阅读时代，作为教育工作者，如何发挥自身的引领作用，引导学生在学习的初始阶段就养成阅读的习惯，在阅读中提升自身的语文素养，是我们的历史使命。

第一节　读:由外而内,主动输入

阅读是独特的生命体验。每一个儿童对世界的认识都不一样,每一个儿童的阅读体验也各不相同。如何让儿童更好地阅读,就要先明确儿童阅读学习的阶段与特点。近年来,在中外阅读教学领域,有许多专家开展过相关研究和实践。他们认为,儿童在具备成熟的阅读能力之前,至少会经历四个阶段。

第一阶段是阅读准备阶段。这一阶段是指从孩子出生开始到六七岁(即我们通常说的学龄前)。这个阶段需要准备的内容包括身体上的准备(如正常的听力与视力)、智力上的准备(基本的认知能力)、语言上的准备(较为清晰的表达)以及其他方面的学习准备等。阅读准备阶段的长短因人而异,比如:个别孩子能在父母的引导下迅速跨越这个阶段,并进入下一个阅读阶段;有的孩子由于家庭没有阅读氛围或没有做好心理准备而无法进入正式阅读阶段,但这对孩子后续阅读能力的形成都不是很重要。

第二阶段是看图识字阶段。在这个阶段,孩子们已经入学,能在看图、读故事的过程中识字、认字。他们在本阶段中要认识三四百字,开始对一些陌生的符号产生兴趣。在本阶段临近结束时,大部分孩子应该能自己阅读简单的书籍,部分孩子会喜欢上阅读。

第三阶段是快速阅读阶段。这个阶段的特征是孩子们能快速提升识写能力,扩大词汇量,学会“不同目标与不同领域的阅读法”,开始为了扩大视野而阅读,能自己看懂课文,填写较为复杂的表格。

第四阶段是正常阅读(或称自主阅读)阶段。在这个阶段,孩子们会在读书的过程中进一步巩固、运用上一个阶段学习的阅读技巧,慢慢消化从老师、同学那里习得的阅读经验。他们会通过阅读得到一些观点,进而在这个过程中养成阅读的习惯。虽然大部分孩子会停留在这个阶段,但通过训练也可以突破这个阶段,并获取更高层次的阅读能力。

上述四个阶段是儿童基础阅读能力形成的四个步骤。结合以上阶段,教师可以更加明确小学阅读教学中的任务，把握学生身心发展、阅读能力形成的科学规律，关注不同阅读能力形成阶段的连接点，引导学生主动阅读。

一、自主识字，提升阅读速度

在上述四个阶段中，看图识字阶段是连接阅读准备阶段和快速阅读阶段的关键点。《义务教育语文课程标准（2022 年版）》指出，小学一至六年级学生要累计认识常用汉字 3000 个左右，其中 2500 个左右会写。此外，小学五至六年级学生要有较强的独立识字能力，能感受汉字的构字组词特点，体会汉字蕴含的智慧；要会默读、会浏览和会根据需要收集信息，其中默读一般读物每分钟不少于 300 字。认读能力是阅读能力的基础，是指按语法结构认识并读出字、词、句的能力，即看到文字符号能迅速感知和辨别，并且能对字、音、形、义形成联系的能力。认读能力较强的学生对于字、音、形、义感知的精准度高，能快速而准确地辨析一些易混淆、易读错和错误的字；认读能力较弱的学生则相反。因此，认读能力的强弱也决定了阅读速度和阅读量。

实践证明，孩子完成阅读准备期后进入小学阶段的学习时段正是提升其认读能力的“窗口期”。我校学生在《儿童阅读潜能评价测量表》中的结果显示，他们在入学之初就在“汉字正字（字形）意识和正字技能”“语素意识和语义技能”“将特定字形与特定语素相联结的能力”等方面表现得比其他四校的同龄学生弱。同时，上述能力的提升恰是学生“认读”的基础。鉴于根据问题进行有效教学指导的原则，教师在低年段语文课堂中结合课文进行伴随式识字教学，整合入学准备期的阅读基础课程，加大对学生正字（字形）意识和正字技能等方面的指导力度，在教学实践中积极营造氛围，在落实识字教学目标的基础上，以有趣的识字方法帮助学生积累认识生字的方法，如字族法、一字开花法、游戏法、广告法、姓氏法、儿歌法……在教学过程中，教师灵活运用上述方法，帮助学生在良好的语言环境中学会识字、自主识字，更好地理解字词的含义，为下一阶段的快速阅读和自主阅读积蓄能量。与此同时，教师也积极鼓励认读能力较强、识字量较多的学生掌握更好的方法，并在共同阅读的课堂学习中带领识字量较少的学生一同学习，让每个学生尽快完成自主阅读能力的储备，从而喜欢上读书。

（一）字族法

兴趣是最好的老师。为了使学生了解汉字独特的构造规律，教师将同一字族的汉字编入一首儿歌或一篇短文中，达到以文识字、串字学文的效果。朗朗上口的字族儿歌既让每个字族有规律可循，也让学生对字族有了形象的认识和理解，从而在游戏教学中激发学习兴趣，提高识字效率。

［案例］

关于低年级“字族法识字”的教学设计

教学环节一：照片引入，揭题激趣

1. 出示学生的全家福，说说一家人有哪些相似的地方。

2. 学生自由发言，可从外貌、性格、生活习惯等方面寻找相似的地方。

3. 总结：人有“家族”之分，汉字也是如此，我们称之为“字族”。

教学环节二：文字游戏，认识字族

1. 提问：这是两个来自不同字族的汉字，可是调皮的字宝宝找不到回家的路了，你们能帮助它们找到自己的家吗？

2. 媒体出示两个房子——“包”和“良”，并给学生打乱的汉字卡片：跑、泡、炮、抱、饱、狼、浪、粮、娘。

3. 学生将这些字进行分类，并说说为什么这样分。

教学环节三：小组交流，找同族汉字

1. 给每个小组提供一篇字族文，让学生找出文中的字族。

例文1：

一个小孩叫良良，
身上背着一袋粮，
路上遇见大灰狼，
大叫一声扔了粮。

例文2：

小猴上山找桃子，
看见桃树往上跳，

挑了许多大红桃，
主人来了赶快逃。

例文3：

铃声一声响，
玲玲进课堂，
邻座提醒她，
领巾忘戴上。

例文4：

人进框，变囚犯，失去自由真痛苦。
古进框，真坚固，学习知识要巩固。
木进框，有困难，认真听讲不犯困。
大进框，有原因，前因后果要搞清。
元进框，大花园，辛勤园丁是教师。
员进框，胖圆圆，八月十五贺团圆。
玉进框，大中国，幅员辽阔是祖国。

2. 各小组交流学习成果。首先，采用示范读、领读、跟读以及男女生分读、齐读等方式反复诵读以上例文。其次，请学生圈出例文中的字族。

良字族：良、粮、狼、粮

兆字族：桃、跳、挑、逃

令字族：铃、玲、邻、领

口字族：囚、固、困、因、园、圆、国

教学环节四：用字族法学习“包”字族

1. 导引：通过有趣的字族儿歌，我们就能把这几个字记清楚了。老师还有一篇有趣的字族文，但是同学们要通过大闯关才能见到它。

第一关：读准生字我能行。

学生自行拼读，读准以下字音：抱、跑、泡、饱、袍、刨、炮、苞、雹。

第二关：寻找秘密大行动。

学生以小组为单位，找出“抱、跑、泡、饱、袍、刨、炮、苞、雹”这几个字的秘密，即都藏着“包”字族。

(过关后出示“包”字族歌)

“包”字族歌

包字真奇妙,有手就能抱,
有足就能跑,有水吐泡泡,
有食吃个饱,有衣披棉袍,
有刀把根刨,有火放鞭炮,
有草吐花苞,有雨下冰雹。

2. 用“赛儿歌、寻宝藏、找朋友、比书法”等方法识记生字。首先,在小组内学习交流。其次,在全班交流中,引导学生联系部首和生活实际学习生字。

重点讲解的部首如下:

食字旁——有饭能吃饱

衣字旁——有衣穿长袍

足字旁——有足快快跑

提手旁——用手轻轻抱

教学环节五:创编字族文大挑战

1. 导引:你能自己创编出有趣的字族儿歌吗?这些生字宝宝都有自己的家族,我们也可以给它们编成有趣的字族文。

2. 学生分组交流收集到的字族。

银、很、根、跟

迷、咪、眯、谜

哇、娃、蛙、洼、挂、桂

钉、虹、订、叮、盯

烧、浇、晓、绕、饶

3. 指导学生创编儿歌并交流。

教学环节六:总结

字族法是一种有趣又有用的识字方法。以后,我们还会学到更多有家族的生字宝宝。老师相信你们能编出更多的字族儿歌,帮助自己记住它们,帮助自己学会读书。

(案例撰写　姚诗绮)

（二）一字开花法

结合汉字的构字规律，引导学生运用加部首、减部首、换部首等方法，从认识一个汉字拓展到多个汉字，并能根据部首猜测汉字表示的意思，整合词汇与句子，在运用中进行理解。

[案例]

关于低年级“一字开花法识字”的教学设计

教学环节一：童话故事引入，激发兴趣

1. 导引：小朋友们，你们看，大森林里要召开动物选秀大会啦！森林之王——狮子庄严地宣布，选秀大会开始！（出示狮子图片与生字，“狮”的反犬旁为红色）

2. 认识生字：狮（以开火车的形式，注意正音）。

教学环节二：学习一字开花法

1. 导引一：（把反犬旁放在一朵花的花心处）你们认识这个部首吗？它叫作反犬旁，有这个偏旁部首的字一般都与动物有关。

2. 导引二：（把“狮”这个字放在一个花瓣上，此时花瓣变成有颜色的）选秀大会开始啦，动物们纷纷上台表演自己的拿手绝活。你们瞧，谁在表演走钢丝？（出示小猴走钢丝图片）

3. 提问：（出示生字“猴”）谁的眼睛尖，“猴”和“狮”这两个字有哪些相同的地方呢？（都是反犬旁，都是动物）你真聪明！（把“猴”这个字也放在一个花瓣上，此时花瓣变成有颜色的）

4. 提问：还有哪些动物也会在选秀大会上表演呢？（出示图片）

小狗做算数：反犬旁加上句号的“句”，就变成了小狗的“狗”；小猫钓鱼：反犬旁加上树苗的“苗”，就变成了小猫的“猫”；小猪也来凑热闹了：反犬旁加上或者的“者”，就变成了小猪的“猪”。（把“狗”“猫”“猪”这三个字放入花瓣上，此时花瓣变成有颜色的）

5. 指导学生用花瓣上的生字说一句介绍这种动物的话。

6. 总结：小朋友们，刚才我们看了一场动物选秀大会。在这个过程中，我们学习了花瓣上的这些字。它们都有一个共同的特点，即都是带有反犬旁的。从一个“狮”字开始，我们认识了这么多的生字朋友。这种识字的方法就叫作一字开花法。

教学环节三:游戏接龙,练习自主识字

1. 再出示一朵花,花瓣中心部分是“清”。提问:这是我们昨天学习过的课文中的生字,谁来读好它?

2. 提问:你们能不能用我们刚才学的一字开花法来给它找到漂亮的花瓣呢?在找花瓣的时候,我们要注意些什么?(预设:江、河、湖、海等)

3. 总结:这真是一朵漂亮的小花呀!让我们用花瓣上的字说一句话,赞美一下这朵美丽的小花。(随机交流,语句通顺即可)

(案例撰写　姚玉婷)

(三) 儿歌法

让学生根据生字的音、形、义自编儿歌,根据规律将形近字与同音字编成通俗的儿歌,再进行自学或对身边的伙伴进行教学。学生在朗朗上口的儿歌中兴趣盎然,在轻松愉快的氛围中识记简单生字,并通过各种形式的反复诵读,逐渐将生字熟记于心、融会贯通,同时在识字过程中进行口语表达训练。

识字是为了更好地阅读。许多家长认为,对幼升小的孩子来说,学前多识字非常重要。殊不知,不顾孩子的年龄特征,让其机械性地认读汉字,则会“牺牲”孩子的学习兴趣。《义务教育语文课程标准(2022 年版)》规定,小学低年段学生要认识常用汉字 1600 个左右,其中 800 个左右会写。但这些汉字中的有些字结构复杂,难写难认。一味急切、反复地让孩子识字认字,对这个年龄段的孩子而言是没有意义的。我们应该清楚地认识到,阅读基础阶段的识字不是仅仅为了认识汉字,而是为了让孩子能够尽早离开父母的“搀扶”进行自主阅读。越早进入自动化阅读阶段,对于孩子词汇量的积累、语言表达能力的提升等越有好处。因此,教师应尽量用有趣的方法来激发孩子的兴趣,用有效的方法帮助孩子认识汉字的构字规律。这样往往能让后续的“快速阅读”“自主阅读”变得水到渠成。

二、积累方法,提升阅读效率

在扩大词汇量的基础上,孩子的阅读能力不断提升、阅读兴趣愈发浓厚。怎样引导他们更好地阅读?积累一定的方法是提升阅读效率的途径。

（一）指读法和朗读法

由于学情的原因，大部分教师鼓励孩子们在教室里以默读的方式进行阅读，以减少对其他孩子的影响。但事实上，对小学低年段学生而言，这种“不出声、不指读”的默读并非最佳的阅读方式。由于孩子的天性是爱玩好动的，因此要引导小学一二年级学生集中注意力进行阅读，指读法和朗读法是常用且有效的方法。

指读法的要领是将大拇指与食指、中指合并在一起，用这个“指针”顺着一行一行的文字移动下去，速度比眼睛感觉到的还要快一点。对小学低年段学生而言，这种方法能帮助他们相对集中注意力。朱熹说：“余尝谓，读书有三到，谓心到，眼到，口到。”读书时，如果心思不在书本上，眼睛就不会仔细看，心和眼就会不专注，就会随随便便地读书，什么内容也记不住，这就属于“假读书”。读书之前，一定要先摒弃杂念，收回心思，端正态度。同时，要告诉孩子们：不仅要用眼看书，更要用心看。当你把心思放在读书上时，你的眼睛自然是专注的，读着读着就会渐入佳境。在不打扰别人的情况下，你还可以读出声来。这种读之于心、入之于眼、诵之于口、传之于耳的方法，会让读书更高效。

朗读法，又称大声诵读法。科学证明，人在诵读时，口腔、肌肉、舌头、气流等的运动，不仅可以激活大脑多个区域的活动（特别是额叶、颞叶和顶叶），还可以使大脑皮层的抑制和兴奋达到平衡，使脑血流量和神经功能的调节处于良好的状态。坚持大声诵读，人的大脑容易被激活，记忆力、注意力等得到一定程度的提高。对学生而言，年龄越低，默读时越容易分心走神。通过朗读进行注意力集中训练，是提升学生阅读能力的好办法。

［案例］

关于低年级“朗读法”的教学设计

——以绘本故事《三个咕噜噜》为例

一、激趣导入

同学们，今天我们要学习的是绘本故事《三个咕噜噜》。这是一则很有趣的寓言故事，不仅有一个出人意料的结局，还有一个大家都熟悉的主角——狐狸。接下来，让我们用朗读法来学习这个故事。

二、朗读学习

一读课文，试一试，读通读顺不读错。

请同学大声读课文，做到不加字，不漏字，读通读顺不读错。

二读课文，想一想，了解文意与结构。

边听故事录音边思考：你印象中的小狐狸是什么样的？故事里的小狐狸给你留下了怎样的感觉，能和大伙儿一起分享吗？

过渡：作者用了许多精妙的对话，让我们一段一段地去体会。

三读课文，演一演，关注表达有感情。

朗读对话一：小狐狸相信自己一定能很好地完成爸爸交给自己的任务。

指导：小狐狸要读出自信满满的语气。

朗读对话二：面对竹筐，小狐狸好奇地想一探究竟。

指导：即使小狐狸很疑惑，闭上了眼睛，却还是嘟囔着——这是什么。

两名同学分角色表演，并根据评价单互评。

表 2-1　评价单

评价	评价标准	我来评	伙伴评
☆☆☆	声音响亮大方读 读通读顺不读错 有声有色有感情		
☆☆	声音响亮大方读 读通读顺不读错		
☆	声音响亮大方读 有错就改读正确		

朗读对话三：跑了一个咕噜噜。

指导：读出小狐狸无辜、委屈、后悔的样子。

朗读对话四：如果你是小狐狸，你会对竹筐里的咕噜噜说什么？

指导：模仿小狐狸的动作，想象小狐狸说话的样子。

再读课文，理一理，有声有色明道理。

指导学生加上动作后分角色朗读，并思考交流：小狐狸直到最后也没弄明白三个咕噜噜是谁，你们知道吗？这个故事有趣吗？你喜欢故事中的谁？为什么？小狐狸现在后悔极了，既伤心，又懊恼，你想对小狐狸说些什么？

三、总结方法

……

（案例撰写　王　磊）

（二）批注法

阅读时根据自己的感受“圈—画—注”，是一种集中注意力读书的方法，也是一种收集、处理信息的形式。对成年读者而言，读书时如何对自己感兴趣的内容做标记，没有什么严格的章法可言，适合自己的才是最好的。对处于阅读起步阶段的小学生而言，学习做一些阅读标记则是连接读写的桥梁。以下是小学生在阅读时可以尝试随手记录的几种方法。

第一种是“画线条”，是指在文章的重点语句或者你认为重要且有启发的句子下面画线条。

第二种是“圈重点”，是指把你认为文章中的关键字、关键句，或者是自己特别喜欢的句子，或者是感觉今后写作时能参考的句子圈出来。

第三种是“加星号”，是指在文章空白处加星号或其他符号。在某个地方加符号，既可能说明这个地方对整篇文章或整本书来说非常重要，也可能说明你在第一遍阅读的时候没能读懂这一内容。因此，加过星号或其他符号的地方正是你再次阅读这本书时要重点看的地方。

第四种是“写编号”。随着阅读文本的篇幅越来越长，文章的内容也会越来越丰富、深奥。当作者就自己的某个论点发出一连串的重要陈述，且又是较长的语句或是语段时，我们可以对相关内容进行编号。

第五种是“做笔记”。在阅读某一段落时，你可能会有问题或想法、思考，因此可以在空白处记下来，也可以在空白处用简练的语言对复杂的观点进行说明，或是记下整篇文章的发展顺序、行文脉络，在日后写作时能加以借鉴。

第六种是“记页码”，是指在文章空白处记下其他页码，用以强调作者在书

中其他部分也有类似或相关的观点和论述，或是与此处观点不同甚至有矛盾的地方。这种方法一般适用于小学高年级学生的整本书阅读，能帮助学生在阅读完整本书之后快速地找到需要的信息，更重要的是能帮助学生将散落在全书的想法统一集中起来。

上述方法不可能在阅读一篇文章或一本书时全部用到。所谓“不动笔墨不读书”，但凡心到，自然下笔时如“水到渠成”，也就不拘泥于用哪一种标记来表达阅读时的感受了。

（三）思维导图法

在中高年级学生阅读较长篇幅的文章时，教师可以指导他们学习用思维导图理清文章的脉络，有助于阅读和理解。在制作思维导图时，学生可以把文章中的重要观点一一列出来，寻找它们之间的规律。艾德勒等人在《如何阅读一本书》中就什么是思维导图打了一个比方：用思维导图法读书就如同建筑师造房子，房子是以一层一层为单位的，然后通过砖墙把一层层又分成一套一套房子，一套房子里又是一间一间房子。从这个角度来看，虽然所有的内容都是分割独立的，但是建筑师用门、拱门、走廊将这些房子进行连接，形成了“动线”这个概念。这样，这栋大楼就有了生机，既有独立性，又有关联性。因此，用思维导图法阅读，学生一方面要把文章中的篇章、章节进行罗列，另一方面一定要找出这条看不见的“动线”：背景是什么—起因是什么—发展过程是怎样的—未来发展方向在哪里。同时，教师应该认识到阅读和写作是一体两面：读者是要发现文章中隐藏着的框架，以便于洞悉作者的行文思路；作者却是从制造框架开始，但又想办法把框架隐藏起来，以此来让自己的文章生动有趣。因此，可以先用思维导图法“导读”，再用思维导图法“导写”。

［案例］

如何巧用思维导图法开展阅读教学

——以“阅读方法指导”的教学设计为例

一、方法引入

假期中，同学们可以邀请爸爸妈妈、兄弟姐妹和自己一起阅读，让浓浓的亲情在文字间流淌，并在阅读中传递。

今天，老师要向大家介绍的阅读方法是——思维导图法。思维导图是按照人脑的思维方式，从一个点出发，就可以引出无数个分支，以联想和想象为中介，不断地发散和拓展。它凭借图形、线条、符号等方式的连接，将复杂的知识体系以结构图的方式清晰地呈现出来。因此，通过思维导图，我们能很明确地看出课文的主要结构和层次。特别是到了中高年级，文章越来越长，人物关系较为复杂，思维导图法是解决上述问题的好帮手。比如，有利于我们整体分析一篇文章的结构、段落、重点和作者的写作方法等，也有利于我们把一篇长文章读短，把一本厚书读薄。

二、如何使用思维导图法

今天，老师以加拿大儿童作家罗伯特·蒙施的《地铁开进了家门》为例，给大家介绍一下如何用思维导图法帮助我们更好地阅读绘本。

1. 预测情节

拿到一本书后，不要急着看内容，而是要学着先通过封面猜测故事的情节，这样读的时候才会更专注——因为你要看书本的内容和故事情节的推进是否和自己猜的一样。在阅读之前，同学们可以用多线程流程图进行预测，因为这样可以很清楚地看到故事里的因果关系。

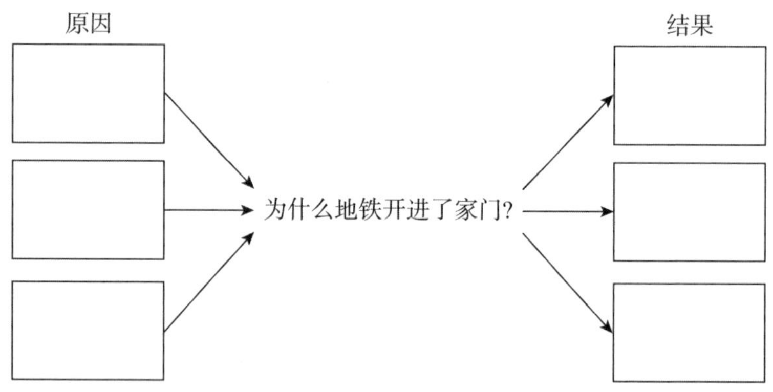

图 2-1　多线程流程图

老师在流程图的中间标注了本书的主要问题：为什么地铁开进了家门？

我们可以在左边的方框里写下哪些原因导致了“地铁开进了家门”，在右边的方框里写下地铁开进家门后会导致什么样的结果。

在读完整本书之后，我们可以回来对照一下，看看自己在阅读之前的预判对不对。即便不对，也没有关系。这种阅读前的预测导图很有趣，大家可以试试看。

2. 分析人物性格

如果书中描写的人物性格比较复杂，就比较适合用气泡图来分析人物的性格特点。如图 2－2 所示，在中间的圆圈里标注要分析的人物，在周围的圆圈里写下适合形容人物的词语，并在外围写下文中的证据——书中的哪些情节能证明他是那样的人。

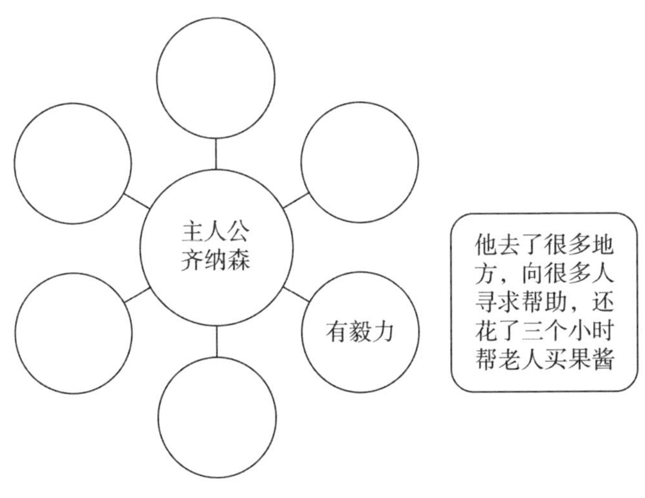

图 2－2　气泡图

很多学生之所以在阅读理解时总是跟着感觉走，结果却是“离题千里”，是因为他们经常在阅读中用自己的主观经验去猜测，而非从文章中找答案。回原文找证据是一项非常重要的能力，这一能力可以通过绘制思维导图来训练。比如，如果你能根据文本体会到乔纳森是一个很有毅力的孩子，就要在右边写上你在原文中找到的依据。在概括依据的时候，一定要用最简洁的语言，如谁做了什么，结果怎样。

3. 理清文章结构

阅读结束后，我们可以用思维导图来做一些读后活动，以便于更好地回顾书中的内容。

低年级学生:既可以在爸爸妈妈的协助下,把故事情节的图片按顺序贴在流程图上,也可以把主要情节按顺序画出来。

中高年级学生:既可以把主要情节写出来,也可以把主要情节写出来并配上简图。

最后,根据完成的流程图,你就可以轻轻松松地把一个很长的故事复述出来了。

三、写作指导

思维导图不仅能帮助我们深刻理解作品,更是我们写作的好帮手。接下来,以这张气泡图为例,教大家如何巧用思维导图写文章。

这是五年级的一篇习作,要求是把一个人的特点写具体。

第一步:运用气泡图进行人物设计。在绘本阅读中,我们要从文中找到证据来总结人物的性格。在写作时反之,我们可选择典型的具体事例来表现人物的特点。比如,要体现“叔叔记忆力超群”,就可以用许多典型事例来佐证。

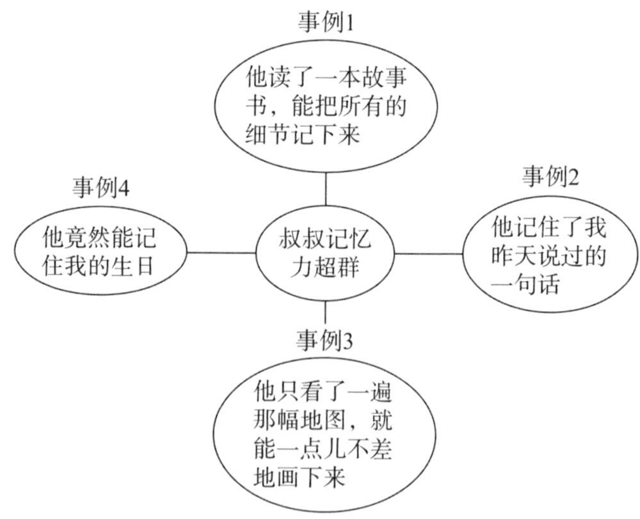

图 2-3 人物性格分析气泡图

第二步:借助流程图,画出实践的经过。选择一个事例,把它的“起因”“经过”“结果”部分分成几个阶段,画下事情发展的顺序。

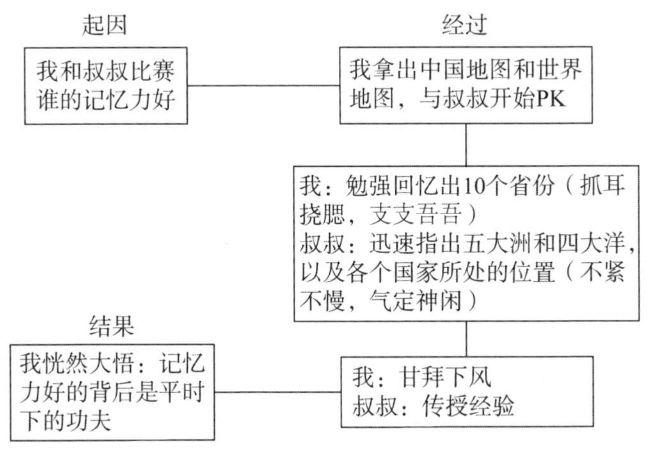

图 2-4　事件流程图

四、总结

同学们,你们发现了吗？绘制思维导图并不像你想象的那样复杂,正如成功并不像你想象的那样困难一样。大胆发挥你的想象,创造属于你的思维导图,享受阅读带给你的快乐吧!

（案例撰写　张逸雯）

苏联教育家克鲁普斯卡娅曾经说过:“儿童阅读在孩子生活中起着重大的作用。童年读的书几乎可以记一辈子,影响孩子进一步的发展。”读书是一种由外而内的滋养,孩子们则是阅读的主体。只有当孩子们能感受到读书的趣味与快乐时,才会愿意拿起手中的书,主动悦纳、自主输入。在广泛“读”的基础上的“问”和“说”才会缓缓内化生成、外显输出。

读是链式阅读指导的第一步,也是我们探索与实践之始。

第二节　问:因人而异,自我内化

读书贵有疑。朱熹曾说:“读书无疑者,须教有疑,有疑者却要无疑,到这里方是长进。”这是一种读书的辩证法。陈献章说:“前辈谓学贵知疑,小疑则小进,大疑则大进。疑者,觉悟之机也。一番觉悟,一番长进。”这句话阐述的是质疑精神,也就是创造精神。如果学生在读书时有提出问题的习惯,他们往往要比没有这种习惯的同学更能成为一个优秀的阅读者。

疑能增趣。科学家爱因斯坦一生对读书充满了兴趣,主要原因是他总能带着疑问读书。当然,仅仅提出问题是不够的。读书如同读者和作者之间的对话,这种对话是一种双向沟通的过程。学生既要向自己提出问题,也要向老师提出问题,表达自己和作者之间相同或不尽相同的观点,这是一个读者对作者所能表达的最高的敬意。

一、学会问:“入门四问”——自己解决阅读中的问题

“疑”往往是获得真知的先导,也是打开知识宝库的钥匙。在教学实践中,我们发现虽然开展阅读教学实践已经有一些年头了,但部分孩子还有很多“读”的问题,具体表现为:一是缺乏内驱力,如课堂内拿到读物时懵懵懂懂、不知所云,只会等着老师“带读”,这是一种“为读而读”的消极状态;二是课堂外“囫囵吞枣”,把文章或书籍一口气读完,却“入眼不入心”,这是一种效果有限的“泛在阅读”。有的高年级学生还是偏向于阅读图画书以解压,缺少一种对作品的深度思考……在实践中,我们认为教给学生一些读的方法,让他们有章可循是解决上述问题的途径之一。但更好的方法是引导学生自己在读的过程中提出问题。因此,“问”是阅读指导中不可或缺的重要一环。

《义务教育语文课程标准(2022 年版)》指出,小学第三学段(5—6 年级)学生要能阅读叙事性作品、诗歌、说明性文章及整本书。因此,本节以这四种文体的阅读为例,介绍以“入门四问”带领学生进行阅读、思考的实践。

(一) 阅读叙事性作品

叙事性作品是儿童读物中最常见的一种形式。小学生从 1—2 年级“阅读浅近的童话、寓言、故事”到 3—4 年级“初步感受作品中生动的形象和优美的语言”,再到 5—6 年级“了解事件梗概,能简单描述印象最深的场景、人物、细节,说出自己的喜爱、憎恶、崇敬、向往、同情等感受”,无不提示着他们读懂一个故事需要了解的要素。因此,我们鼓励孩子们在阅读叙事性作品时提出以下问题。

这个故事讲了一件什么事情? 读完整个故事后,你是否了解整个作品大概

讲了什么？低年级学生未必能用完整的语言说清楚事情发生的要素，但尝试和家长、伙伴交流故事大意能让他们在读故事或听故事时更全神贯注。同时，经常在读后进行类似的表达交流也能为他们进入中高年级后完整、流利地阐述故事梗概奠定基础。

你最喜欢故事里的哪个人物，为什么？回答这个问题，可以了解作品中的人物及主要人物的特点。孩子表达对人物的喜好的过程往往是他们和作者对话的过程，无论他们喜欢这个人物的原因是什么，他们所表达的对人物的喜爱、憎恶等情感都是其对作者塑造这个人物的理解。

你最喜欢故事里的哪个段落，为什么？回答这个问题，可以明确作品部分与整体之间的关系。这个问题往往是低年段学生最难以讲清楚的问题，因为他们往往能说出我喜欢这段文字，却解释不清楚为什么喜欢它。事实上，经常引导学生带着这样的问题去阅读、去思考，能帮助他们关注到作者想要表达的想法、观点和一些特别的信息，而这些信息恰恰是教师在教学中花费大量时间所不能言传的。

这个故事告诉你什么道理，这个道理和你有关系吗？回答这个问题，是在简单评论作者的观点，加强读者和作品之间的关联。除非学生能较好地回答前两个问题，不然是无法较为中肯地回答这个问题的。在判断这个故事所讲述的道理和自己之间是否存在关系前，学生先要了解作者真正的意图，再根据阅读后的感受表达自己对这个道理是完全认同还是有些不同意见。无论学生对作者的意图是认同或是质疑，只要言之有理，教师都应该鼓励。

我们认为，任何一种阅读方式对学生的成长而言，最重要之处就在于读者能在阅读时努力提出问题，然后尽可能地找出答案。这是有自我要求的阅读者和“为读而读”的阅读者之间最大的差异。后者提不出问题，自然也找不到答案。“尽信书不如无书”正是我们希望在学生阅读时看到的成长结果。

（二）阅读诗歌

诗歌语言优美，富有感染力。《义务教育语文课程标准（2022 年版）》对学生阅读诗歌的要求如下：1—2 年级“诵读儿歌、儿童诗和浅近的古诗，展开想象，获得初步的情感体验，感受语言的优美”；3—4 年级“诵读优秀诗文，注意在诵读过程中体验情感，展开想象，领悟诗文大意”；5—6 年级“阅读诗歌，大体把握诗意,想象诗歌描述的意境,体会作品的情感”。学生阅读诗歌时也能以“入门四问”的方式提出问题,并在诵读后寻找答案。根据诗歌的特点,上述四个问题可以调整为:(1)这首诗歌讲了什么?(2)你最喜欢诗歌里的哪个人物(或景物),为什么?(3)你最喜欢诗歌的哪个段落,为什么?(4)这首诗歌抒发了诗人怎样的情感,你有过同样的感受吗?

学生在诵读诗歌时融入情感,思考问题,总能获得体验和感受。比如,在部编版小学语文四年级下册第三单元教学中,教师指导学生学习了课本中的几首现代诗,初步了解了现代诗的特点,体会诗歌表达的美好情感,同时引导学生带着问题诵读学习了诗人冰心的《纸船——寄母亲》(这是拓展书目内容)。

学生带着问题诵读《纸船——寄母亲》后,就问题三“你最喜欢诗歌的哪个段落,为什么”表达了自己的阅读感受。

生 1:我印象最深的诗句是“我从不肯妄弃了一张纸,总是留着——留着,叠成一只一只很小的船儿,从舟上抛下在海里”。这句诗开门见山地表现了作者想通过纸船表达对母亲的思念之情。我用联系上下文的方法理解了“妄弃”的意思,即胡乱地丢弃,随便地丢弃。这说明冰心奶奶从来不敢随意丢弃任何一张纸,总是小心翼翼地珍藏着,叠成了一只一只的小船,希望把对母亲的思念寄托在纸船中。“一只一只”写出所叠纸船的数量很多。纸船的数量越多,表达了作者对母亲的思念越深。

生 2:我从“有的被天风吹卷到舟中的窗里,有的被海浪打湿,沾在船头上。我仍是不灰心地每天叠着,总希望有一只能流到我要它到的地方去”这句诗中感受到了冰心奶奶的坚持。我从“仍是、每天、总”这些词语中体会到诗人的坚持和执着。上文写到诗人将精心叠好的小船抛下海后,小船四处飘散。虽然明明知道小船不可能流到母亲身边,但作者却还是不灰心地每天叠着,这种坚持、执着的爱真让人感动。

生 3:我从“这是你至爱的女儿含着泪叠的,万水千山,求它载着她的爱和悲哀归去”这句诗中读出了作者的悲伤。冰心离开了家,也离开了母亲,可能有很长时间都见不到月明的花园,不能再依偎在母亲的膝下了,所以她含着泪叠纸船,带着深深的思念和淡淡的忧伤。

生 4:1923 年初夏,冰心以优异的成绩毕业于燕京大学,获得赴美留学的机

会。她第一次独自离家,在邮轮上唯见万顷大海,非常孤寂。于是,她写下《纸船——寄母亲》一诗。

生5:我了解了冰心写这首诗的背景后,又有了一些新的感受。我觉得诗人离开了她的故乡,离开了祖国,独自前往陌生的国度,她不知何时才能重回母亲的怀抱。除了对亲人和故乡的思念外,她的心灵深处还有对祖国的依恋……

教师在诵读的同时鼓励学生结合自己的情感进行自由诗歌创作,还举办了诗歌朗诵会。学生的部分创作作品如下。

致母亲

上课时,老师说,
爱是看不见的。
我摇了摇头。
爱是看得见的,
因为它有颜色。
你看,爱是红色的,
它是寒冬里的一串糖葫芦;
你看,爱是黄色的,
它是一条妈妈亲手织的围巾;
你看,爱是……
下课后,我要告诉老师:
爱有颜色,还会捉迷藏——
它藏进了妈妈的皱纹,
它藏进了妈妈的青春。
它在我耳边轻轻地说:
这是用心才能看得到的秘密。

(学生　包乐轩)

给妈妈的诗

我是一只顽皮的小狗,
每天在草地上悠闲地玩耍,

偶尔和蓝天谈谈我的理想，
和云朵聊聊昨晚的美梦。
明天的生活从不需要我来担忧，
因为有我那可敬可爱的妈妈。
她用温暖的大手撑起我的梦想，
我只负责每天打着小呼噜……

（学生　陆宇航）

我要快快长大

妈妈的拥抱，带给我温暖；
妈妈的眼神，带给我勇气；
妈妈的微笑，带给我信心。
我要快快长大，
做妈妈的大树，
为她遮风挡雨。

（学生　黄诚延）

我有……

我有一朵棉花，
它能温暖全世界的沙漠，
和妈妈心里的寂寞。
我有一台电风扇，
它能吹跑全世界的病菌，
和妈妈心里的不开心。
我有一个葫芦娃，
它能守护全世界的精灵，
和妈妈的美丽心情。

（学生　张星彩）

如上，学生创作的诗歌可能语言质朴，但不乏童真童趣。教师要引导学生在读书时敢于质疑，在质疑中寻找答案。朗朗上口的语句、轻柔舒缓的节奏、悦耳和谐的韵律等，让学生先是在阅读中体会到诗人表达的对母亲的思念之情，又在感悟的同时将心中的情感与同伴分享，并将自身的情感迁移到课后小诗的创作编写中。教师一方面注重对课内、课外阅读内容的有效理解，让学生体会到文字本身的意境美及结构美；另一方面鼓励学生大胆表达，开展多种形式的读说、读写活动，让学生在“一读、二问、三说、四写”的链式阅读指导中获得更为独特的学习体验。这不仅仅是提升学生表达能力的重要载体，更是提高其语文素养的有效途径。

（三）阅读说明性文章

在孩子很小的时候，可能就会阅读一些简单的非连续性文本。阅读能力较强的孩子，总能从一些图文结合的材料中寻找到玩具拼搭的方法，简单学习工具的使用方法等。到中高年段时，学生会接触到说明性文章。对于说明性文章，学生们也能通过回答以下问题完成阅读：(1)这篇文章要告诉你什么？(2)你最喜欢文章的哪个段落，为什么？(3)这篇文章要告诉你哪些知识（或道理），和你的生活有关系吗？

问题一旨在关注说明的要点，问题二旨在关注文章中实用、贴切、生动的说明方法，问题三旨在注重文章和生活之间的关联。这些问题能较好地引导学生在寻找答案中完成说明性文章的阅读。

［案例］

关于《太阳》一文的教学实录

一、导引

《太阳》是一篇小学中高年段的说明文，全文采用了列数字、打比方等说明方法，介绍了太阳的特点及太阳与人类有着密切的关系。在阅读中，教师引导学生根据问题进行自学。比如，在引导学生交流问题答案时，可以一边帮助学生理清文章思路，一边将列数字、作比较等说明方法告诉学生，引导他们将其运用到学习说明文和练笔中。

二、教学实录

生1：我特别喜欢这段话：“太阳离我们有一亿五千万公里远。到太阳上去，如果步行，日夜不停地走，差不多要走三千五百年”。

生2:我也喜欢这段话,还喜欢“就是坐飞机,也要坐二十几年”这句话。这么远的距离简直难以想象,可是作者这样一写,就让我们轻轻松松地明白了!

师:非常好,你们读出了重要的部分。让我们回到课文,把这段话再品读一下。

(板书:列数字)

师:作者用列数字的方法,写出了太阳“远”的特点,让大家在开始读文章时就产生兴趣,值得我们学习。

生3:老师,我发现文章同样运用了列数字的方法来说明太阳的“大”。我特别关注了这句话:“约一百三十万个地球的体积才能抵得上一个太阳”。

师:左边是地球的动画,右边是太阳的动画。我们生活在地球上,对我们而言,地球非常大,我们不可能走遍地球的每个角落。然而,拿地球和太阳一比,地球就成了“小弟”。因此,这就更加说明了太阳的巨大。

(板书:作比较)

生4:课文在写太阳热的特点时,也运用了列数字的方法,告诉我们太阳的表面温度有五千多摄氏度,就是钢铁碰到它,也会变成气体。

(板书:太阳的表面温度有五千多摄氏度)

师:太阳的中心温度是表面温度的三千倍。请同学们动手算一算太阳的中心温度是多少。

生5:超过一千五百万摄氏度。

……

(案例撰写　潘　杰)

在传统教学中,教师往往用演绎法来引导学生阅读说明性文章,先关注事物的特点,在解读文本时再讲授说明方法。从上述教学设计可知,教师在引导学生交流的过程中担任了点拨者和引导者的角色。因此,教师要在师生互动交流中启发学生发现文章说明的事物与自己的生活密不可分。学生是自我阅读的主体,本节课中由他们引导得出的结论会促使他们在下一轮阅读中兴趣盎然、全力以赴。

(四) 阅读整本书

整本书阅读其实从孩子们牙牙学语时和父母共读一本书就开始了。小学1—2年级要求学生“尝试阅读整本书,用自己喜欢的方式向他人介绍读过的书”,3—4年级要求学生“阅读整本书,初步理解主要内容,主动和同学分享自己的阅读感受”,5—6年级要求学生“阅读整本书,把握文本的主要内容,积极向同学推荐并说明理由”。

综上所述,以问题驱动的整本书阅读是可行的。

[案例]

关注整本书阅读与学生共同成长

——以《去野外——探索大自然之旅》整本书阅读的教学设计为例

一、背景

小学阶段是培养学生阅读兴趣、阅读习惯和阅读能力的关键阶段。构建“全阅读”体系,有助于解决学生不爱读书、教师无暇顾及、学校图书被束之高阁、家长只看分数而不支持阅读等问题,让学校、家庭乃至社会形成合力,为学生营造良好的阅读氛围,促使其主动阅读、学会阅读、爱上阅读,成为积极的终身阅读者。管弄新村小学秉承这样的理念,开设了“GL阅读”课程。五年级整本书阅读以科普作品为主,因为科普作品是一种以向大众普及科学知识为主要目的的作品。《去野外——探索大自然之旅》是一本从孩子的角度观察世界、理解世界,培养细致观察力、冒险精神的博物学图书。主要内容是关于一个小男孩和一个小女孩结伴而行的自然探索之旅。城市的孩子只能看到高楼林立的钢筋水泥,只有当他们走进大自然后,才能看到另一番天地。

全书内容丰富,学科知识涵盖全面,旨在培养孩子的观察能力、动手能力及探索精神、求实精神、创新精神。同时,将艺术审美与科学知识完美融合,将与自然和谐共处的思想、理念贯穿全书,寓教于无形。从阅读这本书出发,再引导学生阅读更多的科普读物,以此来激发学生阅读科普读物的兴趣,增长学生的见识。

二、教学实录

师:课前,同学们大约花了两周时间通读了《去野外——探索大自然之旅》。你们在阅读时给自己提出了怎样的问题?

生1:我结合以前读书的方法给自己提出了这样的问题:这本书讲了什么?你最喜欢书中的哪个人物,为什么?你最喜欢书中的哪个段落或篇章,为什么?这本书告诉你什么道理,你觉得这个道理和自己的生活有关系吗?

师:真是个会读书的孩子。在今天的课堂上,同学们能和老师分享你们的收获吗?

生1:可以的,但我有一个意见,这是一本科普作品,它的主人公不是人类,而是蟾蜍、蚯蚓、四叶草等动植物。因此,我要分享的是我最喜欢书中描写的一种动物。

师:当然可以,老师都迫不及待地想要听你们的分享了!

生2:我对这本书里的两栖动物这部分最感兴趣,因为我对两栖动物不了解。

生3:我对大海的涨潮和落潮最感兴趣,因为我虽然经常去海边玩,但是从没见过涨潮和落潮。

生4:我对花感兴趣,因为我爷爷喜欢种花,我也学了几招,想看看这本书是怎么介绍花的。

师:看来,大家很喜欢这本书!你们发现这本书和你阅读过的其他科普书籍有什么不一样的地方吗?

生5:这本书中有很多有趣的插图。

师:整本书就是一个小男孩和一个小女孩结伴而行的自然探索之旅。

生6:我觉得这本书中每个章节的小标题很有意思,是一个个问题。

师:对呀,书中的小标题很有特色,是一个个启发性的问题。看了这些问题,我更有阅读的欲望了。老师挑选了一些问题,让我们一起来读一读。

生:(齐读)为什么有些蚂蚁有翅膀?为什么小鸟喜欢在树上做窝?这么难闻,谁会喜欢吃它们呢?树怎么会长这么高而不"摔倒"?蚯蚓有心脏吗?蚯蚓有鼻子吗?所有的哺乳动物都有毛吗?地平线之外是什么?海里的动物为什么不会闷死?有人已经登上过太阳吗?

师:读了这些问题,你有什么感受?

生6:这些问题让我有想往下读并一探究竟的愿望。

师:你们注意到这本书里运用了不少启发式的小标题吗?

师:这本书还有其他特色吗?

生 8:这本书里介绍了我们去野外时需要准备些什么东西,应该注意些什么。它就像一本旅游指南,告诉我们在探索大自然时需要准备什么,以及哪些事情可以做,哪些事情不能做。同时,让我们认识到大自然的危险性,强调我们只是观察者,不要惊扰了动物,不能打扰到大自然的一切。

师:还有吗?

生 8:请大家把书翻到最后,这本书最后还介绍了很多相关网站的链接。

师:这是在鼓励热爱大自然的同学继续探索。

师:同学们阅读的时候很有心,不仅自己提出问题,精读感兴趣的部分,还边读边思考,又发现了更多的问题。读贵有疑,这是一种很有效的阅读方法。

三、反思

何为整本书阅读?笔者个人的理解是:“整”即完整,整体;“本”可以是一本,也可以是相互关联的多本;“阅读”指的是深读和浅读的多元互补、精读和泛读的灵活转换、课内读和课外读的深度融合、正式读和非正式读的对接融通。与单篇文章相比,整本书的阅读材料更复杂、信息量更大、意蕴更丰富,能带领学生进入更为广阔的文学世界。本节课的亮点是将整本书阅读和学校每年的“GL 印象”毕业课程相结合。2023 年的“GL 印象”毕业课程是延续去年的展台设计,将设计成品作为毕业礼物送给学校的弟弟妹妹们,进行主题式参观与学习。本节课在五年级学生阅读科普图书《去野外——探索大自然之旅》的基础上,以小组为单位,挑选书中的不同主题作为研究对象,通过翻阅书籍、查找资料等形式展开调查与设计,以展台的形式呈现研究结果。

第一,学生分组,合理分工。运用小组合作学习开展语文阅读教学时,最重要的一步就是合理分组。以往一般是老师指定分组,而在今天的课堂中,不仅是学生自己组合,而且小组成员根据每个人的不同特长合理分配工作,让每个成员在小组活动中都能有所作为。这样的合理搭配和优化组合,能保证每个小组资源均衡,以便于更好地完成任务。

第二,自我提问,梳理知识。无论是课本学习还是课外拓展,学生都已阅读过不少科普类文章。因此,要引导他们自己提出问题,进行比较阅读。除了明确科普作品的一般特点外,还要寻找共性,强化感受。基于对科普作品的认识和对《去野外——探索大自然之旅》整本书的阅读,梳理、总结科普作品的阅读角度及相关阅读方法，逐步实现从“这一篇”到“这一类”的阅读路径构建。

第三，提炼信息，分享实践。在今天这节课中，学生的重头戏就是在之前自问式阅读的基础上，对整本书中需要研究的内容进行信息提取，同时将这些信息分享给其他同学。这样的学习交流能引起更多学生对阅读文本的兴趣，并在再次阅读中深度理解文本，提高阅读能力。此外，我们更盼望看到学生阅读之后产生的“作品”——展台的制作，这是学生将阅读所得知识进行实践运用的最佳证明。

卡夫卡曾言：“书必须是用来凿破人们心中冰封海洋的一把斧子。”教师不仅是春蚕和蜡烛，不能只照亮别人燃烧自己，而是要和学生共同成长。在不断尝试整本书阅读教学中，教师也将收获成长。

（案例撰写　于嫣理）

以上教学案例较好地阐述了以“读、问、说、写”为步骤的整本书链式阅读指导范式。在整本书阅读中，学生通过快速略读，开拓阅读视野，有效地积累阅读知识，对提升语文素养而言具有十分重要的意义。在整本书阅读中，教师如果放手让学生自由读，就会失去良好的阅读指导契机。在上述教学案例的实践中，学生在前期阅读的基础上，已经能根据“入门四问”较好地开展整本书阅读了。在这样的情境下，教师适当地进行阅读指导至关重要。比如，教师可以在学生自问自读之后，为学生设立专门的阅读指导课，为学生整本书阅读的分享交流搭建平台。

“这本书讲了什么”等看似简单的问题，可以为学生交流阅读后的感受、书籍的推荐等提供大量新鲜的话题。最可贵的是，在交流分享的过程中，学生们会在倾听中捕捉信息，从而产生更多的问题，激发他们再一次阅读的兴趣。这种“发现问题—解决问题—再发现问题”的过程，正是学生综合学习能力提升的见证。

要想提升整本书阅读教学的效果，提高学生参与整本书阅读的积极性与主动性，以及更好地检测学生的阅读成果，教师就要优化整本书阅读的综合评价。在这个过程中，教师可以结合具体的书目进行多次过程性评价和终期评价。过程性评价主要是了解学生的阅读情况，汇总学生在阅读过程中遇到的困难，以便于及时地进行指导；终期评价主要是对学生整体阅读状况进行测评，检测学生的阅读效果，以及进行学生自评、小组互评、家长评价和教师综评等评价。例如，对

于《去野外——探索大自然之旅》这本书的整本书阅读教学,教师可以在学生自主阅读的过程中,结合学生的阅读交流、分享进行评价。在终期评价中,教师可以让学生说说这本书的主要内容,也可以设置一些问题让学生回答,还可以对学生在完成最终任务“展台设计”中的具体表现给予评价。最后,教师可以让学生根据阅读时间、阅读感悟和阅读收获进行自评,再让小组之间说说对方的优点与不足,从而取长补短和共同进步。

综上,借助于整本书阅读,提升学生的阅读兴趣,使学生掌握有效的阅读方法,把握整本书表达的思想内涵,促进知识的内化,有效地提升语文素养,为其日后的学习及发展打下坚实基础。

二、坚持问:学会质疑——提升阅读质疑的能力

爱因斯坦说过:“提出一个问题往往比解决一个问题更为重要。因为解决一个问题也许只是一个数学上或实验上的技巧问题,而提出新的问题、新的可能性,从新的角度去看旧的问题,却需要创造性的想象力,而且标志着科学的真正进步。”质疑是探索的开始,学生越是对阅读中遇到的问题百思不得其解,他们的思维活动就越活跃。一旦问题得到解决,他们就能体验到成功的喜悦,其思维也能得到进一步的发展。因此,教师要创设民主、自由的氛围,引导学生在阅读的过程中坚持问是非常重要的。学生在阅读中的质疑能力需要教师在教学过程中进行引导,比如,就阅读过程而言,学生在阅读中的“坚持问”可以从以下阶段切入。

(一)阅读前质疑

阅读前质疑是指学生学习新的课文内容或阅读一篇全新的文章前,要对文章的题目、内容等提出疑问,并带着这些问题阅读课文。前文所述的“入门四问”就是阅读前质疑的一种形式。当学生开始阅读时,以“入门四问”的形式帮助他们学会基础性提问,并在阅读过程中带着这些问题边读边思考。历经一段时间的“入门之问”练习后,学生不仅能养成带着问题阅读的习惯,同时在阅读时会更留心作者的行文构思,而且会把作者的这种行文构思与自己的想法构思进行比较,取长补短。假以时日,他们在读懂这篇文章或这本书的基础上,还能不断提升写作能力。

（二）阅读中质疑

阅读中质疑是指鼓励学生在阅读中带着质疑的态度进行学习，是一种以学生为主体的教学观。阅读的主体是学生，教师就应该把思考的权利还给学生，给学生提供一个发现问题、思考问题、分享问题、解决问题的自由空间。在阅读的过程中，鼓励学生从以下几方面思考如何提升质疑能力。

第一，批判性思维质疑法。所谓批判性思维，是指通过仔细评估想法和事实，来决定应该相信什么、做些什么的过程。[①] 学生要用批判性思维质疑在阅读中碰到的问题，就要先具备三项技能：要能意识到它们是一套环环相扣的批判性问题；有能力在适当时机以适当的方式提出并回答这些问题；有积极主动地使用这些批判性问题的强烈渴望。[②] 上述三项技能对小学生而言有一定的难度，但只要在阅读中有意识地引导，即便是低年级学生，也能得到个性化发展。

如在阅读童话故事《狐狸和乌鸦》时，学生通过狐狸和乌鸦之间的三次对话，了解到狐狸是怎样骗到肉的，乌鸦是怎样上当的，从而悟出喜欢听奉承话容易上当受骗的道理。此时，教师可以及时引导学生展开辩论："在学习课文《乌鸦喝水》时，我们知道乌鸦特别聪明，会动脑筋，可今天这只乌鸦却连连上当受骗。读了这个故事后，你觉得乌鸦到底是聪明还是不聪明？今天我们就来辩一辩。"课堂上的小小辩论赛使得学生有机会表达心中的问题和观点，同时又将在阅读中读到的内容进行环环相扣的论证。"读、问、辩"的练习能促进学生通过阅读进行内化，也能让学生养成边读边质疑的好习惯。

第二，发散思维质疑法。发散思维又称求异思维、辐射思维，是指从一个目标出发，沿着各种不同的途径思考，探求多种答案的思维。美国心理学家吉尔福特认为，发散思维具有流畅性、灵活性、独创性三个主要特点。在学生阅读的过程中，先引导他们抓住文本的发散点，如文章中的矛盾冲突、人物的性格和语言，然后启发学生进行质疑和思考，推测情节的发展和结局的形成是否具有多种可能性，促进学生的思维向广度和深度发展。《爷爷一定有办法》是学生喜爱读的绘本故事。故

---

① ［美］安德里亚·戴宾克.我会独立思考［M］.黄瑶，译.北京：北京联合出版公司，2021.

② ［美］尼尔·布朗，斯图尔特·基利.学会提问：原书第12版［M］.许蔚翰，吴礼敬，译.北京：机械工作出版社，2021.

事中的爷爷把一块普普通通的布料做成了毯子、外套、背心、领带、手帕、纽扣……主人公约瑟怎么也舍不得丢掉这些用老旧衣物改制成的物件,是因为爷爷亲手缝制的每一样东西都记录着约瑟成长的岁月,陪伴着他的童年。同时,爷爷一次次地想办法,也在约瑟的心里播下了勤俭节约的种子。最终,故事在爷爷用废布料缝制的纽扣终于不翼而飞时戛然而止。教师及时启发学生:你们想不想知道那粒纽扣到底到什么地方去了?请大家看图画的这个角落,这里还有一家子呢!老鼠一家在干什么?神奇的蓝色布料不仅给约瑟的童年带来了快乐,还会怎样改变老鼠一家的生活呢?一个新奇而有趣的故事在学生的口中创编成型……根据书中的信息,结合新颖的思路观点,在学生由浅入深的思考创作中,一个个全新的故事结局让人忍俊不禁。引导学生对叙事性作品的结尾进行质疑,对故事情节进行续写、创编,在鼓励学生质疑的同时,也培养了他们的想象能力。

第三,比较思维质疑法。比较思维是指将两个或两个以上具有相同或相似特征的事物进行对比,异中求同,同中求异,得出创造性结论的思维方式。比较思维质疑法是指引导学生运用比较思维进行质疑,调动旧有知识经验去理解新知识的一种方法。

[案例]

比较质疑阅读,关注景物描写

——以二年级阅读教学为例

一、研修背景

部编版小学语文二年级上册第四单元中的课文都是介绍祖国大好河山的,主要突出"爱祖国,爱家乡"这个主题。同样是介绍景色的课文,但在场景的描述上各有不同的特色。为了让学生有更清晰的了解,教研组挑选了教材中的《黄山奇石》一文与学校的阅读课程进行整合,又挑选了一篇本学期的课外阅读必读书目——《荷花镇的早市》,引导学生在两个文本的比较中质疑,在质疑、解疑中感受不同的阅读体验。

二、教学设计

(一)《黄山奇石》教学设计(片段)

1. 在上节课中,我们跟随作者的脚步欣赏了黄山奇石。你能用上以下三个

词语介绍黄山风景区吗？（出示：中外闻名、黄山风景区、安徽省南部）

2. 你们还记得课文中一共描写了几种黄山奇石吗？

归纳：仙桃石、猴子观海、仙人指路、金鸡叫天都、天狗望月、狮子抢球、仙女弹琴。

3. 比较一下这些石头的名字，说说你的发现。老师把这些石头的名字再重新排一排，你们再看看介绍这些石头的自然段，又有什么新发现？

总结：通过比较，我们发现前一部分是作者重点介绍的，后一部分只是简单介绍，一笔带过。

4. 出示描写黄山奇石的四句话，请学生比较它们的相同点和不同点。

相同点：都描绘了作者的想象。

不同点：介绍顺序不同。

仿写奇石：请你用“好像”或“真像”等词选择天狗望月、狮子抢球、仙女弹琴中的一种进行仿写。

5. 比较句子的位置，感受语言文字的特点。

提问：如果把这四句话都放在每一段的首句，这样的表述也是通顺的。你们喜欢这样的表述吗？为什么？

总结：在这节课中，我们运用比较的方法学习了课文。作者如此独具匠心的写法，让我们不仅看到了黄山奇石的千姿百态，还欣赏到了课文独特的语言魅力。

（二）《荷花镇的早市》教学设计（片段）

1. 引入：刚才张老师带着我们学习了《黄山奇石》一文。我们发现，这篇课文的场景描述有三个特色：按地点转移来写；景物描写有详有略；抓住景物的重要特征加以想象和具体描述。在这节课中，吴老师要和大家一起阅读一本有趣的绘本《荷花镇的早市》。

2. 提问：谁来说说这本书讲了什么？（一个城里的小男孩阳阳跟随爸爸妈妈回水乡给奶奶祝寿。这天清晨，他跟着姑姑到水乡集市买东西）

3. 启发质疑：整本书的画面是一幅温馨的水乡集市场景。但同样是场景介绍，它与《黄山奇石》的不同之处体现在哪里？

不同之处一：境随心动。

细读绘本，比较体会不同的描写。

(1) 引导学生朗读这几句话：“小船拐了个弯，划进了一条水巷。”“阳阳和

姑姑走进一条巷子。”“穿过了巷子就到了菜市场。”

（2）从这几句话中，你知道了什么？（地点发生了变化）

（3）作者用几句话非常明确地告诉我们地点的转移。

不同之处二：详略得当。

对于故事中出现的三个场景，作者介绍得最具体的是哪部分？（菜市场）

（1）这里出现了很多不同的人物，请同桌一边读一边讨论都有些谁。

（2）说话练习：菜市场上热闹非凡，有（　　），有（　　），有（　　），还有（　　）……

（3）这个故事特别有意思，它在叙述上很有自己的特色。以对话的形式，生动地描绘了过年前的菜市场景象，推动故事的发展，表现场景的特点。

三、教学反思

《黄山奇石》一文介绍了景色奇特的黄山奇石。文章思路清晰，语言生动，给人以身临其境的感觉，是一篇培养学生留心观察周围事物习惯的好范文。文章先总写景色秀丽神奇，再具体介绍了“仙桃石”“猴子观海”“仙人指路”“金鸡叫天都”四块怪石，其他几块怪石则做了简写。小学二年级学生对事物充满着强烈的好奇心和求知欲，想象力丰富，思维活跃，容易接受新知识，表现欲望较强，喜欢展示自己。但他们对黄山奇石没有身临其境的感受，语言表达能力、对事物的细致观察能力也处于薄弱阶段，理解课文有一定难度。因此，教师可以引导学生阅读课文，发现作者的写作手法，欣赏奇石的神奇有趣，培养学生的观察能力和想象能力，以及对黄山的向往之情和对大自然的喜爱之情。在整体感知课文时，让学生通过自读课文找到黄山奇石的名称。学生通过比较发现，有些奇石的名称与动物有关，如“猴子观海”，另一些名称含有“仙”字，如“仙人指路”。教师通过调整名字的顺序，引导学生进行二次观察比较。学生又发现作者在写作时具体介绍了“仙桃石”“猴子观海”“仙人指路”“金鸡叫天都”四块怪石，其他几块则是简写。这是为什么呢？在第五自然段和第六自然段的教学中，教师又一次引导学生用两张表格进行阅读比较，并在交流中引导学生发现作者在介绍不同石头时的写作顺序不同，因此最后给读者留下的印象也随之不同……通过前后比较、质疑、阅读，学生知道了作者通过地点的转移依次写出所看到的景物，发现了作者在介绍黄山奇石时有详有略，在介绍不同石头时的写作顺序也是不同的。通过比较思维质疑法的运用，学生不仅从文本中看到了黄山奇石的千姿百态，也在欣赏中读出了语言表达的独特魅力。

为了能更好地引导学生将课内习得的方法延续至课外，我们又引导学生运用上节课学到的方法，一起阅读二年级的课外书目——《荷花镇的早市》。这个绘本故事生动有趣，插图是以水墨画的形式呈现的。在课堂中，教师继续沿用比较思维质疑法，带领学生读文观图，逐一发现并体会这本书在语言表达上的特色。在细读绘本故事，比较句子的基础上，学生们发现"故事中的地点在不断变化"；在前后文的比较中，学生们又发现"菜市场部分的介绍最具体"，这就是有详有略。然而，荷花镇的美景那么多，为什么对一个喧闹的菜市场进行详细描写呢？通过与《黄山奇石》一文做比较，学生们还发现这个故事最有意思的是，它在叙述上很有自己的特色：菜市场的一段描写以对话的形式推动故事的发展，表现场景的特点。最后，教师引导学生发现总结：喧闹的菜市场是家乡的代名词，"常驻"在作者的心中。至此，学生了解到不同的文章在关注景物描写时，语言表达上的特色是各不相同的，但必须根据文本的需求做出合理安排。

（案例撰写　吴　萍）

（三）阅读后质疑

通过阅读前质疑、阅读中质疑，学生对阅读内容有了比较全面的认识。然而，阅读的最终目的是用书本上的知识解决生活中遇到的各种问题。因此，我们还鼓励学生在阅读后质疑：一是在质疑中形成自己对文本独特的感受和体会，二是在读后作业中通过提出问题来提升创造力。

以部编版小学语文四年级上册第一单元为例，这一单元以"自然之美"为主题，编排了《观潮》《走月亮》《现代诗二首》《繁星》四篇课文。本单元的语文要素是学生能边读边想象画面，感受文字之美和意境之美。在习作中要能推荐一个好地方，写清楚推荐理由，旨在激发学生的习作兴趣，让他们从本单元"自然之美"的学习走向生活实际，表达对美好生活的真切感受。在本单元学习结束之际，请学生在家长的协作下利用假期进行短途旅行。

学生整合阅读所得设计了"自在旅行"系列作业，以"赞美祖国大好河山，感受自然之美”为主题,规划自己的假期之行。据结果统计,不少学生凭借着大胆质疑和合理想象走出了书本,走进了湖光山水之间。

图 2－5　“自在旅行”系列作业

通过这种“研读型”的课后质疑,学生能对文章、生活中的存疑之处进行大胆表达,和伙伴、家长进行充分沟通。这样不仅能拓展学生的阅读思考空间,还能提升学生的认识水平、思考能力和交际能力,让语文学习真正成为提高学生生活质量的“好帮手”。

三、习惯问:知行合一——养成自主阅读的习惯

有的时候提问很难,因为提出一个问题恰恰意味着承认自己还未掌握所有的信息。因此,相较于提问,人们更喜欢答案。在信息提取便捷的时代,我们获取答案就在转瞬间。但教师的职责在于让那些处于学习成长关键期的孩子明白:只有提出对的问题,才能解锁自己一直在寻觅的答案。米歇尔·奥巴马曾经嘱咐她的孩子:“把注意力更多地放在阅读,而非成功上。不要不懂装懂,要举手提问”。

阅读、质疑、再阅读是一种学习素养和习惯,是一种知道自己哪里不明白,并主动寻找答案的过程。通过生动有趣、富有哲理的书籍敲响学生思考与探究的心灵大门,促使学生自主阅读,并用阅读获取的养分滋养生活——知行合一的阅读世界将是一个异彩纷呈的世界。

冬季的上海经常因为雾霾天、空气质量等问题而导致学生的大课间和体育课的户外活动无法开展。“双减”之后,部分学生由于要参加学校里的晚托班,每天要在学校里生活近十个小时,因此建议制作一副像“飞行棋”“强手游戏棋”那样的

棋子供大家娱乐用。老师们觉得这个想法非常好，于是鼓励学生根据自己对“丝绸之路儿童历史百科绘本”的理解，动手设计“丝绸之路游戏棋”。对于学生的优秀作品，学校将委托广告公司制作后，供各年级学生在特殊天气里进行桌游。

游戏棋的设计水平是学生们综合阅读的成果体现——通过对阅读、美术、数学等学科知识的学习，学生将四条丝绸之路的路线整合在一起。

张骞与丝绸之路——汉朝使者张骞出使西域，了解西域的风土国情。这时的丝绸之路只是长安到西域。

班超与丝绸之路——丝绸之路开启后，因为受到匈奴的阻挠而被阻断。汉朝将领班超率领军队击败匈奴，使丝绸之路重新畅通。

玄奘与丝绸之路——唐朝僧人玄奘前往印度学习，记录下了西域一百多个国家的地貌国情。唐太宗李世民依靠此书击败突厥，重启丝绸之路。自此，丝绸之路逐渐延伸到欧洲。

马可·波罗与丝绸之路——元朝时期，意大利旅行家马可·波罗从欧洲前往中国，走的是反向的丝绸之路。

学生的设计别出心裁，如使用立体拼图进行点缀，其中的敦煌古楼、新疆火焰山及西域雪山、沙漠与驼队、胡人建筑等，尽显西域特色。

图 2-6　部分学生作品

学校阅读节闭幕式上，从空中俯瞰，学校的操场变成了一个巨大的棋盘。这个棋盘由学生的优秀作品特制而成。其间，让全校学生行走在棋格间，一边重走“丝绸之路”，一边用阅读中所学的知识闯关：你知道著名的丝绸之路是从哪里到哪里，分别有几条线路吗？低年级学生的年龄虽小，但在历经阅读、设计图谱的过程后都能流利地说出丝绸之路的起点和终点，也能明确指出路线有多条，如陆上丝绸之路、海上丝绸之路。其中，部分学生对丝绸之路途经的国家及其首都耳熟能详。

图 2－7　学校阅读节闭幕式

在完成作品设计时，学生不仅要反复阅读绘本，从书中提取有用的信息，还要在完成的过程中寻求伙伴的帮助，进行思考、交流、设计、绘画、实践、调整、修改等。

寒假来临之前，各年段教师又一次根据学生的年龄特点推荐相关阅读书目，并布置了寒假阅读主题长作业，借此提升学生继续阅读的兴趣。在总结以往假期创意阅读作业经验的基础上，教师先向学生发布了问题征集令，希望从学生的视角寻找阅读问题的切入口。学生们的问题五花八门，例如：你对丝绸之路里的哪个故事印象最深刻，能和大家分享吗？丝绸之路上产生了很多位英雄人物，你能说出这些英雄人物的共同点和不同点吗？……

这些问题都源于学生的学习和生活。教师在和学生进行交流沟通后，拟定了后续的寒假作业。

一年级寒假阅读主题长作业

主题:丝路故事会

具体要求:阅读完"丝绸之路儿童历史百科绘本"之后,大家一定对不少有趣的故事留下了深刻的印象。现在,请你们和爸爸妈妈一同参加"丝路故事会"吧!(涉及学科:语文、数学、英语、体育、美术、音乐等)

提示:

(1) 家长可以和孩子一起看看"我听妈妈讲故事比赛"实况,并分享一下这些故事的有趣之处。

(2) 孩子选择一个与丝绸之路有关的故事,和父母讲一讲故事的主要人物、起因、经过和结果,把故事的条理说清楚。

(3) 孩子可以自制与故事有关的服装,利用美术知识绘制服饰图案,整合数学图形制作道具,再配上与故事情节有关的音乐旋律。

(4) 父母也可以参与故事表演,扮演不同的角色。

(5) 家庭成员之间可以先进行彩排,然后拍摄成视频。注意选择横拍,时间控制在 3 分钟以内。开学后,我们会择优选择部分视频呈现在学校的微信公众号里。

(6) 完成时间:4 周。

同学们,预祝你们在"丝路故事会"的录制过程中找到幸福的亲子时光。

三年级寒假阅读主题长作业

主题:丝路英雄谱

具体要求:丝绸之路中涌现了许多英雄人物,如马可·波罗、张骞、玄奘等。他们为开拓丝绸之路上下求索,为发展丝绸之路不断探险,留下了很多可歌可泣的故事。斗转星移,世事沧桑。往昔丝绸之路上商贾来往穿梭的繁忙景象早已成为过眼云烟,悠扬的阵阵驼铃声响也已从我们耳畔消散,但他们却是丝绸之路上永远矗立的不朽丰碑。阅读完"丝绸之路儿童历史百科绘本"之后,请大家在收集资料、拓展阅读的基础上设计一张丝绸之路英雄人物谱。(涉及学科:语文、数学、英语、美术、信息技术等)

提示:

(1) 了解古往今来丝绸之路上涌现出来的中外英雄人物。

(2) 查找这些英雄人物的履历(年代、国籍、生平介绍、主要成就等),找到他们的共同点。

(3) 可以用各种各样的形式来表现丝绸之路英雄人物谱,比如:用画笔画一画丝绸之路英雄人物;用英语简单地介绍一下这些英雄人物的生平;用 Excel 表格制作一张丝绸之路英雄人物谱。

(4) 可以与同伴合作,也可以与家庭成员合作。开学后,我们会根据设计情况进行推广和展示。

(5) 完成时间:4 周。

同学们,虽然马可·波罗、张骞、玄奘等英雄人物的背影已经远去,但"丝绸之路"留给世界的影响源远流长。让我们与丝绸之路上的英雄人物来场隔空对话吧!

(作业设计　陆莉莉)

“曾经有这样一条路,跨越高山和沙漠;曾经有这样一条路,穿越河流和大海。驼铃声声,载着丝绸和瓷器的商队在这条路上络绎往来;怀揣梦想,传播信仰和文化的使者在这条路上辗转奔波。”

2021年,学校阅读节的推荐书目是“丝绸之路儿童历史百科绘本”。这套丛书读起来难度不低,尤其对低年级学生而言。于是,教师从解决生活中的问题入手,在两个月的时间里带领全校学生体验了一次“丝路棋盘间的浪漫之旅”。比如:雾霾天的室内体育课怎么上?晚看护时段怎么支配闲暇时间?……

在阅读中,孩子们带着自己的思考,看到了绵亘万里、延续千年的“古丝绸之路”;在阅读中,孩子们带着心中的问题进行探索,领悟了和平合作、开放包容、互学互鉴、互利共赢的丝路精神。

读万卷书,行万里路。愿孩子们在阅读中始终行走在求知的路上,愿他们在求学路上养成敢于质疑、善于提问的习惯。

第三节　说:由内而外,外显输出

小学阶段是学生语言发展的黄金时段。在学生主动“读”、有序“问”的基础上进行“说”的练习,是提升他们语言表达能力的重要一环。对小学低年级学生而言,由于受到认知发展水平的限制,注意力不易集中,头脑中储备的词汇相对较少,口头表达缺乏一定的逻辑。因此,要求他们在表达时做到用词恰当,语言规范,清晰连贯,“能较完整地讲述小故事,能简要讲述自己感兴趣的见闻”,并在课堂学习中做到“积极参加讨论,敢于发表自己的意见”是有一定难度的。孩子之间的性格差异是天生的,外向的孩子愿意将自己的见闻、感受、想法等在课堂内外大胆表述,但未必能做到言之有序,规范表达;胆小内向、缺乏自信的孩子则经常在课堂中扮演倾听者的角色,他们不是没有想法,只是需要教师的引导和帮助。因此,教师要引导他们把自己在阅读中的感受表达出来,帮助他们在把自己的疑问抛给同伴的同时进行深入思考。

本节将根据不同学段学生的年龄特点,阐释依托文本阅读,进行“说”的练习指导;巧用方法训练,努力提高学生的语言表达能力。

一、听说并行——学习口语表达

对小学低年级学生而言,“说”(口语表达)的难度可能要高于“写”(书面表达)的难度。由于孩子们的语文学习刚起步,书面表达的字数要求相对较低,并且可以在思考一段时间后再下笔,写完后还可以进行修改。口语表达则属于即兴发挥,给孩子思考的时间不多,一旦说出口就无法修改,这或许是很多孩子在低年级不敢大胆表达的主要原因。因此,在培养低年级学生“说”的能力时,教师一是要激发学生的学习兴趣,选择他们感兴趣的话题进行练习,鼓励他们先开口;二是要遵循循序渐进的教学原则,引导学生在已有经验的基础上读读讲讲;三是要让学生尝试在阅读中思考,在倾听中捕捉信息,依托优美、规范的教材、读本语言进行表达练习,最终做到言之有物,言之有序,言之有趣。

(一) 读读讲讲,言之有物

小学低年级学生的词汇量少,抽象思维能力较弱。因此,教师在入学准备期、幼小衔接阶段可以先抓住学生们的兴趣点,充分运用正规出版社的绘本故事,引导他们在图文对照中提升阅读兴趣,在读读讲讲中言之有物、有话可说。

绘本故事《我妈妈》是英国作家安东尼·布朗的作品。这本书里的妈妈和布朗以往作品中的妈妈形象很不一样:她不像《动物园》里的妈妈默不作声,不像《朱家故事》里的妈妈愁容满面,而是体形富态、充满爱心、笑口常开。这本书的图片绘制精美有趣,夸张的画面形象地勾勒出强壮又温柔的妈妈形象,能迅速吸引一年级学生的眼球。同时,这本书的语言简单朴实,却又生动丰富,用孩子的口吻赞美妈妈:“这是我妈妈,她真的很棒!”“我妈妈真的很棒!”“我妈妈真的、真的很棒!”……这样的语言对一年级学生来说简单通俗,而且结合画面的故事,让学生在倾听和朗诵中深切地感受语言的声韵美和节奏美,体验爱妈妈的愉悦之情。基于绘本中的精彩点和空白点,引导学生进行“说”的练习。因此,读读讲讲成了学习的主旋律。

[案例]

关于绘本故事《我妈妈》的教学片段

片段一:读读讲讲,抓住精彩点

师:出示图片(这是我妈妈,她真的很棒!),继续出示妈妈玩杂技的图片(也是一个很会杂耍的特技演员)。

师:读读图片,思考一下:为什么说妈妈又变成了一个很会杂耍的特技演员?她和真正的杂技演员有什么不一样?她在玩什么?

生1:"小包"暗示妈妈很会理财。

生2:"小熊玩具"暗示妈妈是孩子的好玩伴。

生3:"房子"暗示妈妈总是把家里打理得井井有条。

生4:"汽车"暗示妈妈是个驾驶好手。

生5:"茶壶"和"橙子"暗示妈妈很会照顾家人的饮食。

……

师:你们觉得这位妈妈怎么样?

生1:能干!

师:可以用完整的句式说一说吗?

生2:我觉得妈妈很厉害!

生3:我觉得妈妈像个杂耍演员。

……

师:说得真好。这位妈妈可以把各种各样的事情都做得井井有条,仿佛杂技舞台上最会杂耍的演员。

(板书:特技演员)

师:再来看看这张图(妈妈提了很多东西),你有什么问题吗?

生1:妈妈为什么要提着这么多的东西?

生2:这么多的袋子,妈妈怎么拿得动呢?为什么没有人来帮帮她?

生3:我感到奇怪,妈妈应该觉得很累,但是她却在微笑。

师:对呀,妈妈两个手里拎了许多袋子。让我们一起数数有多少吧!请你们也把一本书夹在胳膊里,试试站起来走走,说说感受。

生4:虽然我只夹了一本书走路,但还是感觉不舒服。

师:是呀,图片里的妈妈上上下下拎了并夹了那么多重重的袋子,可是她的感觉是什么样的呢?

生5:很满足的笑容。

师:仿佛在说什么呢?

生1:今天太开心了,我把想要买回家的东西都买好了!

生2:我家宝贝看到这些好吃的东西一定会高兴的。

生3:我的安东尼快要放学了,得快点把好吃的准备好,让他大吃一惊……

师:妈妈的一切都在笑容里。此时的妈妈是“最强壮的女人”。请你也像安东尼一样夸夸她——我妈妈真的很棒!

片段二:读读想想,延展空白点

师:接下来,安东尼会画妈妈什么呢?请你猜一猜。

生1:我觉得会说妈妈是个航天员。

生2:我觉得会说妈妈可能是个音乐家。

生3:我觉得会说妈妈是个美食家,和我妈妈一样。

师:你的想法和安东尼是一样的吗?让我们一起来看看。

师:妈妈的手指都变成了绿手指,而绿手指代表喜欢种花花草草的人。

师:妈妈的绿手指可以种出什么呢?

生1:妈妈的绿手指可以种出一朵朵爱心花。

生2:妈妈的绿手指可以种出一条条五彩的鱼。

生3:妈妈的绿手指可以种出一颗颗美丽的纽扣。

生4:妈妈的绿手指可以种出一个个可爱的洋娃娃。

生5:妈妈的绿手指可以种出一座座美丽的花园。

生6:妈妈的绿手指可以种出一个个水果。香蕉、苹果、梨子等,你想要吃的全都有!

……

师:所以,安东尼说了什么呢?

生:(齐读)我妈妈是一个有魔法的园丁,她能让所有的东西都长得很好。

(案例撰写　蒋晓奋)

精心设计的排比句式,描述了这样一位平凡而又伟大的妈妈;有趣的画面、精细的描摹,勾勒了一位平常却又非凡的妈妈。学生在教师的启迪下仔细读图,充分感受画面的形象美,自然地激发出对画中妈妈的喜爱。教师善于抓住文字中的精彩点,引导学生练习说话。学生们联想自己的妈妈类似的点点滴滴,一下子打开了思维空间,在七嘴八舌中既走进了故事,又走出了故事,走进了生活。教师同样善于捕捉文字中的留白处,引导学生展开合理想象,鼓励学生学着用故事里的语言也说说妈妈的绿手指可以种出哪些东西。如此,以学生生活经验为基础,以阅读为基点,由绘本迁移到生活,将生活融入故事。在这样一个宽松、自由、自主的言语表达氛围中,学生可以充分地感受绘本内容带给他们的美的享受。

(二) 听说并行,言之有序

1. 在听听说说中尝试模仿

在兴趣的引导下,低年级学生"说"的欲望很强烈,但由于语言表达缺乏规范性,说话常常会东拉西扯。因此,在语言表达训练中,既要注重思路的发散,让学生言之有物,又要让学生言之有序。所谓有序,就是在表达时语言完整,语句通顺,逻辑清楚,符合语言文字的规范。部编版教材中的课文都是经典之作,图文并茂,逻辑严谨。因此,教师要用好教材中的范例,在读读、听听、说说中引导学生欣赏课文中精彩的语句,通过模仿课文中的写法练习说话。

如部编版小学语文一年级下册中的《树和喜鹊》一文是一篇童话故事,从不同的角度将伙伴间的情谊通过故事情境和诗歌语言加以展现。课文读来朗朗上口,学生们对课文内容很感兴趣。在指导学生朗读"树很孤单,喜鹊也很孤单"这句话后,教师请学生模仿课文中的句子练习说话。在练习之前,教师先引导学生关注树和喜鹊之间的共同点——"孤单"。因为有这样一个共同点,所以两个短句可以用"也"字串联。学生在教师的鼓励下侃侃而谈:有的说"爸爸工作很忙,妈妈工作也很忙",有的说"海是蓝色的,天也是蓝色的",有的说"天空很广阔,天空下的大草原也很广阔"……在教师和同伴的鼓励下,学生们渐渐地将说话的内容拓展开去:"校园是学习本领的地方,也是收获友谊的地方。""书本是我们的老师,也是我们的好朋友。"……引导学生模仿课文,在读中学习规范表达,从身边的事物说起,发现身边人、事、物的美,是一种很好的尝试。

规范的句式训练应从低年级开始,它能让学生自觉地运用规范的句式表达自己的想法,学会把话说完整、说连贯。如部编版小学语文二年级上册中的《刘胡兰》一文清楚地交代了故事的时间、地点、人物和事件的起因等内容。在学生自由读课文后,教师给出“(　　),刘胡兰(　　)(　　)”这样的句式,鼓励学生根据读到的内容,用自己的话说说什么时候刘胡兰在哪里怎么样。二年级学生有规范的句式做学习支架,能将课文的内容说得清楚明白。又如在部编版小学语文二年级下册中《开满鲜花的小路》一文的教学中,教师根据句式结构相同的特点,引导学生以“门前开着(　　)的(　　)”的句式练习说话,帮助学生理解课文。在规范句式的引导下,学生发挥想象,轻松完成“山坡上(　　)(　　)的(　　)”的填空。借助课文中规范、精彩的语句,引导学生听听说说、讲讲练练,符合低年级学生的年龄特点。他们在对说的内容兴致盎然的同时,也学会了言之有序。

2. 在交流评价中学习规范

在学生“说”的过程中,同伴兴趣盎然地倾听、交流、评价。教师生成性地点拨引导是规范低年级学生语言表达的重要途径之一。在学生语言表达不完整、不规范时,教师用规范的语言帮助学生进行调整,引导课堂里的伙伴在认真倾听的基础上进行评价补充,同样能提高学生语言表达的规范性。

[案例]

关于“小兔运南瓜”一课的教学片段

师:小兔蹦蹦跳跳地来到菜园,说:“哇! 一个南瓜呀!”小兔惊呆了。你能说一说南瓜是什么样子的吗?

生1:这是一个很大的南瓜。

师:有多大呢?

生2:比我家的脸盆还大。

师:我们形容一种东西时除了说它的大小外,还可以说说它的形状。因此,我们还可以说这是——

生3:这是一个圆圆的南瓜。

师:老师给你一个提示:又……又……

生3:这是一个又大又圆的南瓜。

师:金黄色的南瓜又大又圆,就像一个——

生1:金黄色的南瓜又大又圆,就像一个大车轮。

生2:金黄色的南瓜又大又圆,就像一个太阳,高高地挂在瓜棚里。

生3:金黄色的南瓜又大又圆,就像一面小鼓一样,可爱极了。

师:这个南瓜颜色金黄,一瓣一瓣围拢来,圆圆的,像一个大车轮,也像一个胖娃娃。它已经成熟了,懒洋洋地躺在地上,等待小兔把它运回去呢。老师给你一段话,请你根据填空把这幅图说完整。

秋天到了,地里的________成熟了!南瓜结得________。小兔子想把南瓜________,可是________的大南瓜躺在地上,该怎么办呢?

总结:结合学生的年龄特征,在学习中引导学生认真听、大胆说,通过及时点拨帮助学生进行规范、完整的表达。假以时日,学生就能自然顺畅、言之有序地表达阅读之后内心的想法。

（案例撰写　王　磊）

（三）童心童真,言之有趣

孩子们的语言表达不仅要做到言之有物,言之有序,还要做到言之有趣。童趣是孩子内心世界的外在体现。我们绝不主张让低年级学生学着用“少年老成,拿腔拿调”的语言表述“老师想要的语言”,而是要引导他们用儿童化的语言表达自己阅读之后最真实朴素的感情。因此,言之有物表明了学生能不能说,言之有序表现了他们会不会说,而言之有趣则见证了他们的童心、童真,这是链式阅读追求的真谛。

[案例]

关于绘本故事《这不是我的帽子》的教学设计

一、背景

《这不是我的帽子》讲述的是一条小鱼偷了大鱼的帽子,自以为瞒天过海,却被大鱼追上并夺回帽子的故事。

二年级学生正处于语言发展阶段,此时也是思想启蒙的关键时期。既要合理设计表达环节，又不能生硬说教。教师以“识趣”为主线，在讲讲演演中，让学生品出故事隐藏的趣味，使语言训练变得生动有趣，激发学生的表达欲望，从而自然地引出故事所要传达的教育意义。另外，教学过程中引导语的设计及教师的肢体动作都要考虑学生的年龄特点，这样能快速帮助学生代入情境。在教学中，教师要先融入角色，用对话的形式引出几处训练点。这样，学生就能直接进入角色状态，更容易产生下意识反应，有助于他们展现最真实的情感，表达最自然的想法。

二、教学实录

片段一：小鱼发现螃蟹看到了自己。

师：（扮演小鱼，嘚瑟地“游”到生1面前）小螃蟹，你能装作没看见我吗？

生1：（点点头）好的。

师：小螃蟹太好说话了。你们希望故事更有意思吗？

师：（继续扮演小鱼，“游”到生2面前）你能不能保证不告诉别人我去哪里了？

生2：你能给我什么好处吗？

（教师指着生3，暗示他回答）

生3：作为交换，我把零食给你。

生2：我得考虑一下再回答你，行不行？

生3：我的时间不多，没有考虑好的话，对不起我先走了。

生2：等等！好吧，我答应你。

（设计说明：这是一个通过情景模拟帮助学生学会说的练习。由于刚刚进入读故事环节，学生没有完全沉浸到人物的情感中。教师只要稍加提示，聪明的学生就能马上会意，并在后面的对话中逐渐显露个性。用好吃的东西交换一个秘密不就是典型的孩子的语气吗？学生很会察言观色，当老师放下姿态，和他们平视时，童言童语就“冒”了出来）

片段二：大鱼遇到螃蟹，螃蟹正指着小鱼逃走的方向。

师：小螃蟹，你刚刚不是答应小鱼要保守秘密的吗？

生1：因为大鱼太大了，我很害怕，这也是没有办法的事情。

师：那你不要零食了吗？

生1：我觉得还是小命重要。

（众生笑作一团）

师：大鱼，你呢？你有什么办法让小螃蟹把事情的真相交代出来？这只小螃蟹还能坚持多久？请同学们结合绘本，再读一读，想一想，演一演。

……

（设计说明：结合上一个情景，趁热打铁地引导学生回到文本中继续阅读，根据人物的特点，结合自己的想象再一次进行说的练习。孩子们的童言童语新鲜有趣，让人忍俊不禁）

三、教学反思

这个故事有多处隐藏情节，不仅能锻炼孩子的想象能力，更是绝佳的语言训练机会。教师要尊重孩子的天性，最大限度地让他们发挥想象，并通过营造良好的沟通氛围，引导他们大胆表达。绘本是很好的载体，能打破教科书的固有模式，给孩子一片可以自由飞翔的天地。教师可以充分利用故事空白，创设情境，设计语言训练点，让孩子有机会展现本应属于这个年龄的童真。每一名语文教师都应该是童心的守护者。

（案例撰写　杨　蓉）

二、读后再说——共享情感交流

语言表达是个人将内部语言转化为外部语言的过程，这一过程既需要大脑活动的参与，又需要器官、肢体的协助，因此这是一个复杂的转化过程。[①] 当学生进入中高年级，积累了一定的词汇量后，就能尝试在阅读之后根据内心的感受，由内而外地表达自己的想法，并得到他人的理解。之后，他们的抽象思维随着年龄增长而逐渐发展，而此时可谓是他们表达能力提升的最佳时期。只要能关注增加阅读量的输入和适当引导学习输出之间的连接，就能帮助他们以较为完整的口头表达共享阅读后的情感，并在一定程度上提升语言表达能力。

《义务教育语文课程标准（2022 年版）》按照内容整合程度不断提升，分三个层面设置学习任务群，其中第二层设“实用性阅读与交流”“文学阅读与创意表达”“思辨性阅读与表达”三个发展任务群，以提升学生的阅读与表达能力。

---

① 袁浩，陈树民.语言表达的心理（一）[J].江苏教育，1988(22)：21－23.

结合上述任务群表达训练要求，结合笔者在语文课堂教学中的实践，接下来将从“陈述性表达”“思辨性表达”“创意表达”三方面阐述引导学生“由内而外，外显输出”的链式阅读指导实践。

（一）陈述性表达

陈述性表达是指在表达中根据自己阅读之后的理解摆出事实或者现象，有条理地说清事实和讲明现象，并在此基础上阐明自己的观点。基于小学生的年龄特点，为了鼓励学生表达，教师首先要在课堂中营造自由交流的氛围，积极地拓展课外知识内容，激发学生的积极性，让学生充分表达自己的见解和想法，消除他们“胆怯”“不敢开口”的顾虑，这是让语言表达能力得到提升的前提。为了让学生清楚地陈述自己的观点，教师要在“说”之前培养学生对语言的感知能力。席勒曾说：“要使感性的人成为理性的人，除了首先使他成为审美的人以外，别无其他途径。”只有学生在读的过程中充分地感受到语言之美，才能真正地了解作者想要表达的情感，也才能在此基础上将自己的理解进行充分的陈述表达。

以部编版小学语文四年级下册第七单元的教学为例，教师在引导学生学习了三篇描写人物的课文后，以“讲述英雄的故事”为主题，引导学生回顾课文内容，并谈谈这几篇课文中的人物给自己留下的印象。

［案例］

关于“讲述英雄的故事”一课的教学片段

生1:《“诺曼底号”遇难记》这篇课文对哈尔威船长的动作描写虽然不多，但结尾处尤其动人。“哈尔威船长一个手势也没有做，一句话也没有说，犹如铁铸，纹丝不动，随着轮船一起沉入了深渊。”从课文记叙的内容看，船长是有机会逃生的，但他却选择与船共存亡。我从“纹丝不动”中体会到他的内心：作为船长，必须忠于职守。所以，作者对他做出高度评价：“在英伦海峡上，没有任何一个海员能与他相提并论。”

生2:课文中对黄继光的动作描写深深打动了我：规定完成任务的时间马上就要到了。为了摧毁敌人的火力点，黄继光决定牺牲自己。从“站起来”“张开双臂”“猛扑上去”“堵住了”这一连串动作的具体描写中，我揣摩出当时他的心里只有夺下高地，根本没有顾及自己的生命，也感受到他英勇顽强、视死如归的崇高品质。

生 3:作家冯骥才对挑山工的语言描写让我记忆犹新,朴实的语言却蕴含着意味深长的哲理。比如这段话:“我们哪里有近道,还不是和你们走的同一条道? 你们肩膀上没有挑子,是走得快,可是一路上东看西看,玩玩闹闹,总得停下来嘛! 我们跟你们不一样,不像你们那么随便,高兴怎么就怎么。一步踩不实不行,更不能耽误工夫。我们得一个劲往前走。别看我们慢,走长了就跑到你们前边去了。”虽然他说的内容是怎么登山,但通过他的话语,我能感受到挑山工身上具有朝着目标脚踏实地、努力攀登的精神。作者也就是借着这段语言,让读者感悟到人生哲理。

师:所谓言为心声,行为心表,人物的性格、特点、品质等,往往在他们的一言一行中表露出来。

（案例撰写　陆莉莉）

在开展语文阅读教学的过程中,将读与说紧密连接,一方面注重对课内、课外阅读内容的有效理解,让学生体会到文字本身的意境美及结构美;另一方面鼓励学生大胆表达,开展多种形式的读、说活动,让学生在两者的紧密融合中获得更为独特的学习体验。

（二）思辨性表达

思辨性是指通过抽象的思考、推理、论证得出结论的哲学。《义务教育语文课程标准(2022 年版)》对“思辨性阅读与表达”的教学提示如下:应注意不同学段的特点,避免操之过急、求之过深。第一学段(1—2 年级)重在保护孩子的好奇心、自信心……鼓励学生自由表达、充分表达,以表扬为主。第二学段(3—4 年级)可通过具体例子引导学生知道事实与观点的不同。引导学生表达对文本的看法,尝试表达自己的观点,从文本中寻找证据支持自己的观点。第三学段(5—6 年级)应引导学生分析证据与观点之间的联系……有条理地表达自己的观点。因此,要鼓励学生表达,在读的基础上持有自己的观点,并能寻找充分的理由支持上述观点。

课前,学生在教师的鼓励下阅读了“丝绸之路儿童历史百科绘本”。该系列图书共三册:《我想去中国》《漫游古代中国》《海上历险记》。教师告诉学生,如果对书中内容有进一步了解的兴趣,可以再找三本书进行拓展阅读。但教师并没有直接告诉学生应该读什么，目的是让学生进行自我探索。其间，教师鼓励孩子们在家长的帮助下检索相关图书名称，并在家长的陪同下去书店购买相关图书。接着，教师结合阅读教学引导学生发现书中展现的丝绸之路上的风俗民情、集市商贸、地貌交通、文化物产等背后的新东西。

[案例]

关于“丝绸之路儿童历史百科绘本”的教学片段

生1：这两天我阅读后的最大收获是了解了原本很神秘的丝绸之路。它是指起始于古代中国，连接亚洲、非洲和欧洲的古代陆上商业贸易路线。狭义的丝绸之路一般指陆上丝绸之路。广义的丝绸之路分为陆上丝绸之路和海上丝绸之路。

师：你读得很认真。这三本绘本分别讲述了三个看起来没什么关联的故事，你能说说出版社为什么按这样的顺序编排吗？

生1：我觉得这三个看似无关的故事里共有一个灵魂人物——马可·波罗。他是意大利人，17岁时跟随父亲和叔叔前往中国。他在中国游历了17年，曾访问过当时的许多古城，到过西南部的云南和东南地区。这应该是三本书编辑成一个系列的主要原因。

生2：我认为这三本书的编排顺序与马可·波罗丝绸之路的路线相关。这里有两条线路图，我想考考大家：请问哪条是马可·波罗来中国的线路图？哪条是他回威尼斯的线路图？

生3：马可·波罗来中国走的是陆上丝绸之路，回威尼斯走的是水上丝绸之路。

师：你们的研究让老师也很受启发。马可·波罗在陆上丝绸之路和水上丝绸之路上分别遇到了什么困难？路途那么遥远，他们的交通工具有哪些？他们沿途看到了什么？有哪些新鲜事？……现在，你们可以参考学习单的阅读提示，也可以自己设置问题，从绘本中找到答案。然后，请大家交流你们讨论的结果。

> 《我想去中国》的阅读提示：
> 1. 简要介绍马可·波罗穿越丝绸之路的交通工具，并说说你认为最重要的交通工具是什么。
> 2. 丝绸之路促进了各国经济的发展。古代各国人民在此交换了哪些物品？这些物品对我们今天的生活有哪些影响？

师:同学们的交流让老师很受启发。相信大家能通过阅读绘本故事,传承先辈精神,在若干年后,为“一带一路”建设贡献自己的力量。

(案例撰写　罗黎萍)

课堂学习之余,教师可以引导学生通过写周记、写日记、写读后感,记录他们对陆上丝绸之路、海上丝绸之路的看法。

在教学活动中,学生既能在自由轻松的课堂氛围中不断获得表达的机会,其表述的想法又能在书中得到印证,并在教师和同伴的鼓励下再一次交流自己的想法和感受、问题和困惑。课前的演讲、学习中的辩论、阅读后的质疑与交流等,都能让学生在整个阅读过程中不断成长。

(三) 创意表达

创意是创造意识或创新意识的简称,是指通过对现实存在事物的理解及认知,衍生出的一种新的抽象思维和行为潜能。创意表达是指具有创造意识或创新意识的表达。《义务教育语文课程标准(2022 年版)》对于创意表达有以下要求:(第二学段)学习用口头或者图文结合的方式创编儿童诗和有趣的故事,发展想象力;鼓励学生在口头交流和书面创作中运用多样的形式呈现作品,发挥自己的创造性。

对小学生而言,通过课堂中的引导提升他们对语言的感知能力是提高表达能力的基础。因此,“读”和“说”的连接尤为重要。此外,有效的思维方式对于语言表达能力的提升同样重要。刘伯奎在《青年口才训练系统(上册)》一书中意味深长地说了这么一段话:“在口才训练系统中,有两个举足轻重的环节:一为思维环节,一个人思维水平的高低直接决定了此人口才水平的高低;一为心理素质环节,心理素质是否良好,决定了人们的口才能否在需要的时候得到应有的显现。”语言表达能力与学生的心理素质和思维状态密切关系。语言是思维的载体,学生思维能力的发展和语言表达能力的提高呈正相关。因此,关注思维和语言表达的内在联系,促使学生内部思维的外化和内心想法的外显,是进行创意表达实践的依据。

2022 年春季的线上教学期间,线上互动学习成了孩子居家学习的主要组成部分。学校低年级语文教研组根据该阶段学生的特点,引导学生边阅读、边学习表达，通过说一说、玩一玩、画一画、做一做等形式，让他们在动口、动手、动脑中享受远程交流的乐趣，很好地达到提升学生读、问、说、画、写等能力的目的。

首先，读一读，说一说。教师结合实际，引入课外阅读《洋葱头历险记》，引导学生用学习过的句子说一说小区保供蔬菜的品种和小区志愿者为大家服务的项目。在这一过程中，学生不仅巩固了句式练习，还感受到小区志愿者们的无私奉献。

其次，画一画，讲一讲。为了营造“诗中有画，画中有诗”的妙境，学生们用画笔活灵活现地展现了“接天莲叶无穷碧，映日荷花别样红”“两个黄鹂鸣翠柳，一行白鹭上青天”等意境。当“传统节日”一课里讲到端午节赛龙舟时，学生们就让这热闹的场景跃然纸上。绘画也是一种外显表达方式。在交流绘画的基础上，教师引导学生先读美妙的画面，再读诗句。

图 2-8　学生绘画作品

再次，玩一玩，秀一秀。由于二年级学生在学习课文《手影戏》时饶有兴趣，因此教师在课后及时地推荐了《追逐色彩的梵高》一书。学生通过学习书中介绍的方法，通过手指和手腕的灵活动作，用“玩一玩”的方法创造出属于自己的独特光影色彩，再用自己的语言给大家介绍这个奇妙的光影游戏。在“太空生活趣事多”一课的教学中，教师鼓励学生们跟着“天宫课堂”宇航员做起了“天地对比实验”。无论实验成功与否，他们都会在动手实验后读读书，寻找实验的原理，再在课堂里说说自己的一次成功（失败）的实验。这一切又点燃了更多学生对宇宙的好奇，如有的学生利用两个一次性塑料杯和手机光源模拟出浩瀚的宇宙。于是，又一次基于阅读、源于游戏的“脱口秀”上演了。

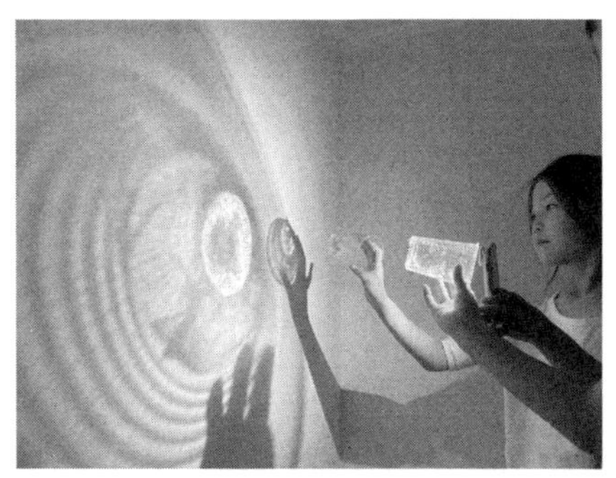

图 2-9　学生动手模拟浩瀚的宇宙

最后,做一做,练一练。在“中国美食”一课的教学中,教师设计了“食神PK”的创意作业,让学生选择自己拿手的烹饪方法,亲自动手做一道菜,并给这道菜起一个创意菜名。一道道美食的制作过程,既是学生对烹饪文化的理解和创新,又是一个阅读学习、交流互动的过程。

阅读教学是培养学生语言表达能力最直接的平台。课堂里,教师是与学生共同建构知识的对话者和合作者;课堂外,教师是学生参与探究、创意表达的引导者和促进者。我们应该认识到无论是由外而内的“读”和自我内化的“问”,还是由内而外的“说”,学生都站在阅读的中央。只有当他们先成为阅读学习积极主动的建构者和参与者、自主愉快的探究者和合作者,才能最终成为成功的表达者和推广者。

第四节　写:内外兼修,优化表达

“写”是链式阅读中的重要一环,也是继“一读、二问、三说”之后的综合表达形式。对成人而言,写作可能发生在生活与工作的各个场景中。但对小学生而言,由于课堂学习时间有限,大多数写作练习是以作业的形式呈现的。

在实践过程中,我们发现,学生在学习过程中的两极分化和完成读写作业是相关联的。由于阅读能力强的学生具备相对较多的与阅读文本语言相关的背景知识,因此他们能在多途径的阅读中不断提升自己的阅读能力,能轻松且迅速地完成各种表达作业。由于阅读能力比较弱的学生在课堂阅读学习中的口头表达练习相对较少，新旧知识缺少必要的衔接和转化，再加上作业设计的低效，因此他们对语文学习没有兴趣，外在表现是写作业尤其是写作类作业拖沓，长此以往语文能力自然无法提升。

怎样关注学生语文能力的提升？关注阅读课堂教学，尤其是关注教师的阅读课堂教学行为是一个好办法。但在实践过程中，由于过度强调教师的教，反而忽略了学生的学，或是把学生的学演变为如何配合教师实现教学目标。同时，过度关注课堂中教师的教学，也会忽视对课后作业的研究。久而久之，课后作业的编制会沦落为实现教师课堂教学目标的辅助手段，而不是帮助学生优化表达、提升写作能力的载体。

如果把阅读的意义从教师教会什么变为学生学了什么，作业的定位就发生了一定的变化。因此，本节中所论述的作业是指包括学生写作表达练习在内的更宽泛的作业体系——需要学生在参与阅读时全身心投入。

我们有理由认为，只有当作业不再是一种机械重复、让学生毫无幸福感体验的手段，它才能真正在学生阅读输入和表达输出之间起到连接作用。对广大教师而言，这是一个需要进行科学设计和精心选择的教学过程；对学生而言，这是一个需要融生活情趣和学习成就为一体的学习过程。

一、“剥茧抽丝”的反溯——思考阅读作业研究的切入口

以“写”为主的作业是学生巩固知识、锻炼能力、发展思维、优化表达的重要途径。它是阅读课堂学习的重要延伸，是链式阅读不可或缺的组成部分，承担着学生“内外兼修”的重要使命。然而，在相当长时间内，过重的作业负担，不仅打击了许多学生的学习积极性，还导致他们身体素质下降，甚至身心受到伤害。为了对症下药，笔者对现阶段小学语文作业普遍存在的弊病进行了分析和整理。

剥茧是指在调查、学习和反思中寻找作业设计的切入口。学校以问卷、访谈等形式对教师、家长进行了现状调查，希望能从现有的问题解决入手，推进后续的研究和实践。本次调查发现，学校现有作业存在以下问题。

第一，阅读作业机械重复多，趣味性、创意性少。传统作业尤其是语文作业比较注重知识点的巩固训练，于是出现了许多机械重复的抄写、默写、命题式作文。这种反复操作式的训练作业远离学生的实际生活，不利于培养学生的创新思维和

实践能力。如果经常完成这类作业,学生就会对学习产生倦怠、厌烦心理,从而出现写作业拖沓等现象。学习兴趣是个性倾向性中最现实、最活跃的成分,是小学生学习主动性和积极性的动力源泉。苏霍姆林斯基指出:"教学的全过程,学生的一切活动类型,都与发展他们的智能,首先是发展他们的创造性思维联系在一起,而这一工作成功的首要条件是引人入胜的学习。"

小学阶段是学生学习的初始阶段。阅读表达作业的创新内容与学生的兴趣是不可分割的。学生若是对自己所做的作业产生了浓厚的兴趣,就会迸发出无限的学习激情,形成意识倾向性,从而大大激发阅读兴趣,这就是"链式效应"。因此,如何从阅读表达作业设计的趣味性、创意性入手,在复习基础知识的同时,激发学生完成作业的兴趣,为其持续、有效的终身学习奠定基础,是我们应该考虑的要点。

第二,阅读作业覆盖要求多,个性化设计少。这是各学科存在的共性问题,如很多教师用统一的方法布置作业。这种撒网式作业覆盖面较广,但缺少对学生个体差异的关注。如果用统一的作业时间、作业内容、作业形式来束缚学生,假以时日,作业设计就会淡化学生在学习中的主体地位,使得学生渐渐成为只会机械服从教师的"傀儡"。

特级教师魏书生说:"我觉得要使学生成为学习的主人,要提高学生的自学能力,那么就应该培养学生自己留作业的能力。如果学生不知道给自己留作业或不知道留哪些作业,只是被动地跟着老师走,老师留什么作业就写什么,老师不留就不写。显然,这样的自学能力还是不完全的。"魏老师指出的自留作业是尊重作业设计主体性原则的一种形式。教师在设计阅读作业时,首先要重视学生的个体差异,打破原有的"让有差异的学生做无差异的语文作业"的模式,让不同水平的学生都能体会到成功的乐趣。每个学生都是独一无二的个体,他们的知识基础、智力发展水平和个性特长都不同,知识的需求程度也都不同。这些"一刀切"的作业压抑着学生的个性成长,忽视了学生的主体作用和个体差异。久而久之,学生自主选择的权利被剥夺了,个人的潜能得不到很好的发挥。"强者更强,弱者更弱"不是教育的初衷,值得引发所有语文教育工作者对作业设计的思考。

第三,阅读作业分散设计多,整体设计少。很多教师在布置作业时,只是根据当天一课时的教学目标进行设计,却忽略了单元知识中相互贯通的关键点,将知识进行了相对割裂。这种割裂体现在以下三方面。

一是语文学科教学内容之间的割裂。作业设计中没有体现一个单元教学内容之间的关联，更没有考虑整册教材中各单元之间的关联。作业设计的零散性与教师布置作业的随意性和对教学经验路径的依赖性密切相关。

二是各学科作业内容之间的割裂。“双减”政策落地后，每天的作业量和作业时间的公示使我们不得不统筹各学科作业布置的内容，在“减量”上动脑筋。问卷结果显示，68%的家长觉得孩子的作业量在“双减”以后减少了，但对完成作业感兴趣的孩子的比例并未提升。因此，教师要以具有整合性、创造性的作业代替零星化的机械性作业，引导学生在写的过程中提升综合能力。

三是语文学习与学生生活之间的割裂。问卷结果显示，很多家长对阅读作业设计的希望是，能提高孩子的各种能力，能与孩子的生活相关联。如果孩子完成作业仅仅是为了巩固知识，同时这些作业与他们的生活之间缺乏关联，多年以后学校教育培养的只会是一批埋头刷题、生活无法自理的学生。他们连自己的生活都料理不好，也无法承担整个国家、城市未来建设的重任。美国著名教育家杜威提出了“做中学”的教育理念。这就要求教师在设计读写作业时，不仅要考虑理论知识，还要将理论知识和实践相结合，从而布置出能锻炼学生实践运用能力的作业，引导学生在实践过程中体验、感悟、表达，从而提升综合能力。美国许多学校的教师已经意识到，为了给更多的学生创造成功的机会，必须改变传统课外作业的内容。他们相信，最好的办法就是赋予课外作业一种全新的概念，即贴近生活。这种课外作业与学生个人情况紧密相连，既能使学生意识到他们正在学习的知识的价值，又能使学生对学校形成一种积极的态度，因为他们知道这种课外作业培养了他们的生活能力。作业与生活的关联同样能激发学生学习的内驱力：当教师鼓励学生在实际生活中运用课堂所学知识时，学生对这些知识的理解就会更加深刻；当他们意识到这些知识可以用到实际生活中时，他们的学习才会变得更具意义。

因此，阅读作业的内容应该是丰富多彩的。教师不应只是单纯地依据课本知识进行机械性、普适性的作业内容设计，这不利于学生综合学习能力的提升和发展。

抽丝是指调查、梳理、整合、思考，是为了后续更好地进行实践。在上述反思的基础上，我们将从阅读作业的分层设计、整体设计和创新设计来阐述“读、问、说、写”的综合实践，通过有趣、有效的作业设计，“引导学生成长为主动的阅读者、积极的分享者和有创意的表达者”。

二、“学以致用”的实践——形成阅读作业研究的创新点

《义务教育语文课程标准(2022 年版)》指出:“教师要以促进学生核心素养发展为出发点和落脚点,精心设计作业……要合理安排不同类型作业的比例,增强作业的可选择性,除写字、阅读、日记、习作等作业外,还应紧密结合课堂所学,关注学生校内外个人生活和社会发展中的热点问题,设计主题考察、跨媒介创意表达等多种类型的作业,培养学生自主学习和综合学习的能力。随着学段升高,作业设计要在识记、理解和应用的基础上加强综合性、探究性和开放性,为学生发挥创造力提供空间。”

实践证明,越是优秀的教师,越是能在教学实践中用少量、优质的作业帮助学生获得典型而深刻的学习体验。近年来,我们日复一日地实践和探索,也正是为了以整体化、分层性、创新型作业提升学生的阅读质量和生活质量。

(一) 基于课程标准,以单元整体作业设计促进学生成长

《义务教育语文课程标准(2022 年版)》指出:“设计语文学习任务,要围绕特定学习主题,确定具有内在逻辑关联的语文实践活动。”在传统的阅读教学中,一线教师习惯用线性推进的方式开展教学,即先是识字教学,然后是解词连句,分析段落大意,了解文章的主题思想,分析文章的写作手法……在学习任务群的课程内容组织形态下,我们更需要关注的是一个学习单元的整体构建和教学。

课程内容的变化必定带动教与学的变革。无论是课堂教学还是作业设计,都应有统整的学习主题——先围绕一个单元的内容或一组课程内容提炼出一个学习主题或作业主题,再围绕这个主题确定同等性的作业设计目标,接着围绕这一目标设计一组相关的作业内容,进而使得整体性作业成为推动学生学习的内驱力和外驱力。

自 2021 年暑期开始,我带领学校的语文教师对各年级统编教材进行单元整体阅读设计。在统整设计前,教师要对各年级教材进行深入剖析,将教材中不同难度、层次的知识点进行分类,充分利用单元知识框架的作用,将单元学习中的重点及相互贯通的知识点进行归纳,基于学生的学习基础进行系统性的阅读教学内容特别是作业设计。下面以部编版小学语文一年级上册第六单元及四年级上册第一单元的阅读作业统整设计为例进行具体分析。

表 2－2　部编版小学语文一年级上册第六单元的阅读作业统整设计

单元教学目标	基础内容	拓展内容	探究内容	关联阅读	课外作业	学习能力	学科德育
知识与技能： 1. 认识 43 个生字、10 个偏旁和 2 个多音字，会写 17 个字和 3 个笔画。 2. 知道汉字有上下结构和左右结构，学习把字按结构进行归类，提升自主识字的能力。 3. 学会分角色朗读课文，读好人物说话的语气。认识逗号和句号，根据标点读好停顿，初步建立句子的概念。 4. 正确朗读课文，读出轻声、儿化音等。知道词语要连读，词语与词语之间要有停顿等。 5. 背诵《比尾巴》、《古朗月行》（节选）。 6. 知道用合适的音量与他人交流是文明、礼貌的表现。 过程与方法： 1. 学会用“前、后、左、右”4 个方位词说话。积累一问一答的语言表达及由生字拓展的新词。 2. 借助儿歌巩固方位词“前、后、左、右”，了解方位词“东、西、南、北”。 3. 和大人一起读《谁会飞》，感受儿歌的生动有趣，了解动物都有自己不同的生活方式，增强课外阅读的兴趣。 情感态度与价值观： 1. 交流在生活中自主识字的成果，养成自主识字的习惯。 2. 养成主动积累的习惯。 3. 根据不同场合，用合适的音量与人交流。	与单元教学目标相同。	结合《比尾巴》的课后问答游戏，出示小动物图片，请学生与同桌合作进行问答游戏。合作要求：选择其中一种小动物的尾巴进行介绍，有能力的学生可以选择两种或三种。	以“动物的本领”为主题，引导并帮助学生自主探究，指导学生观察动物，了解动物的各自本领，保护动物，与动物友好相处。	学习阅读推荐书目《大个子老鼠小个子猫》。 1. 通过阅读，了解不同动物的外形特点、生活习性等。 2. 各学科可根据内容设计系列活动，从动物的不同维度同时推进，循序渐进。	在实际生活中观察各种动物。 1. 通过课文学习，了解各种动物的外形特点、生活和运动习性等，至少对 5 种动物进行观察。 2. 把观察到的动物特点通过不同的表现形式进行记录。 3. 在教师的指导下，对观察内容进行交流。	1. 知道汉字有上下结构和左右结构，学习把字按结构进行归类，提升自主识字的能力。 2. 学会分角色朗读课文，读好人物说话的语气。认识逗号和句号，根据标点读好停顿，初步建立句子的概念。 3. 知道用合适的音量与他人交流是文明、礼貌的表现。	引导学生观察身边的小动物，感受动物的美。 1. 结合文中优美生动的句子，说说自己的感受。 2. 在单元综合学习过程中，培养学生主动探究的能力。

（表格设计　崔　雯　于嫣理　谢婕文）

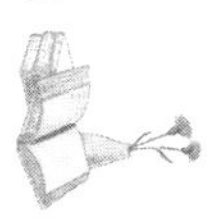

表 2－3　部编版小学语文四年级上册第一单元的阅读作业统整设计

单元教学目标	基础内容	拓展内容	探究内容	拓展阅读	课外作业	学习能力	学科德育
知识与技能: 1. 认识本单元的生字新词,会读会写,并养成良好的书写习惯。 2. 能有感情地朗读课文,并背诵指定的段落。 3. 初步了解课文的描写顺序。 4. 能和同学交流根据词语想象到的画面,并围绕话题发表看法,注意发言与话题相关。 5. 重点学习如何把推荐的某个地方介绍清楚,把推荐的理由写充分。 过程与方法: 1. 能一边读一边想象画面,并说出印象深刻的画面。 2. 能结合自己的阅读体验,梳理、总结边读边想象画面的方法。 情感态度与价值观: 感受大自然的神奇之美,激发热爱祖国大好河山的思想感情。	1. 认识29个生字,读准1个多音字,会写32个字和31个词语。 2. 能有感情地朗读课文,并背诵指定的段落。 3. 初步了解课文的描写顺序。 4. 能从课文中找出优美生动的句子并抄写下来。 5. 能仿照课文中的相关段落,写下自己经历过的某个场景。 6. 能围绕话题发表看法,不跑题。能判断别人的发言是否与话题相关。 7. 能把推荐的某个地方介绍清楚,把推荐的理由写充分。 8. 能和同学交流根据词语想象到的画面。 9. 能用一两个表示时间短暂的词语描绘所选事物并写下来。 10. 整行书写时能做到把字的中心写在横格的中线上,保持水平,注意字距均匀,养成提笔就练字的良好习惯。 11. 朗读、背诵古诗《鹿柴》。	1. 将《观潮》与《浪淘沙(其七)》相结合,引导学生体会钱塘江大潮涨落的壮观景象。 2. 将《走月亮》与《月迹》(节选)相结合,引导学生体会作者奇特而美妙、纯真而快乐的童趣。	以"拥抱自然"为主题,引导并帮助学生进行自主探究,指导学生学会观察自然、了解自然、保护自然、赞美自然。	学习阅读推荐书目《去野外》。 1. 完成书目阅读。 2. 通过阅读和查阅资料,绘制"野外动植物资料交流卡"。 3. 结合资料,讲述我们与环境的关系。 4. 整合阅读,向同学推荐一个好地方,讲清推荐的理由。 5. 小组合作,整理去野外旅行攻略。	观察自己喜欢的事物。 1. 迁移学习课文中作者连续观察的方法,对自己感兴趣的事物进行观察,不少于五次。 2. 发现变化后认真做好记录,完成观察记录表,并与作者的观察点进行比较。 3. 在教师指导下,整合阅读书目,完成连续性观察日记。	1. 能结合自己的阅读体验,梳理、总结边读边想象画面的方法。 2. 结合阅读与课文学习,以资料卡、观察日记等记录观察到的自然景物。 3. 能详细、充分地给出推荐理由,把自己喜欢的地方分享给大家。	引领学生一起走进大自然,感受自然之美。 1. 结合文中优美生动的句子,谈谈自己的感受。 2. 在阅读主题学习过程中,培养学生主动探究和合作学习的能力。

(表格设计　罗黎萍　李　旻　姚诗绮　范　瑾)

根据学科统整指南，教师在教学中对本单元的主要教学内容和学生应掌握的知识点一目了然。在设计作业时，紧紧围绕单元教学目标，从少而精的基础作业延伸出活而专的拓展性、探究性作业，有效整合单元教学内容，并在教学中将读问说写、创新探究、阅读育人等有效地整合在一起。

例如，部编版小学语文四年级上册第一单元是以“边读边想象画面，感受自然之美”为语言习得要素的单元，旨在引导学生在阅读中感受美、观察美、表达美，并在读的基础上学习表达，如推荐一个好地方。教师在单元统整设计中围绕单元教学目标，以课文学习为载体，帮助学生习得方法，指导学生运用课文中习得的方法发现大自然之美，组织学生制作资料卡，为口语交际做内容储备。在作业设计和推进的过程中，教师既强化了统整设计意识，又提升了综合能力。

（二）立足因材施教，以分层性作业促进学生个性化发展

所谓分层性作业，就是以课程标准为依据，根据教材的内容和学生的认知能力、个体差异，确定不同层次的作业要求，设计不同层次的作业，使不同层次的学生在原有的基础上得到不同程度的提高和发展。

对小学阶段的学生而言，分层性作业能帮助他们养成良好的学习习惯，更好地提升学习效率；在使学生的个性和特长得到发挥的同时，还能强化学生的自主学习能力，促进学生个性化发展，为他们综合素质的全面发展奠定坚实可靠的基础。

1. 作业内容设计分层

进行基础性作业分层设计时，最需要关注的是根据学生的学情，根据不同年段、不同学习基础的学生特点，将作业内容进行合理区分，为不同学习基础的学生设计不同层次的作业，让他们在适当、合理的条件下认真完成每天的作业，以实现知识的巩固和能力的培养。根据前文所述的单元统整设计，学校结合单元教学为各年段学生设计了内容分层的基础性作业，并将这份作业命名为“DODO加油站”。

[案例]

关于“王戎不取道旁李”一课的作业设计

1. 比一比，再组词。

戎(　　)　诸(　　)　竞(　　)　唯(　　)

戒(　　)　储(　　)　竟(　　)　维(　　)

2. 翻译下面的句子。

(1) 看道边李树多子折枝，诸儿竞走取之，唯戎不动。

____。

(2) 树在道边而多子，此必苦李。

____。

(可以2选1完成)

1. 读了这个故事，你认为王戎是个怎样的孩子？你从他身上学到了什么？

____。

2. 简要复述故事内容。

____。

(可以2选1完成)

1. 请你描写一下王戎的小伙伴们“竞走”摘李子的情景。(小提示：抓住人物的动作、语言等描写)

____

2. 借助读书卡片提示，介绍自己最喜欢的历史人物故事。

____

【设计说明】

是学校的吉祥物，“DODO券”是学生过程性评价的工具。

表示基础性必做练习。该类练习一般由学生在课前预习时完成，教师根据学生的完成情况，可以进一步了解本节课中学生的学习难点和重点教学之处。

表示提升性选做练习。该类练习偏重于理解，指向本单元语言要素的练习。一般在课堂学习的基础上完成，鼓励学生全部在课堂中或是在学校看护的时间内完成。

表示拓展性挑战练习。该类练习一般需要学生在进一步理解阅读文本的基础上完成，形成读写连接的闭环；也需要学生结合教师推荐书目，在课外进行阅读，在阅读的基础上进行思考。

（案例撰写　潘　杰）

就拓展性作业涉及的内容而言，除了保留部分传统作业外，作业内容应尽量凸显开放性、综合性和探究性，要能激发学生的学习兴趣。如在学习部编版小学语文四年级上册第四单元的神话故事后，教师以《山海经》中的不同传说故事为背景，带领学生用不同的学习形式走进神话世界，并布置了内容分层的寒假作业。

［案例］

跨越山海，奔赴未来

——2021 学年寒假跨学科综合长作业方案

1. 主题：悟神话　畅想生活

2. 年级：四年级

3. 完成时间：寒假期间，开学前提交

4. 内容（难度依次递增，学生可结合实际情况及学科特长自行选择完成其中一项）：

★ 结合本次主题阅读的学习体会和游园活动经历，用图文形式表达自己的所得所获。

★★ 基于本次学习经历和体会，体悟传统神话中蕴含的民族文化和探索精神。围绕一个或多个神话主题，结合现实生活，制作一个手工作品或完成一幅电脑设计图（搭配设计说明）。

★★★ 在理解和感悟精神文化的基础上，联系现实生活，小组合作改编一

个神话故事,并记录过程。

5. 温馨提示(作业形式参考及突出重点):

作业 1:形式参考——作文、思维导图、绘画或图文结合的小报等。

重点突出自己的体会。(单人任务)

作业 2:形式参考——花灯、书签、人偶、彩绘 T 恤、电脑设计图及设计说明等。

重点结合传统文化,联系现实生活。(单人或团队任务)

作业 3:作业形式——情景剧、英语剧、歌剧、脱口秀、皮影戏等。

重点结合学习体会进行剧本改编,并对方案、小组分工、创作过程等进行记录,用视频录制剪辑的形式呈现最终成果。(团队任务)

(备注:如果是团队作业,要注明组员姓名,参与者均可获得相应“DODO券”。)

(作业设计　陆莉莉)

教师鼓励学生针对自身情况自主选择难易程度不同的作业,并尽量在校内完成基础性作业,利用寒暑假等完成拓展性作业。教师应鼓励学生在假期阅读的基础上完成拓展性作业,也可以与伙伴合作共同完成。将校外学习时间更多地留给自由阅读,让每个层次的学生都能得到发展并获得成功的喜悦,是我们进行作业内容分层设计的初衷。

2. 作业形式设计分层

“所有智力方面的工作大都依赖于兴趣。”教育心理学的研究也表明,单调乏味的学习活动容易使学生产生疲劳,并会使学生对学习产生厌倦心理。因此,要以调动学生的兴趣为出发点,设计多种形式、有梯度的分层表达作业,从而激发学生对阅读的兴趣与热爱。

[案例]

基于单元主题的分层作业设计

一、作业设计

部编版小学语文四年级上册第四单元的主题是神话故事,旨在让学生从中体会古代劳动人民对自然、对世界的独特理解和神奇想象，感受故事中鲜明的人物形象。以“跨越山海，奔赴未来”为主题的学校阅读节，要求学生通过阅读中国古代神话故事，发现古人对浩瀚宇宙的憧憬，寻找蕴藏在大国重器里的中国式智慧和浪漫。学校的阅读主题和单元学习要素不谋而合，由此，教师布置了分层式自主选择性的五款作业，即“表述”“绘画”“表演”“制作”“编写”。

一为表述。朗读是最重要的阅读手段。它不仅可以让学生加深对课文的理解，还可以让学生陶冶情趣，培养语感，得到美的享受。学生可以选择“读一读，说一说”的作业，即把课文里的故事有感情地读给父母或朋友听，或是结合课堂中习得的方法，用自己的语言复述给他们听，从而加深对课文内容的理解。学生不仅锻炼了语言表达能力，也能从中学会交流和分享。

二为绘画。注重学科间的横向联系，让学生把完成作业当成一种艺术享受。对喜欢绘画及绘画能力较强的孩子而言，可以选择“画一画”的作业，即用绘画的方式展现神话故事的主要内容。在选择这项作业的学生中，有的用思维导图呈现故事情节和脉络；有的制作人物卡片，亲手演绎神话“大片”，加深对故事起因、经过和结果的理解；有的自制神话故事的连环画，享受创作的乐趣。此类作业不仅点燃了学生创造思维的火花，还提高了学生的审美能力。

三为表演。对于故事情节性较强或场面描写具有较强动作性的课文，可以引导学生自愿组成小组，将课文内容编成课本剧，并演一演。由于“神话故事”这个一单元符合这一特点，因此我让学生自愿组合，共同排演神话故事。这一作业形式不仅培养了学生独立分析问题和解决问题的能力，还增强了学生之间的沟通合作能力。

四为制作。如指导学生进行神话文创设计，以中国神话故事为原型，设计出独特的具有神话元素的徽章、灯笼、帆布袋……将优秀的作品选送至学校层面，参与阅读节的展示。这一作业形式不仅锻炼了学生的动手能力，还激发了学生的创新意识。

五为编写。2021 年，中国首辆火星车被命名为“祝融号”，意思是火神祝融登陆火星。首辆火星车选取“祝融”这个名字，意味着它是我国对于星际不断探

索的星星之火,点燃人类宇宙的更多期盼,不断推进我国航天事业的发展。提示学生完成"用神话人物的名字为未来飞船取名"的作业,包括引导学生仔细阅读课内外的中国神话故事后,选取神话人物的名字为未来飞船命名,并用简洁的语言阐述设计的理由。让学生在传统故事中寻找创意灵感,体悟中华民族精神。

二、设计反思

此次作业设计将若干相关的学科内容进行整合,融合了多种学科的知识,打破了学科之间的界限,拓宽了学生的视野,增强了学生的阅读兴趣。学生在完成作业时可以根据自己的兴趣和能力,选择完成到哪一个层级的作业,并获得相应的"DODO 券",因此其完成作业的积极性较高。上述分层作业设计能较好地在读、写、说、画的过程中培养学生的创新思维能力和综合能力,收获了较好的成效。

（案例撰写　姚诗绮）

3. 作业评价设计分层

阅读作业评价是小学生阅读学习过程性评价的重要组成部分,也是小学语文链式阅读的组成部分。阅读作业评价需要教师运用过程性和总结性评价策略以及多元主体参与的评价方式,促进学生真正投入阅读学习实践中,以此提升不同学生的语文素养。

[案例]

关于"快乐小花农"的阅读作业评价

以往的阅读、写作评价都以教师为主,由教师根据学生的阅读情况做出及时评价,或对学生习作的内容、语言、行文结构等方面进行综合评价。但这样的效果并不理想,少部分基础较好的学生有所收获,大部分学生懵懵懂懂且收获不大。究其原因是学生没有参与感,没有发挥学生的主体作用。基于此,教师根据部编版小学语文四年级上册第三单元,以"连续细致的观察"为阅读、习作作业目标,在课内整合阅读的基础上,指导学生"连续观察,每日一记",并设计了"快乐小花农"阅读观察学习记录表。

表 2-4 “快乐小花农”阅读观察学习记录表

植物名称		地点		时间	
我选择它的理由		我在这本书中见过它（简单摘录）			

我看到的有趣现象（可以用文字或图画描述一下）

时间						
变化						
我的思考						

评价内容	自评	互评	教师评价	综合评价
日记格式正确。				
观察连续仔细，记录内容真实。				
能结合观察的植物进行书目的阅读（老师推荐或自己选择）。				
能结合观察中的新发现进行思考。				
用通顺的语言，按照观察的顺序，结合自己的思考对植物的变化进行记录。				

我一共获得了________枚“DODO券”。

我的收获和感想：

上述阅读习作的过程性评价积极发挥了学生的主体作用，让每个学生都参与了评价自己和别人阅读、观察、写作的过程，能互相学习，取长补短。学生在观察、记录、写作的过程中评、思、学，乐在其中。

（案例撰写　陆莉莉）

教师要以学生核心素养发展为出发点和落脚点，精心设计作业，尽可能利用多元化的评价形式进行跟踪评价。同时，梳理学生作业发展变化的轨迹，反馈不同阶段作业质量的整体情况，以促进不同学生的综合发展。

（三）着眼持续发展，以创新作业提升学生的综合素养

阅读作业设计应以落实语文要素和凸显单元主题目标为方向，对个性化特色作业进行整体思考，以凸显阅读特色，激发学生学习语文的内驱力。教师如何

根据不同学习时期的特点，设计分层性、个性化、有创意的阅读作业，以提升学生的学习兴趣，培养学生的语文素养？以下是各年段教师整合阅读教学，紧扣单元语文要素，进行链式作业设计的实践。

图解趣味实验，试做抖音达人。以部编版小学语文三年级下册第四单元的习作“我做了一项小实验”为例，学生在单元课文学习中学会了借助图标记录自己做过的实验过程，并能按顺序将实验过程叙述清楚。课后，教师改变传统作业形式，请学生自行选择作文或拍摄实验过程纪录片的形式呈现作业成果。这一举措不仅加深了学生对实验过程的理解，更提高了学生的语言表达能力和动手实践能力。学生们在完成作业的过程中秒变抖音达人，并大幅缩减了作业完成时间。

妙用童心执笔，轻叩诗歌大门。诗有想象的翅膀，诗有丰富的情感。部编版小学语文四年级下册第三单元向学生展示了现代诗的魅力，如与冰心一起在温暖的海浪上漂游，与艾青一起在绿野里沐浴春风，与戴望舒一起在温润的小径上闲游……都说孩子是天生的诗人，为了让他们能学会用诗歌表达自己真实的感受和情感，教师设计了以“妙用童心执笔，轻叩诗歌大门”为主题的特色作业。在孩子们蘸满诗意的画笔下，一份份妙不可言的作品诞生了。

雨后荷塘

青黛的远山，
后面站着慈祥的太阳；
飘扬的垂柳，
荡漾起雨后的荷塘；
窈窕的莲花，
摇晃着露珠的清亮；
宽大的荷叶，
托付着青蛙的梦想。

（学生　胡瑞彤）

春天的风

春天的风掠过裸露的土地，
留下满地绿草在春风中摇曳纤纤的细腰；

春天的风拂过苏醒的湖面，
荡起的丝丝涟漪仿佛凌波仙子扬起轻盈的裙角。
春天的风越过枯萎的树枝，
树枝抽出的点点嫩芽慢慢舒展着懒腰；
春天的风唱着一曲清新脱俗的小调，
把我的家乡变成了一轴诗情画意的画卷。

（学生　朱佳宜）

在一首首诗、一幅幅画中，诗情与画意碰撞出想象的火花。在稚嫩的文字里，有孩子们最纯真的情感；在小小的诗歌中，有孩子们最动人的向往。在他们创作的诗歌里，有多彩的颜色，有缤纷的万物，有奇妙的幻想，有纯真的童心……他们天马行空，以诗为舟，奔赴童年记忆的星辰大海！

寻找宅家生活的乐趣，我和我的动物朋友。部编版小学语文四年级下册第四单元以动物为主题，旨在让学生通过阅读名家名作，体会作家是如何表达对动物的感情的，最终能在习作练习中选择一种情境，写一写自己喜欢的动物，并写出它的特点。为了激发学生的线上习作兴趣，教师设计了“花式共享我的动物朋友”这一特色作业。一张张有趣的照片、一份份图文并茂的四格漫画、一幅幅个性化的思维导图，再现了孩子们丰富多彩的宅家学习生活，充分展示了孩子们的独特智慧。

图 2 - 10　“我和我的动物朋友”作业展

在"花式共享我的动物朋友"的基础上,教师再引导学生阅读《我的野生动物朋友》一书,引导学生进一步走进动物朋友的世界,寻找它们各自不同的特点进行分享。这些成果都是他们阅读学习中的成长痕迹,记录着他们充实、乐观、有趣的宅家学习生活和精神世界。

读书破万卷,云游世界,"步"行千里。如教师结合"中国的世界文化遗产"这一习作主题,让学生通过收集、筛选相关资料,学习介绍一个地方;同时,给学生推荐了阅读书目《画家、城市和大海》。五年级学生在阅读中学习感悟,学会收集资料和信息,用他们的文字、美工带领我们饱览祖国的大好河山,进行了一次与众不同的"云旅游"。

图 2-11　"云旅游"作业展

三、"用以致学"的延展——推动链式阅读作业的发展

优质的阅读作业能连接课堂内外、学校内外,由此拓宽了语文阅读学习和运用领域。围绕语文学科学习、社会生活中有意义的话题,开展阅读、梳理、探究、交流、写作等活动,在综合运用多学科知识发现问题、分析问题、解决问题的过程中,学生的语言文字运用能力自然能有所提升。

多年来,笔者带领学校教师围绕上述思考,引导学生进行实践,尝试以阅读作业连接语文学科和其他学科的学习,连接学生的"读、问、说、写",连接他们的学习生活与社会生活,并在此过程中有效提升了学生的综合能力。

（一）“故宫的二十四节气”——特别假期里的慢阅读

2020年，故宫迎来600岁的生日。这一年，学校阅读节的阅读主题活动结合多学科，融合校内校外、线上线下，以“哇！故宫的二十四节气”丛书的阅读为主线，开展综合主题阅读活动。教师以语文学科的阅读为基础，结合数学、英语、自然、美术、体育等学科，引导学生了解故宫的二十四节气，在每一个重要的时间节点上，重新发现故宫那些有趣的角落，品尝光阴流转的味道，嗅到每一个节气带来的生命律动，从而激发学生爱阅读、爱生活。

在实践推进中，学校通过公众微信号推出“故宫的二十四节气”主题阅读活动的内容介绍。全校学生借助“哇！故宫的二十四节气”丛书，初步认识故宫里美丽的花木、带着时光刻印的庭院、静静谛听岁月回响的建筑……

在通读书目后，结合期末学生学科综合评价的要求，开展“故宫的二十四节气”2020迎新游园会。十座充满古风韵味的“宫殿”不仅对应了不同的节气，还融入了不同的学科知识，让学生在玩中学、学中玩。此外，各学科教师结合自己的学科特色设计了不同年级的“赏故宫、庆春节，知节气、习年俗”的主题阅读作业，引导学生在动口、动手、动脑中走进故宫，体验阅读与实践带来的乐趣。

［案例］

关于“赏故宫、庆春节，知节气、习年俗”的主题阅读作业

一年级的主题作业"四时之景故宫行"

一、阅读与表达

主题：好词佳句识节气。

内容：利用假期阅读与二十四节气有关的小故事，充分了解每一个节气的特点。选择一个自己最感兴趣的节气，收集与这个节气相关的四字好词或佳句。用手绘小报的方式，展现四字好词或佳句。适当排版美化，并在右下角留下班级和姓名。

温馨提示：

1. 选择的四字好词或佳句要能体现这个节气的特点。

2. 小报以学生手绘为主，主题鲜明、色彩丰富、图文并茂。

二、数字与探究

主题：小小节气大学问。

内容：阅读绘本，挑选二十四节气中的一个节气，学习并了解该节气的特点与习俗。

1. 找到日常生活中看到的某个节气的特点，或者家里仍保持的节气习俗，并用画笔描绘该节气的特点或民俗，重点突出与数学有关的知识。

2. 根据自己绘制的图画，用所学知识编一个数学小故事或数学问题，并写在旁边。

温馨提示：

1. 主题鲜明，图片生动形象，书写端正（不认识的字可以用拼音标注）。

2. 数学问题可以是计算题、概念题、图形题或应用题。

3. 推荐用手绘小报的形式，也可以选择其他有创意的形式。

三、艺术与欣赏

主题：繁花似锦巧手绘。

内容：故宫的建筑上、文物里有大量的花卉纹样，它们大多图案精美、色彩艳丽。你能通过课外阅读、上网欣赏、实地探访的形式来发现它们，并试着动手画一画吗？

1. 故宫的很多建筑上都有精美的彩绘，其中就有大量表现四季花卉的纹样。请你通过查阅资料，从图片中截取相关的纹样，可以先描一描，再涂色。

2. 故宫珍藏的文物数不胜数，其中的服装、饰品、摆设和绘画作品等都有四季花卉的图案或造型。请你借助网络或相关图册，挑选其中一个画下来。

3. 如果你的假期旅行恰好是去故宫，请你在感受气势恢宏的建筑群的同时，将目光投向那些精美的彩绘，并用相机记录下你的发现，回家后细细品味。

温馨提示：

1. 可以纯手工绘制，也可以借助电子设备将图案放大后描印并涂色。

2. 如果你喜欢泥工制作，也可以试着用彩泥贴画的形式进行创作。

3. 介绍故宫建筑或文物的书籍、画册、绘本有很多，网上也能收集大量的图片资料，或许你还能从视频中找到线索。

四、体育与健身

主题:散步寻春以怡神。

内容:“立”是“开始”的意思。我国以立春为春季的开始,历朝历代的迎春仪式隆重而浩大。因此,演化出了许多围绕立春举办的体育活动或者民俗活动。春练应以小运动量为宜,以不出汗或微出汗为佳。

温馨提示:

1. 散步是一种简单易行的健身运动,多呼吸新鲜空气,促进血液循环和新陈代谢。

2. 和父母一起制订健身计划,全家一起做运动。

3. 制作一份能凸显立春节气特点的健身打卡记录表。

二年级的主题作业“四时熙熙万物生”

一、阅读与表达

主题:畅游故宫品节气。

内容:

1. 游一游,写一写:带着“哇!故宫的二十四节气”丛书打卡北京故宫,找到书中的故宫建筑,拍下精彩瞬间,写下点滴感受,完成一篇图文并茂的游记。

2. 查一查,画一画:再次阅读“哇!故宫的二十四节气”丛书,选择自己最感兴趣的一个节气,上网搜索这个节气的相关资料和图片,绘制手抄报或四格漫画。

3. 选一选,列一列:选择一个季节,制作出游行程计划表。

温馨提示:

1. 选择其中一项完成即可。

2. 游记图文结合,照片与文字相对应。

3. 手抄报或四格漫画以学生手绘为主,主题突出、色彩鲜艳、图文并茂。

二、数字与探究

主题:巧识节气绘图表。

内容:一年有12个月、24个节气。通常,我们把3月、4月、5月称为春季,把6月、7月、8月称为夏季,把9月、10月、11月称为秋季,把12月、1月、2月称为冬季。不同的季节对应不同的节气,因此要穿着不同的衣服。你能用画笔描绘

出故宫的不同季节,并统计出与之对应的节气特点及穿着的衣服数量吗?

1. 挑选一个季节,以故宫为背景,描绘出这个季节的故宫景色。

2. 翻阅年历,找一找你所挑选的季节对应了哪些节气。它们分别有哪些特色,能用画笔描绘出来吗?

3. 根据自己的生活经验,翻一翻衣柜,找一找在这个季节一般穿着哪些类别的衣物,并将其制作成统计表和统计图。

4. 根据你所制作的统计表和统计图,试着提出相关问题并回答。

温馨提示:

1. 可以用彩笔描绘,自己进行手工绘制为佳。

2. 创意作业形式不限。

三、艺术与欣赏

主题:农历节气百花汇。

内容:农历节气是中国古代劳动人民的智慧结晶。每一个节气都盛开着该节气特有的美丽花朵,如盛开在立春节气的迎春花,盛开在谷雨节气的牡丹花,盛开在大暑节气的荷花,它们都有各自独特的造型和颜色。请你通过观察自然和查阅资料,了解其中的某一种花,并尝试把它画出来。

1. 选取一种你最喜爱的花,通过现场观察或者查阅资料,了解它的外形和颜色,并做好记录。

2. 可以从花蕊、花瓣、茎、叶子等部分观察它们的外形和颜色,并用学过的各种几何图形来描绘它们的造型。

温馨提示:

1. 现场观察时,千万不要采摘花朵。

2. 如有条件,可以和父母一起去故宫参观花展。这对你的创作一定大有帮助。

四、体育与健身

主题:春风习习放纸鸢。

内容:春分前后清气上升,微风飘荡,正是适合放风筝的季节。自古以来,人们就希望通过放风筝来避邪;如今,大家更是借放风筝来表达对新春新年的祈盼。最早的风筝称为“鸢”。西汉时期,我国发明了造纸术。人们开始用纸糊风筝,自此出现了"纸鸢"一词。据明代陈沂在《询刍录》中记载:"初,五代汉李邺于宫中作纸鸢,引线乘风为戏。后于鸢首,以竹为笛,使风入作声如筝,俗名呼风筝"。自此才有了"风筝"一词。

温馨提示:

1. 放风筝是一种很好的全身运动,有利于放松筋骨,活动肌肉,对提高反应能力也大有益处。

2. 和父母一起动手制作一个风筝,并一起放风筝。结束后,写一份放风筝的感想。

3. 手绘一幅全家放风筝的作品。

(作业设计　一年级和二年级教研组)

此外,三年级的主题作业"泱泱故宫研节气"、四年级的主题作业"身动心行探故宫"、五年级的主题作业"纵横明清三百年"均因其新鲜有趣而得到学生的认可。2020 年寒假初期,受疫情影响,各学科教师通过制作微视频,线上指导学生学习阅读的方法和制作学习成果的途径、要求。同时,原本枯燥单一的宅家学习,因为"故宫的二十四节气"的阅读活动而变得丰富多彩,学生的学习激情也因此被点燃。

教师通过参与设计主题活动的过程,尝试思考作为学科教师如何突破学科单一的教学目标,寻找学生学习的兴趣点,为学生搭建更多的学习平台,从而提升学生的阅读能力。学生在这场慢阅读的跨学科主题阅读学习中,从对故宫非常陌生转变为逐渐熟知、了解,对故宫的宫殿、建筑特色和古玩等都产生了强烈的探究欲望。一批批学习小达人的精彩亮相,让教师从活动中发现了不同学生的潜质和多元能力。

(二) 跨越山海,奔赴未来

在整本书(整套书)阅读的基础上,2021 年末,管弄新村小学的学生在各学科教师的引导下主动参与了主题为"跨越山海,奔赴未来"的跨学科阅读活动。在近一个月的时间里,教师整合教材中的"神话故事"单元教学,以《山海经》中的不同传说故事为背景,带领学生用不同的学习形式走进神话世界,感受神话人

物“敢教日月换新天”的精神。同时，空间站的宇航员老师们通过“天宫课堂”，带领学生领略当下的天文、地理知识。此外，学生们又结合创想，对管弄新村进行了“15分钟幸福生活圈”的改造设计。

1. 创意阅读作业，连接课内外的精彩

“神话小剧场”——阅读神话，演绎传奇。学生对神话故事的兴趣源于课文学习，但也不仅限于课文学习。比如，在阅读了更多关于《山海经》的神话故事以后，学生们借助皮影戏、课本剧、童话剧的形式，演绎上古传奇。从道具的设计与制作到剧本的编写与排练，全部由学生负责。在这一过程中，教师从旁协助：一是根据学生的进程及时向他们推荐可阅读参考的书目，二是发现他们需要帮助时提供必要的指导。

学生们在阅读原著的基础上，一边写一边读，一边演一边学，在读、学、研、创、演、悟中领略《山海经》中的神话人物风采。

图2－12　夸父追日

图2－13　后羿射日

图2－14　精卫填海

图2－15　钻木取火

“幸福规划展”——15分钟幸福生活圈。学生通过学习神话人物传承不息的探索和创新精神，寻找改变我们居住的社区——管弄新村的创意灵感。他们根据各学科所学知识，运用折纸、彩泥、沙盘、积木等各种材料，在社区中铺设“架空”道路，增设“新村博物馆”，将不远处的老式铁路改造成高铁城中站点。

图2-16 “幸福规划展”中的模型制作

“文创小驿站”——文创设计与“DODO券”兑换。古有嫦娥奔月的神话故事，今有探测月球的嫦娥工程。中国科学家们运用中国现代科技实力，将远古的神话故事变成现实，孩子们因此深受鼓舞。他们结合阅读所得，整合美术课上学到的技能，将嫦娥、玉兔、后羿、探测器等元素设计成了钥匙圈、帆布包、徽章等产品，并放在“GL文创集市”上兑换。流通“货币”是学生在阅读过程中获取的评价奖励——“DODO券”。为了把自己精心设计、制作的文创产品“卖”个好价格，学生们各显神通：能写的设计令人心动的广告语，能说的以“王婆卖瓜”的姿态反复营销……许多学生用一个学期积累的“DODO券”兑换了精美的“山海”手办。同时，这也让本次未能成功兑换手办的学生为下一阶段的学习悄悄定好了目标。因此，阅读作业的衍生结果是学生学习兴趣的激发。

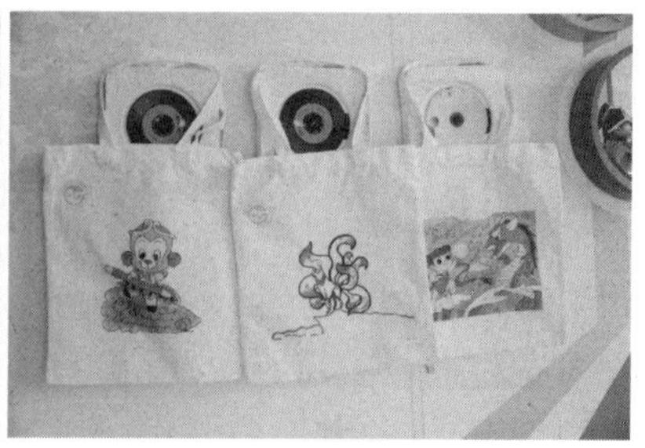

图2-17 学生设计的文创产品

“爱豆T台秀”——穿越“次元壁”，跨越5000年。“爱豆”是当下学生对各自偶像的爱称。与其追现实中的明星，不如追《山海经》中的神话“明星”。在跨学科学习中，学生们对收集的废旧材料进行甄别挑选，并在艺术老师的指导下，将这些材料制作成神话人物的脸谱、服装道具等。2021年的阅读节闭幕式上，学生们穿戴上自己制作的饰品，举行了一场大型的“我最喜爱的神话人物T台秀”。学生们除了准备道具外，还要进一步通过阅读了解人物的生平轶事，自行撰写走T台时的人物解说词……最终，小模特们用神采飞扬的面庞和自信稳健的步伐获得了更多的支持。

图2-18　“我最喜爱的神话人物T台秀”表演现场

“天宫趣课堂”——华夏飞天梦，天宫趣课堂。在学生通过阅读领略山海的同时，神舟飞船上的航天员正在太空中直播“天宫课堂”。教师引导学生观看“天宫课堂”，动手尝试科学小实验。在阅读节闭幕式的游园活动中，解说员负责介绍实验，帮助更多的学生了解航天小知识，组织更多的学生参观作品展。因此，学生的学习兴趣由课内延伸至课外，并在心底埋下一颗科学、阅读、创造的种子。

图2-19　“天宫趣课堂”作业展示

2. 持续不断思考，连接校内外的学习

以“跨越山海，奔赴未来”为主题的阅读作业设计，引导学生通过阅读中国古代的神话故事，体悟中华民族传承不息的探索和创新精神。学生在完成作业的过程中不仅运用了语文能力，还在探究合作、学习实践的过程中培养了科学精神，提升了创造能力。课堂阅读不仅仅是学生的全部，正如课堂中的学习只是学生探索世界的引子。假期来临之前，教师又通过各种长作业设计，引导学生将相关学习拓展至假期、校外。

［案例］

关于“跨越山海，奔赴未来”的主题阅读作业方案

1. 主题：探神话　合作研究

2. 年级：五年级

3. 涉及学科：语文、数学、英语、美术、探究等

4. 内容（难度依次递增，学生可结合实际情况及学科特长自行选择完成其中一项）：

★ 根据已经读过的神话，选取一个你喜欢的人物，结合神话故事中的某一情景，将故事改编或者续编，开学后与学习伙伴分享你的作品（要求：情节合理，语句通顺，字数不低于 350 字）。

★★ 选择神话故事中的某一人物，以思维导图或图文结合等形式分析其个性与行为特点。

★★★ 根据前一阶段的学习，选择一个研究内容，如“世界经典童话故事和中国古代神话故事的人物比较”“中国古代神话故事中乐于助人的人物排行榜”“中国古代神话故事中大力士排行榜”，确立研究议题，以表格、思维导图、研究报告等形式呈现研究结果。

5. 温馨提示（作业形式参考，鼓励自由设计）：

资料卡式；思维导图式；比较式。

（作业设计　陆莉莉）

2022 年春天，虽然疫情又一次与申城不期而遇，但有书可以阅读的孩子们

在冗长的居家生活中总不会太寂寞。历经了两个月的“跨越山海,奔赴未来”的主题阅读活动,激发了他们内心的学习欲望和阅读兴趣,一个又一个创意十足的作品在他们的阅读和实践中逐渐成形。

孩子们对阅读和生活的热爱也正是我们多年来实践和努力的初心。“链式作业设计”以写为主:连接了课堂内外、学校内外,拓宽了语文学习和运用领域,引导学生在实践运用的过程中优化表达。“链式作业设计”不仅限于写:连接了学生在阅读学习过程中的读、问、说、写,引导他们在合作中交流,在沟通中思考,在思考后再阅读,在阅读学习的过程中做到内外兼修。

《义务教育语文课程标准(2022年版)》指出:“围绕学科学习、社会生活中有意义的话题,开展阅读、梳理、探究、交流等活动,在综合运用多学科知识发现问题、分析问题、解决问题的过程中,提高语言文字运用能力。”我们在实践中的不懈探索正是为了将理念转化为行动,并在这种行为的连接和转化中促进学生的成长。

愿所有的学生心怀梦想,带着对阅读的热爱与生活的希望,奔赴下一场“山海”。

第三章

阅读集群：打造阅读文化

阅读集群是从生态学中引入的一个交叉学科概念，主要是指在阅读领域具有相互关联性的人员、时间、空间及有关制度、组织的保障，是一种联系紧密、空间集聚、功能完备、合作共生、创新活跃的生态文化群体。从宏观视角看，阅读集群主要是指由提升学生语文素养的支撑因素与外部环境等构成的阅读体系，包括阅读环境的创设、阅读实践、阅读空间的制度保障、阅读氛围的营造等。从微观角度看，阅读集群主要包括处于不同生态位的个体、具有不同阅读偏好的学生、具有阅读教学基础和偏好的教师、参与或支持阅读的家长和其他阅读促进者。他们在生态体系内部承担着不同的功能，各司其职，形成互依、互赖、共生的生态关系。

如本书第一章所述，笔者所在学校是上海市城中区域内一所极为普通的新村小学，学生大多来自普通家庭。从 2013 年开始，为了保障链式阅读指导的探索实践，帮助学生提升语文素养，学校在全体教师的支持下，进行了阅读集群的打造，并在实践过程中慢慢衍生出良好、有序的书香文化。本章以笔者所在学校的实践为例，具体阐述以全科、全程、全域、全时、全员为要素的阅读集群的构建推进过程和指导思考实践。

第一节　全科——“1+X”跨学科阅读

书籍是促进社会公平最好的礼物。斯蒂芬·克拉生在《阅读的力量》一书中用大量数据证明，学校和家庭阅读环境好坏、图书馆有无和多少、藏书多寡、父母和教师读书与否、学生阅读量大小等因素与学生成绩的好坏密切相关，也与学生未来的成长顺利与否密切相关。对学校而言，阅读环境、阅读设施等硬件建设是教育的基础，但决定教育水平的是课程、教师、教学等软件水平，而真正决定软件水平的关键是阅读水平。因此，阅读资源公平是教育公平的基础，同样也是社会发展的重要基础。

如前文所述，学校所处的管弄新村曾经是劳模频出的工人地区，学校也曾经培养出一大批以奥运冠军刘翔为代表的杰出校友。然而，随着时代的变迁和地域板块的调整，原住居民搬迁，外来人口迁入，学生家庭也相应变得弱势，如下岗、单亲、随迁、外来媳妇家庭占了近三分之二。我们深信，能改变这些学生的当前学业问题以及未来家庭命运的关键在于阅读。基于这样的想法，笔者所在的学校从 2013 年起开始进行“GL 悦读”课程实践，并在实践过程中积累了一定的阅读教学经验。其中，跨学科阅读课程的构想和尝试也正是在原先已有的阅读课程实践的基础上生成的。

一、从“1”到“X”，设计跨学科阅读课程

随着部编版教材在全国开始统一使用，基层教师在教学实践中深切感受到它是以往教材版本的推陈出新，更注重学生的阅读。教师要在教学中基于教材的广度和深度，引导学生养成良好的阅读习惯，就必须改变在课堂上只讲授课文的传统教学形式。

《义务教育课程方案（2022 年版）》明确提出了跨学科学习概念，并将其量化，要求各门课程用不少于 10% 的课时开展跨学科主题学习。这体现了两种

变化:量化和细化。量化是指在新课标中,以数字的方式清晰地显现了跨学科学习的重要性。细化是指基层教育者可以从新课标中了解到,义务教育阶段的跨学科学习是去学科化的跨学科学习以及基于新课标的跨学科学习方式。

(一) 从语文阅读课堂教学实践到"五全"课程规划

部编本语文教材总主编温儒敏倡导运用"1+X"的方法,即以课文为圆点,拓展与之有关的文本。[①] 其中,"1"是课文;"X"是基于课程标准的要求,根据"1"拓展的若干篇与之有关的文章。教师通过"1"来延伸若干篇文章,目的是增加学生的阅读量,扩宽他们的阅读视野,提升他们的阅读能力。基于上述倡导和建议,笔者所在的学校也在数年前依托语文阅读课堂教学尝试了这种教学方式,有效提升了学生的阅读量。结合部编版教材投入使用的初期实践,"1+X"的阅读教学方式较好地顺应了新课标的要求。我们既形成了适合本校学生需求、具有学校特色的"GL悦读"课程,也促进了语文阅读教学方式的变革。学校在实践过程中将相关经验汇集成册,出版了《让阅读滋养孩子的心灵:儿童阅读的探索与实践》和《阅读,让人生出彩:"GL悦读"课程的实践研究》两本书。

在实践和探索中,我们将"1+X"阅读教学理念推广到跨学科阅读的范畴,将原有的阅读实践不断升级,有了以"1+X"为方法的"五全"阅读集群架构(见图3-1)。

(二) "1+X"的概念和关系

"1+X"跨学科阅读教学的设计是对群文阅读教学、整本书阅读教学、海量阅读等已有教学实践思想的整合,也是推进"五全"阅读集群的重要策略。它的概念与初期语文阅读课堂教学的"1+X"相比已经有了升级和扩容。

在"1+X"跨学科阅读教学的概念中,"1"是指学生的语文学习;"+"表示连接前后两者之间的某种理念或方式;"X"是"1"的拓展和延伸,表示指向阅读的

---

① 杨伟.尊重新教材 理解新教材 用好新教材——统编本语文教材总主编温儒敏教授访谈[J].语文建设,2018(7):4-9.

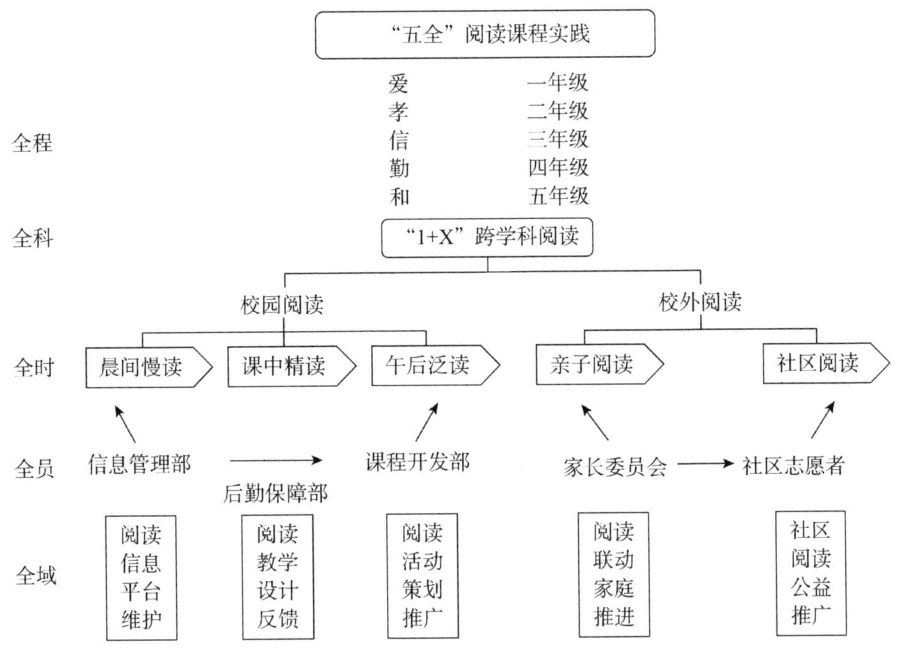

图 3-1　“五全”阅读集群架构

多学科融合。这种融合兼具灵活性与开放性,可根据学生、教师、学校的不同基础和需求进行选择、组合,但是前后两者之间必须有可以相加的相同或相异的特质。笔者认为,“1+X”在跨学科阅读教学中是一种基于学生发展需求的教学方法和思路,是教师在阅读教学理论指导下建立的课堂教学重构实践,是阅读教学思维下的一种具有稳定性的策略体系。

首先,“1”和“X”之间存在相互依托的关系。“1”是课程实践的原点和核心;“X”是对“1”进行延伸,围绕着“1”组成系列教学实践活动,呈现出层进式的教学形式。① 其次,后者是前者的实践印证。陶灿功倡导教师在课堂教学中要遵循“1”来设定教学目标和设计教学策略,用“X”来诠释、注解和建构“1”。他认为,“1”与“X”像道理与法术一样,用得恰当就能在阅读中帮助孩子“点石成金”。②

---

① 李卓彬.“1+X”阅读教学的践行与思考[J].语文月刊,2019(7):6-10.

② 陶灿功.“1+X”小学作文教学策略探究[J].语文建设,2017(16):37-38.

综上所述,我们认为,“1”是“X”的起点,“X”是“1”的延展,而“+”是“1”和“X”两者之间的连接点。教师通过适当的教学设计,巧妙地将前后两者之间可以相加的相同或相异的特质进行组合运用,创设以学生为中心、适合本校学生的阅读生态,在提升学生阅读兴趣、培养学生阅读能力的基础上,形成有序的阅读文化。

二、聚焦“1+X”,为学生提供合适的阅读

前文提及的“1+X”跨学科阅读教学的设计和思考,只是我们实践的初步设想。我们深知,在推进阅读的过程中,照搬他人的模式要比创造新东西更容易。但是仅仅尝试大家都知道怎么去做的事情,只会使我们的世界发生从 1 到 N 的转变。只有结合学生的需求,构建适合他们学习的教学模式,才会使我们的阅读课堂教学发生从 0 到 1 的变化。

(一)聚焦“1+X”的教学关键点:“1”

关于“1”的教学任务,钟启泉认为,语文教学内容是宽泛的,不能仅局限于语文教材之中,课堂学习的内容要起着引领的作用,有目的地进行指导,进而规范各种概念等。① 王荣生同钟启泉的观点类似,都认为在教学时,教师要对知识进行加工,除了沿用原有的教学内容外,还要进行创新和更换。② 综上所述,教师要从“1”出发,对“1”的内容进行规划和统整设计,在此基础上借助“X”,有目的地对“1”的内容进行创造延伸。因此,聚焦阅读是开展“1+X”跨学科阅读教学活动的核心所在。

每个学期开学前,教师都会依据课程标准和单元整体,对整本教材、各单元做一个清晰的计划,确定哪篇文章或哪本教材、哪类文章的阅读是“1”,同时制订明确的教学计划,设定“1”和“X”的教学时间、教学内容、作业设计和评价方式等,保障后续事件的有序进行。

---

① 钟启泉.现代学科教育学论析[M].西安:陕西人民教育出版社,1993:67.

② 王荣生.新课标与“语文教学内容”[M].南宁:广西教育出版社,2004:21.

表 3-1　部编版小学语文五年级上册第三单元教学统整指南

教学进度	单元教学目标	基础内容	拓展内容	探究内容	大阅读	课外作业	学习能力	学科德育
1.《猎人海力布》(两课时)。 2.《牛郎织女(一)》《牛郎织女(二)》(两课时)。 3. 口语交际:讲民间故事(一课时)。 4. 习作:缩写故事(两课时)。 5. 主题阅读学习(课外阅读+两课时)。	知识与技能: 1. 认识生字,读准多音字,会写词语。 2. 能用较快的速度默读课文,把握课文主要内容。 3. 能根据需要,简要介绍故事。 4. 能配上相应的动作和表情讲故事。 5. 能交流总结创造性复述故事的方法;体会意思相近的俗语和成语的不同表达效果。 6. 朗读、背诵古诗《乞巧》。 过程与方法: 1. 能以故事中人物的口吻讲故事;能丰富情节,把简略的地方讲具体。 2. 学习缩写故事的一般方法,能缩写民间故事,做到内容完整,情节连贯,语句通顺。 3. 产生阅读民间故事的兴趣,能自主阅读民间故事。 情感态度与价值观: 赞美舍己救人的品质;感受劳动人民的爱憎观及反对压迫、争取自由的精神。	1. 认识 25 个生字,读准 1 个多音字,会写 31 个字,会写 36 个词语。 2. 能用较快的速度默读课文,把握课文主要内容。 3. 能以故事中人物的口吻讲故事;能丰富情节,把简略的地方讲具体。 4. 能根据需要,简要介绍故事。 5. 能配上相应的动作和表情讲故事。 6. 学习缩写故事的一般方法,能缩写民间故事,做到内容完整,情节连贯,语句通顺。 7. 能交流总结创造性复述故事的方法,结合事例,把牛郎织女相会的过程讲具体;体会意思相近的俗语和成语的不同表达效果。 8. 朗读、背诵古诗《乞巧》。 9. 产生阅读民间故事的兴趣,能自主阅读民间故事。	在"牛郎织女"一课中结合同名电影《牛郎织女》,比较文学作品和电影作品表现手法的不同。	围绕"民间故事"这个主题,引导并帮助学生阅读不同地区的民间故事,并进行比较。	本次项目化学习的推荐书目是《山海经》。 1. 通过阅读、查阅资料、续编、讲故事、合作表演课本剧等多种形式进行探究学习。 2. 参与各学科"跨越山海,奔赴未来"系列主题阅读活动,从不同角度学习体会古人"敢教日月换新天"的精神。	1. 自由阅读感兴趣的民间故事。 2. 故事大王活动:录制一个讲述民间故事(缩写版)的视频,声情并茂,动作表情到位。	1. 从课文入手,正确流利地朗读长篇民间故事。 2. 简单介绍故事内容。 3. 能丰富故事情节并配上相应的动作和表情讲出来。 4. 会创造性地表演故事或续编故事。	1. 阅读民间故事,继承和弘扬中华优秀传统文化。 2. 感受劳动者对幸福生活的期盼与追求。 3. 在项目化学习过程中,培养学生主动探究、合作学习的能力。

(表格设计　陆莉莉)

如表 3－1 所示，教师在教学前研读本学科的课程标准，从课程标准聚焦到学科核心素养；从单元教学目标的统整入手，规划何为“1”，以及怎样在语文课堂教学的基础上跨越学科界限，实现“1+X”的融合。

以上述单元设计为例，教师在“1”即部编版教材“民间故事”单元的阅读教学的基础上，开展以“跨越山海，奔赴未来”为主题的“1+X”跨学科融合学习。在实践过程中，语文教师通过阅读推荐，引导学生阅读中国古代的神话传说，体悟中华民族传承不息的探索、创新精神；其他学科教师围绕本学科的课程标准，结合本学科的教学内容，引导学生参与为期近两周的跨学科学习。

［案例］

以“跨越山海，奔赴未来”为主题的“1+X”跨学科融合学习

“神话小剧场”：阅读神话，自己制作道具，以表演、皮影等形式演绎神话故事传奇（语文、音乐、美术学科）。

“幸福规划展”：学习神话人物“敢教日月换新天”的精神，对学校周边的社区进行 15 分钟幸福生活圈设计规划（语文、数学、劳动技术学科）。

“文创小驿站”：以神话人物为原型，进行各类文创作品设计（语文、美术、劳动技术学科）。

“爱豆 T 台秀”：穿着自己设计的服装，与各自的神话“偶像”牵手穿越“次元壁”，表演跨越 5000 年的舞台秀（语文、音乐、体育学科）。

“天宫趣课堂”：参与神舟十三号“天宫课堂”互动学习，参与“天宫小实验”并拍摄推广视频，感受现代技术支持下的华夏飞天梦（语文、科学、信息技术学科）。

（学习设计　陆莉莉）

在学习过程中，学生的学习兴趣更加浓厚，他们能以过程性的表现争取“DODO 券”，兑换各种精神和物质类奖励……同时，教师及时引导他们在后续的寒假中继续阅读、探究学习。在整个学习过程中，学生的阅读能力、科学精神和创造能力不断提升。

（二）聚焦“1+X”的调控关节点：“X”

教师设计推进“X”时，要根据学段要求和所教学生的学习基础等情况，关注

学科核心素养,遵循学生成长的身心发展规律,调控好“X”的难度和效度,才能达成跨学科阅读的最佳效果。

1. 关注跨学科主题阅读的推进要素,调控“X”的效度

教师在实践中要明确“X”是为了更好地达成“1”而服务的,因此要立足“1”,明确“1”的焦点和目标。当“1”确定后,“X”要切准角度:一是保证与前者之间的内在一致性和关联度;二是确定实践过程中各要素之间的逻辑性和关联度。

以“‘GL 印象’——环保展台设计”的教学实践为例,谈一谈关注“X”的效度,推进“1+X”阅读全科融合的四个要素。

一是在学习前明确预期目标。“1+X”跨学科主题阅读学习的有效性最终取决于预期目标的达成度。预期目标是学生在学习结束后应该知道、理解和实践相关内容,并能在他们的学习行为和最终作品中加以体现。教师在设定预期目标时要遵循国家颁布的各学科课程标准,因为课程标准规定了学生应该知道哪些内容、具备哪些技能以及提升哪些学科核心素养。由于每一个学习者都是不同的个体,他们的阅读(学习)基础、阅读(学习)兴趣、阅读(学习)水平、学习特长等各不相同。这就要求教师在明确目标时做到第二点,即尽可能地让学生调动所学知识和技能,以合作的方式参与学习,同时兼顾多学科融合。共同制定的学习目标必须清晰明确,可以评价。教师在教学过程中使用的方法和材料,都取决于对预期结果的呼应。只有在学习前明确预期目标,引导学生在学习过程中明确如何一步步实现预期目标,这样教学才能做到有章可循。

管弄新村小学每年都会开展“GL 印象”毕业课程,整个毕业课程从“五一”国际劳动节过后启动,一直延续到六月下旬毕业典礼收尾。以“‘GL 印象’——环保展台设计”为例,课程学习开始前,教师带领学生明确任务:每个班级以 8 人一组为单位挑选一本环保系列图书,通过整体阅读,确定自己小组的研究主题;再通过翻阅书籍、查找资料,展开调查与设计,于儿童节前后完成各自小组的环保展台设计。制作成型的展台设计既是本次学习的研究成果,也将作为毕业礼物送给学校的弟弟妹妹们。经由各制作小组组长商榷后确定,本次学习成果的评价方式为“自评+互评”。通过小组自评、团队互评等选出最佳作品,这些作品将被常年展示在学校的艺术长廊中供同学及家长参观、学习。

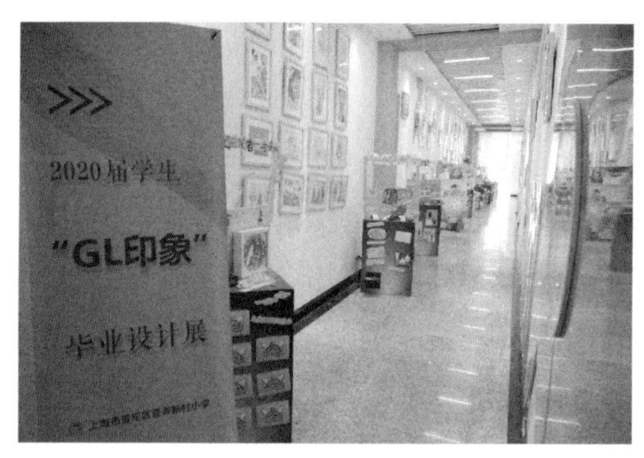

图 3-2 “GL 印象”毕业设计展

上述学习自开始时就基于学生明确了预期目标,协商了学习过程和评价方案。对五年级学生而言,他们已经具有独立思考能力,求知欲强,对事物有自己的想法。主题式阅读综合学习体验可以让他们在合作完成任务的过程中从多种角度思考、探究问题,并以物化的作品体现这一过程。同时,明确的学习目标可以让他们跃跃欲试、兴趣浓厚。在自行组队和教师建议的过程中,十几个展台设计小组组建完成。

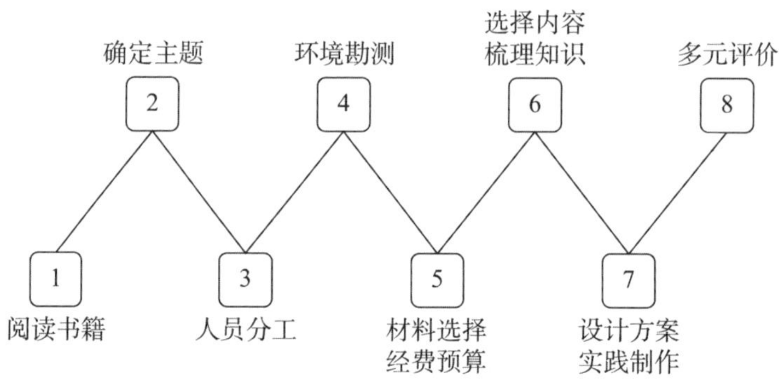

图 3-3 展台设计流程图

二是在学习起始阶段提出关键问题。在引导学生通过阅读掌握和运用所学知识的过程中,教师应借助阅读连接所有点状的知识和技能,并伴随学习过程的推进为学生提供运用阅读知识和已学技能的空间及平台,引导他们提出关键问题,围绕关键问题开展学习活动。这样的关键问题设定是教师备课的重点和难点。首先,这些问题不是阅读书本的相关章节内容后就能回答的问题,这样就失去了研究的意义。因此,关键问题的提出要能激发学生调动所学知识和技能进

行思考和探究,同时促进学生的探究并不仅仅局限于标准答案。其次,如果关键问题能打破学科边界,尽可能地联结更多学科的知识和技能,则能让学生在学习过程中加深对某一学科知识的理解,同时更好地促进知识间的联系和迁移。在这样一个过程中,学生的已学知识、生活经历与当前学习内容之间会产生一种较好的关联。

[**案例**]

发现问题,提炼主题

——以"46 亿年的奇迹:地球简史"系列丛书之《冥古宙 太古宙》为例

在第一堂课明确学习目标,成功组队完成之后,教师让学生收集便于确定各自展台的书籍,并建议大家确定一本有意思的书作为普及读物。在家长、学生、教师三方共议后,大家选择了"46 亿年的奇迹:地球简史"这套科普丛书。这套丛书由数十位重要的科学家倾力编写,书目编制循序渐进,50 个专题涵盖 150 个地球史的重要节点,完整展示了地球 46 亿年激动人心的演进历程,是一套兼具科学与美学的大型地球百科全书。清华大学附属中学校长王殿军曾说:"这套书展现出的是一种开阔的大格局、大视野,它能够打通过去、现在与未来,培养起孩子们对天地万物等量齐观的心胸。"

一、小组讨论,确定主题与内容

师:请你们以小组为单位,查阅书本中的"太阳系的起源"这一板块,挑选一个主题深入探究,并注明你们是从书本的哪一页发现可研究的信息的。

二、小组交流,完善主题

师:通过热烈讨论后,大家都确定了自己小组的主题与内容。我们来交流一下吧!

生 1:我们小组通过翻阅书本的 28 页至 29 页,确定的主题是"天外来客——陨石"。我们准备从以下两方面进行深入研究:(1)对陨石的材质进行分类;(2)介绍著名的陨石。

师:这个主题很有创意,生动形象地描述了陨石的来历。但是,对于你们的研究内容,老师有一个小小的建议:你们仔细观察书本的 29 页,这里还介绍了什么内容?

生1：自古以来，陨石就和人类结缘。

师：陨石和人类到底有怎样奇妙的缘分呢？是不是也可以作为一个内容进行研究？你们小组再想想。

师：其他小组想研究什么内容呢？

生2：我们小组翻看了书本30页的“世界遗产长廊”板块，想研究大峡谷。我们可以研究大峡谷是怎样形成的，介绍著名的科罗拉多大峡谷……但是主题名称还没有想好。

师：大峡谷当然可以研究，你们研究的内容也很全面。至于研究主题，能不能从书本中找一些关键词作为主题名称呢？书本中是如何介绍科罗拉多大峡谷的？

生2：我知道了，主题可以是“铭记地球记忆的大峡谷”。

师：当我们没有头绪的时候，可以从书本中找一找关键词。比如书本的22至27页提供了很多图片与内容，我们可以通过找关键词来确定主题，以及找一些关键句来确定研究内容。这样可以帮助我们提高阅读科普类书籍的速度。你们来试试看！

生1：我认为22页的大标题“个性鲜明的太阳系大家族”可以作为研究主题。

生2：25页有一个板块在写“三种行星的诞生过程”，这个可以作为研究主题。

生3：26页至27页介绍了岩石行星、气态巨行星和冰态巨行星，因此我们可以研究这三类行星的内部构造。

生4：22页具体介绍了标题中行星们的个性鲜明，所以也可以研究不同行星的特点。

生5：我觉得展台的对象是低年级的弟弟妹妹，所以不能把研究的问题定得太难。因此，我建议把我们的主题定为“在个性鲜明的太阳系大家族中，为什么只有地球适合人类居住？”。

师：这位同学的思考很有价值！大家学习得很快，在相互讨论中掌握了快速阅读的方法。当书本上的内容较多时，我们可以关注标题和图片，快速找出一些关键词。再根据关键词，在文章的字里行间找到与之对应的内容，并提炼出主题

和研究线索。这样一来,你们的研究主题就能言简意赅,内容也与主题息息相关。

（案例撰写　施双瑜）

如果学生能发现“好”的问题,往往结论是没有“对”和“错”的。基于有质量的问题形成的后续研究(展示)的主题就像是一条“过道”,学生们行走在这条“过道”上,就可以探索学习内容中没有涉及的关键概念、主题、理论。这个过程无疑是极为有价值的。

三是在学习过程中引导学生进行阅读探究。在引导学生解决现实生活问题,对真实问题进行探究时,教师可以预先对涉及的相关学科知识进行梳理,形成主题学习活动的知识图谱。这是学生运用阅读或其他途径获得的知识解决真实问题的重要步骤。在“1+X”跨学科主题阅读学习中,引导学生解决关键问题的基础是阅读,而学生从浅到深、循序渐进的合作探究则是核心和主线。教师可以根据实际情况,引导学生对关键问题进行拆解,也可以根据学生学习情况和教学实际,设计基于关键问题的学习任务和实践活动,引导学生一步步地进行研究,并将课堂学习与课外阅读、自然博物馆参观学习、邀请家长设计制作等实践过程相联系,打破教学时间、空间固定的传统教学模式,尽早开展自主学习。

[案例]

“GL 印象”

——以环保展台设计任务单为例

表 3－2　课堂研究任务单

小组序号:

主题名称		参见页码
主要研究内容		

设计意图:教师在上一节课已经重点带领学生阅读学习了“46亿年的奇迹:地球简史”系列丛书中的《冥古宙 太古宙》与《显生宙 古生代》。学生对“远古的海洋”和“太阳系的起源”这两部分内容已经有所了解,在完成此项作业时可以快速地找到自己小组感兴趣的内容。教师引导每个小组从书本中任意挑选一个主题进行深入研究。为了帮助学生更好地进行后续的展台设计,教师设计了课堂研究任务单。学生通过阅读,寻找关键词和关键信息,发现感兴趣的问题,提炼出主题和研究内容,并在后续的研究过程中,通过阅读更多的书籍、考察自然博物馆的展台设计等方式推进展台制作的进程。

附:部分学生作业

表3-3 学生作业一

小组序号:1

主题名称	鹦鹉螺——见证沧海桑田的变化	参见页码
主要研究内容	鹦鹉螺的身体构造与它能见证沧海桑田之间的联系是什么	P90—91
	食物链——为什么鹦鹉螺曾经见证了沧海桑田,如今却少得可怜	P84
	鹦鹉螺进化史——为什么乌贼和章鱼没有进化成螺类	P86
	哪些建筑借用了鹦鹉螺的造型(以上海自然博物馆为例)	P92—93

表3-4 学生作业二

小组序号:2

主题名称	月球的诞生对地球意味着什么	参见页码
主要研究内容	月球的起源——嫦娥奔月的故事在现实中会发生吗	P48—49
	揭秘大碰撞说——太阳系中是否存在第二个月球	P51—53
	阿波罗计划——人类在又一次大碰撞后是否能移居月球	P50
	月球与地球之间联系紧密——我们只有一个月球	P52

(案例撰写 陆莉莉)

由于在有限的课堂时间内组织学生对关键问题进行探索的机会不多,因此引导学生在真实情境下,结合生活经验,综合运用不同学科的知识和方法解决实际问题,是有效提升其综合素养的重要途径。教师在引导学生参与跨学科主题阅读学习时,要在趣味性与科学性、生活化与技能化之间做好平衡,既要避免跨学科主题阅读学习过于简单,又要避免因阅读素材、任务目标等学习难度过大、挑战过高,给学生带来过重的心理压力和学业负担,这也是我们关注"X"的难度研究的初衷。

四是在学习进入尾声时组织有效评价。学生是否真正理解和掌握了所学知识,需要通过其表现来印证。特别是在开展跨学科主题阅读学习的过程中,当学生用知识和技能完成各种真实情境中富有挑战性的任务时,就能充分彰显学生的学习成效。因此,有效的阅读综合学习评价的关键是学生在学习活动中真实的过程性表现。教师首先要考虑怎样的表现能说明学生真正掌握了所学知识。这个过程性评价标准的制定必须建立在主题阅读学习过程中学生对各类学习目标的达成上,如关键问题的解决、主要任务的完成等。

[案例]

"GL 印象"

——以环保展台设计学习任务为例

表 3-5　学生任务评价表

<table>
<tr><td>展台主题:</td><td>合作伙伴:</td><td>日期:</td></tr>
<tr><td colspan="3">学习任务完成打卡(我将在学习过程中保存与学习进度有关的照片、资料,并在学习结束时进行组内交流):
○ 我执行了小组共同制订的学习计划(阅读书目的推荐和选定)。
○ 我对确立展台主题有自己的思考和记录。
○ 在小组分工、任务认领中,我承担了________的任务。
○ 在小组协商中,我给予和接受了伙伴的反馈。
○ 我和老师共同商量了我们的研究和计划。
○ 我和小组成员参加了与展台制作相关的校外学习(阅读、博物馆参观等)。
○ 我和小组成员共同制作了展台。
○ 在制作过程中,我们尝试邀请志愿者参与并遵守事先约定的规则。
○ 我通过打卡进行自我评价,并及时提醒自己未完成的任务。
○ 我为最终的成果展示和介绍做了充分准备。
○ 我愿意在过程中用日记等形式进行记录。
○ 我能及时对学习进行反思。</td></tr>
</table>

表3－5是学生在学习过程中的伴随式评价。在实践过程中，一方面可以让他们更明确在接下来的学习过程中需要完成的事项和安排；另一方面可以增强他们在学习过程中的责任感和参与感。在进行自评的同时，也可以进行互评。学校初定的互评方案是在儿童节当天，由学校一至四年级学生以一人一票的形式选出最终获奖者。但出乎意料的是，部分小组在介绍展台的同时，用赠送棒棒糖、文创用品等形式进行“贿选”，最终导致学生的评价结果和教师的评价结果大相径庭。这既为学校开展德育教育提供了契机，又提醒了教育者评价标准制定的重要性。

（案例撰写　陆莉莉）

实践表明，选择合适的评价方法，可以提高阅读学习评价的针对性和有效性，反之则会让教育偏离轨道。教师应该认识到，无论是否针对跨学科主题阅读学习，任何有关教学的有效评价，其目的都应是改进教师教学和学生学习，而不只是评价本身。正如戴维·珀金斯说过：“我们通过灵活的表现来确认理解……当人们能够灵活地思考和运用所学知识时，理解就显现出来了。相反，当学习者通过死记硬背进行学习，不能跳出常规的思维模式和行动准则时，则表示缺乏理解……理解意味着对知识的灵活应用。”

综上，明确预期目标、提出关键问题、引导阅读探究、组织有效评价是关注学科课程标准、调控“X”的效度的有效途径。

2. 关注学科课程标准，调控“X”的难度

在《义务教育语文课程标准（2022年版）》中，教师要关注“初步理解”“初步具有”“逐步掌握”等关键信息，并根据上述要求在阅读教学中把握和调控学习的效度，防止因一味追求“X”的延伸和拓展而影响学生的实际学习效果。建构主义强调学生以前的学习经验，重视学生独特的阅读感受，将学生已经形成的知识经验作为学习新知识的先行组织者，充分考虑学生的最近发展区。因此，在“X”的选取过程中，既要关注学科课程标准，又要注意学段要求和学生的学习基础，将此作为调控“X”的难度的依据。

兴趣是学生最好的老师。如果“X”的难度过低，会让学生对延伸及融合拓展的内容提不起兴趣；如果“X”的难度过高，既会对教师的综合专业素养提出更

高要求,也可能会让一部分学生在学习过程中感到“力所不能及”,反而达不成最初的教学目标。

[案例]

关于“‘GL 印象’——厨神争霸”跨学科主题阅读的“1+X”实践

2022 年春季,受疫情影响,全体学生再一次转入线上学习。6 月初,这一届五年级学生收到仅能参加学校举行的云端毕业典礼的消息。一想到五年的学业生涯要在云端毕业典礼中宣告结束,他们的情绪很不稳定,觉得非常遗憾。这个时候,阅读无疑是最好的良方。

五年级教师根据学生宅家期间的实际情况,提出了“人间有味——厨神挑战赛”的毕业课程设想。教师深知,此时学生们最好的状态是在闲暇阅读中感受“日日有小暖,至味在人间”的喜悦,并在读书、饮食中将生活的悲喜轻描淡写地糅合在一灯一盏、一饭一蔬之间。在和部分学生的商讨中,我们确定了“GL 印象”的主题和目标。在后续一个月的时间里,这批即将迈入中学门槛的学生上演了现实版的“厨神发展史”。

整个学习过程从课堂里的整本书推荐阅读开始,回到学生的自主阅读,体现了“阅读+影视教学+劳动教育”的“1+X”实践。

推荐阅读:教师推荐了汪曾祺的《人间有味》(北京时代华文书局)一书,指导学生自行设计阅读任务单。学生自主进行课外阅读,并在课堂内交流阅读收获和感想。此外,教师应及时点评。

推荐观影:根据学生的阅读感受,教师引出电影《料理鼠王》和《舌尖上的新年》,出示问题,引导学生观察思考,激发学生兴趣。

比较阅读:比较电影片段和阅读文本中烹制食材的不同手法,感受电影艺术表现手法的鲜活和语言文字表达的令人回味,引导并启发学生动手实践。

厨神实践:根据文本或影视的启发,利用家中现成的食材烹饪一道佳肴;用文字记录过程,或用视频记录过程并配以文字解说,请家人担任品鉴评委。

云端“有味”:学生在课堂中交流烹制过程,其他同学从菜肴制作的独立性、烹制过程解说的清晰度等方面进行评价,选出班级“厨神”参与年级评比。

线下“有礼”:评选活动结束后,教师进行引导总结,并组织学生制作《“GL

有味”》专辑，将其作为留给学弟学妹的毕业礼物。

自由阅读：推荐观影菜单和自主阅读菜单，引导学生在假期中继续通过各种形式磨炼厨艺，学做居家生活达人。

“人间有味——厨神挑战赛”的毕业课程的授课时间为学生毕业前最后四周的每周五下午的一节课。对学生而言，一节课的时间是不足以完成整本书阅读的，又由于有一定的成果要求，这就需要学生充分运用线上学习阶段的闲暇时间。因为推荐阅读的书目是散文集，不一定能在第一时间被所有学生喜爱。但后续的课内交流及影视片段与阅读文本的比较，都极大程度地提升了学生的学习兴趣，成为他们“转身”回到书本中阅读的动力。

因为大部分家长的教养观念是“唯有读书高”，这批学生在居家生活中能动手烹饪的少之又少，所以本次阅读课程的最终目标是让学生从书本回归生活，在洗手做羹汤的过程中感受生活的鲜活，并学习用语言将这种鲜活不断传递给学弟学妹们。至此，电影阅读也好，劳动体验教育也罢，都会归于教育的初心，即在阅读中引导学生学以致用、学会生活和学习成长。

（案例撰写　潘　杰）

潘老师在聚焦语文学科核心素养的基础上，结合了思政课、劳动课、影视教育课（美育类拓展学科）等，设计了此次多学科综合性教学。在这个毕业课程的设计过程中，语文学科提到思维能力、审美创造等核心素养的落地，而这些核心素养同时也在思政课、劳动课、影视教育课（美育类拓展学科）中被提到。虽然其表达形式与具体的聚焦形式在不同的学科中略有侧重，但上述跨学科阅读项目涉及对学科个性化的理解及建立在理解基础上的教学设计，是调控“X”的效度的关键。

上述对学科个性化的理解一定不是随意性的，而是建立在教师基于学科课程标准，梳理和明确各学科核心素养的基础上。跨学科主题阅读教学目标设计的依据是学生的学科核心素养，因此在进行跨学科主题阅读教学时，以下两个流程必不可少：一是梳理和明确各学科核心素养，二是分析和研判相关素养的异同点。

表 3－6　义务教育阶段中不同学科对应的核心素养和总目标

学科	核心素养	总目标
道法与法治	1. 政治认同; 2. 道德修养; 3. 法治观念; 4. 健全人格; 5. 责任意识。	1. 学生能初步了解中国的基本国情、中华优秀传统文化的主要代表性成果,了解中国共产党的历史和革命传统、改革开放和中国特色社会主义的伟大成就,汲取党史、新中国史、改革开放史、社会主义发展史所蕴含的精神力量,热爱伟大祖国、中华民族、中华文化、中国共产党和中国特色社会主义,为自己是中国人而自豪;具有维护民族团结的意识,能把个人发展和国家命运联系起来,维护国家利益和安全;能理解社会主义核心价值观的内涵及其重要意义,并在社会生活中自觉践行;能以实现中华民族伟大复兴为己任,增强做中国人的志气、骨气、底气,不负时代,不负韶华,不负党和人民的殷切期望;关心时事,热爱和平,初步具有国际视野和人类命运共同体意识。 2. 学生能了解个人生活和公共生活中基本的道德要求和行为规范,能在日常生活中践行诚实守信、团结友爱、尊老爱幼等基本的道德要求;形成初步的道德认知和判断,能明辨是非善恶;通过体验、认知和践行,养成良好的道德品质。 3. 学生能具有基本的规则意识和安全意识,理解宪法的意义,知道与学生生活密切相关的法律,能初步认识到法律对个人生活、社会秩序和国家发展的规范和保障作用;形成宪法法律至上、法律面前人人平等观念和权利义务相统一观念;遵守规则和法律规范,提高自我防范意识,掌握基本的自我保护方法,预防意外伤害,养成自觉守法、遇事找法、解决问题靠法的思维习惯和行为方式,初步具备依法参与社会生活的能力。 4. 学生能正确认识生命的意义和价值,珍爱生命,热爱生活;初步具有自尊自强、坚韧乐观的心理素质和道德品质;具有理性平和的心态,能建立良好的同伴关系、师生关系和家庭关系,树立正确的合作与竞争观念,具有团队意识和互助精神;具备积极向上、锐意进取的人生态度,能适应变化,不怕挫折。 5. 学生能关心集体、社会和国家,具有主人翁意识、责任感和集体主义精神,主动承担对自己、家庭、学校和社会的责任,自觉维护祖国统一和国家安全;能主动参与志愿者活动、社区服务活动,具有为人民服务的奉献精神,勇于担当;能遵守社会规则和社会公德,依法依规有序参与公共事务,具有公共意识和公共精神;敬畏自然,保护环境,形成人与自然生命共同体的意识。

（续表）

学科	核心素养	总目标
语文	1. 文化自信； 2. 语言运用； 3. 思维能力； 4. 审美创造。	1. 在语文学习过程中，培养爱国主义、集体主义、社会主义思想道德，逐步形成正确的世界观、人生观、价值观。 2. 热爱国家通用语言文字，感受语言文字及作品的独特价值，认识中华文化的丰厚博大，汲取智慧，弘扬社会先进文化、革命文化、中华优秀传统文化，建立文化自信。 3. 关心社会文化生活，积极参与和组织校园、社区等文化活动，发展交流、合作、探究等实践能力，增强社会责任意识。感受多样文化，吸收人类优秀文化的精华。 4. 认识和书写常用汉字，学会汉语拼音，能说普通话。 5. 学会运用多种阅读方法，具有独立阅读能力。能阅读日常的书报杂志，初步鉴赏文学作品，能借助工具书阅读浅易文言文。学会倾听与表达，初步学会用口头语言文明地进行人际沟通和社会交往。能根据需要，用书面语言具体明确、文从字顺地表达自己的见闻、体验和想法。 6. 积极观察、感知生活，发展联想和想象，激发创造潜能，丰富语言经验，培养语言直觉，提高语言表现力和创造力，提高形象思维能力。 7. 乐于探索，勤于思考，初步掌握比较、分析、概括、推理等思维方法，辩证地思考问题，有理有据、负责任地表达自己的观点，养成实事求是、崇尚真知的态度。 8. 感受语言文字的美，感悟作品的思想内涵和艺术价值，能结合自己的经验，理解、欣赏和初步评价语言文字作品，丰富自己的情感体验和精神世界。 9. 能借助不同媒介表达自己的见闻和感受，学习发现美、表现美和创造美，形成健康的审美情趣。
数学	1. 会用数学的眼光观察现实世界； 2. 会用数学的思维思考现实世界； 3. 会用数学的语言表达现实世界。	1. 获得适应未来生活和进一步发展所必需的数学基础知识、基本技能、基本思想、基本活动经验。 2. 体会数学知识之间、数学与其他学科之间、数学与生活之间的联系，在探索真实情境所蕴含的关系中，发现问题和提出问题，运用数学和其他学科的知识与方法分析问题和解决问题。 3. 对数学具有好奇心和求知欲，了解数学的价值，欣赏数学美，提高学习数学的兴趣，建立学好数学的信心，养成良好的学习习惯，形成质疑问难、自我反思和勇于探索的科学精神。

（续表）

学科	核心素养	总目标
英语	1. 语言能力; 2. 文化意识; 3. 思维品质; 4. 学习能力。	1. 发展语言能力。 2. 培育文化意识。 3. 提升思维品质。 4. 提高学习能力。
科学	1. 科学观念; 2. 科学思维; 3. 探究实践; 4. 态度责任。	1. 掌握基本的科学知识,形成初步的科学观念。 2. 掌握基本的思维方法,具有初步的科学思维能力。 3. 掌握基本的科学方法,具有初步的探究实践能力。 4. 树立基本的科学态度,具有正确的价值观和社会责任感。
体育与健康	1. 运动能力; 2. 健康行为; 3. 体育品德。	1. 掌握与运用体能和运动技能,提高运动能力。 2. 学会运用健康与安全的知识和技能,形成健康的生活方式。 3. 积极参与体育活动,养成良好的体育品德。
艺术	1. 审美感知; 2. 艺术表现; 3. 创意实践; 4. 文化理解。	1. 感知、发现、体验和欣赏艺术美、自然美、生活美、社会美,提升审美感知能力。 2. 丰富想象力,运用媒介、技术和独特的艺术语言进行表达与交流,运用形象思维创作情景生动、意蕴健康的艺术作品,提高艺术表现能力。 3. 发展创新思维,积极参与创作、表演、展示、制作等艺术实践活动,学会发现并解决问题,提升创意实践能力。 4. 感受和理解我国深厚的文化底蕴和党的百年奋斗重大成就,传承和弘扬中华优秀传统文化、革命文化、社会主义先进文化,坚定文化自信,铸牢中华民族共同体意识。 5. 了解不同地区、民族和国家的历史与文化传统,理解文化与构建人类命运共同体的关系,学会尊重、理解和包容。
劳动	1. 劳动观念; 2. 劳动能力; 3. 劳动习惯和品质; 4. 劳动精神。	1. 形成基本的劳动意识,树立正确的劳动观念。 2. 发展初步的筹划思维,形成必备的劳动能力。 3. 养成良好的劳动习惯,塑造基本的劳动品质。 4. 培育积极的劳动精神,弘扬劳模精神和工匠精神。
信息科技	1. 信息意识; 2. 计算思维; 3. 数字化学习与创新; 4. 信息社会责任。	1. 树立正确价值观,形成信息意识。 2. 初步具备解决问题的能力,发展计算思维。 3. 提高数字化合作与探究的能力,发扬创新精神。 4. 遵守信息社会法律法规,践行信息社会责任。

正如前文案例中潘老师在确立语文阅读学科教学本位，达成语文教学目标的前提下，扩大学生的视野，容纳其他相关学科核心素养，较为有效地完成跨学科综合阅读学习。教学前梳理和明确各学科核心素养，根据教学目标和教学内容分析和研判相关素养的异同点，在此基础上引导学生在阅读的同时进行跨学科学习，这是研发和实施跨学科教学必经的过程。

自古以来，语文学习与跨学科学习存在天然的联系，因为古代的语文教育是文史哲不分的。在学习语文的过程中，同时也学习了道德、礼仪、哲学、历史、地理、文化、科学、艺术等。孔子不但说“不学诗，无以言”，而且说“《诗》可以兴，可以观，可以群，可以怨。迩之事父，远之事君，多识于鸟兽草木之名”。新课标指向的语文大单元学习是在真实情境中的问题解决与任务学习，这样的学习不可避免地需要跨学科。所以，从一定意义上说，并不是学习语文后再运用到实际生活中，而是引导学生“在跨学科学习的过程中学习语文”。

综上，千变万化的“X”是为了提升学生的阅读能力，也就是“1”的本源，即跨越学科的界限，帮助学生学习语言文字运用，并在运用过程中体悟生活、学会生活。基于这样的理解，以“1+X”为基本策略的阅读集群实践才是有意义、有意思的实践。

第二节　全程——贯穿学习始终的阅读

一个人的阅读史就是他的精神成长史。阅读作为学生学习生活的重要组成部分，既承担着“学习使用祖国语言”的功能，更承担着“精神成长”的功能。因此，以阅读伴随学生学习的始终，不仅出于对传承知识、提升能力的追求，更是基础教育者追求的诗与远方，即通过阅读教学，关注学生在成长过程中精神上的滋养与丰盈。

本节中所述的“全程”包含两层含义：一是以阅读贯穿小学阶段学生学习的“全程”；二是通过五年的阅读引导，帮助学生形成一定的思维、方法或习惯，让阅读伴随其终身学习的始终。

一、“阅读 100”陪伴小学生涯的始终

成人在引导儿童阅读的过程中，往往是从担任阅读的激发者、引导者这一角色开始的。针对学校学生的阅读基础，我们在前期实践研究中结合学校推行了二十多年的“爱、孝、信、勤、和”五字校风，将中华传统美德和阅读课程相结合，分年级、分板块地向学生推荐了 100 本必读书目和选读书目。

学校希望学生在五年的小学学习阶段尽可能地多阅读，因此以每个年级为单位，各推荐了 20 本必读书目和选读书目。五年阅读 100 本读物的数量是下限，以此为基础，我们鼓励不同阅读基础的学生尽可能地广泛阅读。100 本书目的产生历经了团队的反复研磨以及前期多年时间的实践和调整，结合 2021 年教育部下达的“五项管理”中“读物管理”的要求，希望书目的推荐和配置做到以下几点。

一是能尊重满足学生的阅读需求，保证书籍内容的趣味性与表达形式的多元化。对小学生尤其是低年龄段的小学生而言，读书内容的“好玩”和“有趣”是他们阅读的内在驱动力。因此，阅读教学必须基于学生的天性，注重趣味性，让他们对阅读内容产生强烈的探索欲，这是引导他们“全程”阅读的前提。兼顾趣味性和教育性同样是我们的追求，同时读书是一种审美和享受。我们在推荐书目和购置图书时会注重书籍版本的甄选，如选择内容完整无删节、经严格校对内容无错漏、装帧设计和内容有艺术水准的版本。对于国外作品（尤其是适合低年龄段学生阅读的绘本），则选择优秀译本。

二是依据学生的语言、认知水平对阅读内容进行分类，通过选择经典性的阅读内容，让他们与人类文明中伟大的思想对话。从阅读心理来看，阅读是循序渐进的。学生在阅读的初始阶段愿意读的一般是纯娱乐故事、小说，这是不可否认的阅读起点，更大的功效在于培养学生的文字敏感性。在小学阶段，教育者应该根据学生的语言和认知水平推荐分阶段阅读书目，渐渐地以传统经典小说、史哲类书籍、适合学生年龄层次的思想类书籍等引导他们关注他人、关注社会、关注自身，为未来形成自己看世界的思想体系做准备。因此，我们在中高年级段的阅读推荐中加入了《史记》（小学版）等书目，并且每年根据学生阅读平台上显示的相关数据对推荐的书目进行调整。

三是结合学科教学目标、内容架构梳理和选配书籍，使学生可以进行以学科为主题的阅读，使教师可以将阅读整合到学科教学中。为了能更好地促进阅读教学的课内外联动，我们从语文学科入手，整合年段单元目标，进行阅读书目和课中精度教学的匹配和延展安排①，以课内外的联动阅读保证“阅读 100”的落地。

四是在学科阅读基础上，建立学科间的联系，初步形成跨学科的阅读脉络，为学生综合素养的提升奠定基础。

［案例］

管弄新村小学各年级阅读书目推荐

一年级关于“爱”的必读书目

1.《我有友情要出租》　方素珍，赫洛玟

2.《一年级的小豌豆》　商晓娜

3.《我妈妈》　［英］安东尼·布朗

4.《猜猜我有多爱你》　［爱尔兰］山姆·麦克布雷尼，［英］安妮塔·婕朗

5.《狼大叔的红焖鸡》　［美］庆子·凯萨兹

6.《我的野生动物朋友》　［法］蒂皮·德格雷

7.《小魔怪要上学》　［法］玛丽·阿涅丝·高德哈，［法］大卫·派金斯

8.《一口袋的吻》　［英］安杰拉·迈克奥里斯特，［英］苏·海拉德

9.《大卫上学去》　［美］大卫·香农

10.《动物狂欢节》　［奥］马科·希姆萨，［奥］多丽丝·埃辛伯格

一年级关于“爱”的自选书目

1.《三毛流浪记》　张乐平

2.《亲爱的笨笨猪》　杨红樱

3.《大个子老鼠小个子猫》　周锐

4.《我是一个可大可小的人》　任溶溶

5.《洋葱头历险记》　［意］贾尼·罗大里

---

① 笔者已在《让阅读滋养孩子的心灵——儿童阅读的探索与实践》一书中详尽介绍，此处不再展开。

6.《有些时候,我特别喜欢爸爸》 [法]阿诺·阿梅哈,[法]侯邦

7.《你很特别》 [美]陆可铎,[美]马第尼斯

8.《花田小学的属鼠班 1:我们是属鼠班》 朱自强,左伟

9.《君伟上小学:1 年级鲜事多》 王淑芬,赖马

10.《追逐色彩的梵高》 [意]基娅拉·罗萨尼,[意]奥塔维亚·摩纳哥

二年级关于"孝"的必读书目

1.《团圆》 余丽琼,朱成梁

2.《再见了艾玛奶奶》 [日]大塚敦子

3.《先左脚再右脚》 [美]汤米·狄波拉

4.《有一天》 [美]艾莉森·麦基,[加]彼得·雷诺兹

5.《外公》 [英]约翰·伯尼罕

6.《小米的四个家》 殷建灵

7.《过新年》 徐鲁,周东,徐波

8.《第一次上街买东西》 [日]筒井赖子,[日]林明子

9.《荷花镇的早市》 周翔

10.《体育竞技小百科》 周欢

二年级关于"孝"的选读书目

1.《仰望天空的猫》 曹文轩

2.《再见,钢琴》 曹文轩

3.《当世界年纪还小的时候》 [德]于尔克·舒比格,[德]罗特劳斯·苏珊娜·贝尔纳

4.《我亲爱的甜橙树》 [巴西]若泽·毛罗·德瓦斯康塞洛斯

5.《爱心树》 [美]谢尔·希尔弗斯坦

6.《妈妈的红沙发》 [美]薇拉·威廉斯

7.《有些时候,我特别喜欢爸爸》 [法]阿诺·阿梅哈,[法]侯邦

8.《好新鲜教室》 林哲璋,BO2

9.《地球的笔记》 林世仁,唐唐

10.《大自然的心声》 林焕彰,林纯纯

三年级关于"信"的必读书目

1.《花婆婆》 [美]芭芭拉·库尼

2.《三寄小读者》 冰心

3.《淘气包埃米尔》 [瑞典]阿斯特丽德·林格伦,[瑞典] 比约恩·贝星

4.《要是你给老鼠吃饼干》 [美]劳拉·乔菲·努梅罗夫,[美]费利西亚·邦德

5.《胆小如鼠的巨人》 [德]安娜格特·富克斯胡贝尔

6.《吹牛大王历险记》 [德]戈特弗里特·奥古斯特·毕尔格

7.《骑鹅旅行记》 [瑞典]塞尔玛·拉格洛芙

8.《和风一起散步》 熊亮

9.《北京的春节》 老舍,于大武

10.《汉字王国》 林西莉

三年级关于"信"的选读书目

1.《小飞侠彼得·潘》 [英]杰姆·巴里

2.《爱丽丝漫游奇境》 [英]刘易斯·卡罗尔

3.《上下五千年》 林汉达,曹余章

4.《月亮宝石》 [英]威尔基·柯林斯

5.《总有一天会长大》 [挪]托摩脱·蒿根

6.《停电以后》 [美]约翰·罗科

7.《丛林故事》 [英]拉迪亚德·吉卜林

8.《公主的月亮》 [美]詹姆斯·瑟伯

9.《数学诗!》 [美]贝琦·佛朗哥,[美]史蒂文·沙莱诺

10.《两个男孩的完美假日》 [美]马拉·弗雷齐

四年级关于"勤"的必读书目

1.《非常小子马鸣加》 郑春华

2.《苏北少年"堂吉诃德"》 毕飞宇,猪蹄

3.《自在的旅行》 [日]松浦弥太郎,[日]若木信吾

4.《草原上的小木屋》 [美]罗兰·英格斯·怀德

5.《假如给我三天光明》　[美]海伦·凯勒

6.《哈利·波特与密室》　[英]J. K. 罗琳

7.《画家、城市和大海》　[德]莫妮卡·菲特,[德]安图尼·波阿提里思克

8.《一辆自行车》　于大武

9.《水与墨的故事》　梁培龙,李青叶

10.《小红豆与街角蛋糕店》　梅思繁

四年级关于"勤"的选读书目

1."刘墉给孩子的成长书"系列　刘墉

2."最好的我"系列　刘祥和

3.《警察游戏》　梅子涵

4.《想飞的乔琪》　[美]简·兰顿

5.《无字书图书馆》　[西]霍尔迪·塞拉·依·法布拉

6.《马列耶夫在学校和家里》　[俄]尼古拉·诺索夫,[俄]奇日科夫

7.《青鸟》　[比利时]莫里斯·梅特林克

8.《细菌世界历险记》　高士其

9."漫画中国古代科技"系列　朱抗,洪涛,冯聪英

10.《不愿做奴隶的人:聂耳传》　[日]冈崎雄儿

五年级关于"和"的必读书目

1.《青铜葵花》　曹文轩

2.《草房子》　曹文轩

3.《男生贾里》　秦文君

4.《小王子》　[法]安东尼·德·圣一埃克苏佩里

5.《苦儿流浪记》　[法]艾·马洛

6.《窗边的小豆豆》　[日]黑柳彻子,[日]岩崎千弘

7.《铁丝网上的小花》　[意]克里斯托夫·格莱兹,[意]罗伯特·英诺森提

8.《丽芙卡的信》　[美]凯伦·海瑟

9.《那一年,叶子没有落下来》　[意]葆拉·马斯特罗科拉

10.《战马》　[英]迈克尔·莫波格

五年级关于"和"的选读书目

1.《乌丢丢的奇遇》　金波

2.《夏洛的网》　[美]E. B. 怀特

3.《金银岛》　[英]斯蒂文森

4.《哈利·波特与阿兹卡班的囚徒》　[英]J. K. 罗琳

5.《爱的教育》　[意]亚米契斯

6.《女儿的故事》　梅子涵

7.《奔跑的女孩》　彭学军，吴雅蒂

8.《爸爸的故事》　梅思繁，黄吟帆

9.《让孩子着迷的77×2个经典科学游戏》　[日]后藤道夫

10."足球学院"绿茵少年小说系列　[英]汤姆·帕尔默

（书目推荐　语文教研组）

日本作家斋藤孝在《阅读的力量》一书中指出，阅读能力的变化，从宏观上看，使之发生变化的阅读数量不是10册或20册，而是100册。做到了这一点，阅读就成了一种习惯，就成了理所应当的事。实践表明，阅读量大的学生在理解、判断、研究能力上更胜一筹。

二、融合在每一个学习场景里的自由阅读

"阅读100"的书目制定是引导学生"全程"阅读的基础。如何借助学校教育的力量让学生真正走进阅读并享受阅读带来的喜悦和帮助，我们的思考是让学校的每一个学习场景都成为学生自由阅读的"温床"。

（一）从课内到课外，引导学生走进阅读

在实践中，情境创设往往是指向学生素养提升的教学的重要途径，这是因为指向素养的课程往往改变了以学科逻辑线性安排知识点的墨守成规的课程组织，而"替换墨守成规的课程方法之一是学习场景"，并且"将学生暴露于自然的问题情景中"①。

① [美]约翰·D. 布兰思福特，等.人是如何学习的：大脑、心理、经验及学校（扩展版）[M].程可拉，孙亚玲，王旭卿，译.上海：华东师范大学出版社，2013：122.

《义务教育语文课程标准（2022 版）》设立了相应的学习任务群，这些学习任务群就是把学习内容安排在以现实生活为基础的学习场景中。学习任务群中的每一个单元以现实生活为基础选择主题内容，引导学生在真实的生活情境中学习语文，运用语文知识解决现实生活中的问题。比如，教师在“思辨性阅读与表达”学习任务群中可以引导学生“阅读关于中华传统美德、社会公德等方面的短论、简评，结合校园或社会生活中的实际事例，学习有理有据地口头或书面表达自己的观点”。教师在语文课堂教学中结合已有书目，以“1+X”的方式引导学生在相关情境中进行阅读学习；在语文课外则跨越学科界限，同样以“1+X”的方式组织学生在真实情境中学习。持之以恒，不但有利于发展学生的思辨性阅读与表达能力，而且有利于激发学生关心社会、参与社会生活的热情，增强学生的社会责任感。以下是教师在语文教学的课堂内外基于学习情境引导学生走进阅读的实践。

课内“1+X”，在基于情境的读写连接中培养学生的审美创造能力。课内“1+X”既指一篇课文带动多篇文章或整本书的阅读，也指“阅读+写作”的融合教学。基于小学生的年龄特点，在语文阅读教学过程中，教师可以积极组织读写连接的相关练习，让学生在欣赏美的同时学会创造美，不断强化学生的语文学科核心素养。要将阅读与写作紧密连接，一方面要注重对课内、课外阅读内容的有效理解，让学生体会到文字本身的意境美及结构美；另一方面要鼓励学生积极参与多种形式的读写活动，让学生在阅读和写作的紧密融合中获得更为独特的学习体验。教师应通过多种方式了解学生的兴趣点和学习难点，在做好整体设计和规划的同时根据学情进行有效的调整，让学生进行读写尝试，不断引导学生做出美的创造与尝试。

课外“1+X”，在基于情境的跨学科主题阅读活动中增强学生的文化自信。教师应充分了解学生的真实成长经历，整合课内课外的联动因素，合理地选择、创设具有价值的学习情境，让学生在真实的学习情境中参与跨学科主题阅读活动，在阅读后的实践中寻求解决实际问题的方法，让语文知识成为指导现实生活的重要依据。

［案例］

传承优秀文化，坚定文化自信

——以古诗《元日》的教学设计为例

《元日》中描写了关于春节的相关文化习俗及人们对美好生活的憧憬。教师在课堂教学中结合课文内容，引导学生阅读《团圆》一书，帮助学生理解团圆的意义与价值。在元旦这一天，二年级学生身着体现中国红元素的服饰，穿梭在每一个展台前，参与该年级的跨学科主题阅读过程性评价。比如：在“火火团圆年”展台前，学生吟诵起有关春节的诗句，说一说新春佳节里最想和父母一起做的事；在“巧用压岁钱”展台前，学生设计出一个合理使用“压岁钱”的购物方案，让亲人们在大年三十晚上都能拥有一份“惊喜”；“搬运红运包”的现场是一条条塑胶地毯，学生要通过商量形成一个最佳方案，并通过合作把手里的鸿运包运送到下一组伙伴的手里……寒假来临前，教师又鼓励学生回老家过年时结合当地独有的传统文化资源，对春节习俗进行深入分析并做好记录，在之后的开学第一课中进行交流，让学生真正成为优秀文化的传承者。

（案例撰写　陆莉莉）

基于小学生的年龄特点，尤其是低年级学生接受新事物时依赖于形象思维，创设真实情境，调动学生的生活积累，激活他们的生活经验，激发他们的学习动机和兴趣，让他们围绕真实问题、真实任务开展学习就尤为重要。正如杨向东教授所说：“所谓真实情境，其本质是心理意义上的，是指那些贴近学生既有经验且符合其当下兴趣的特定环境。正是这样的整合性真实情境，搭建了学生所处日常生活实践与学校课程（领域）学习之间的桥梁，赋予学生学习活动以意义，使得学生实践反思与社会互动变得必要和成为可能。”[①]为了引导学生更好地读，“1+X”阅读主张结合学生的学习内容及其当下的生活，从不同角度考虑情境

① 杨向东.如何基于核心素养设计教学案例［N］.中国教育报，2018－05－30（5）.

创设。有些阅读作品看起来似乎与当下学生生活相距较远,但仔细考量,这些作品的内容与学生生活之间存在的关联恰恰是通过主题阅读引导学生认同中华文化、对中华文化的生命力有坚定信心的极好载体。

[案例]

如何开展“1+X”跨学科主题阅读活动

——以“校园里的‘旅动’中国红”为例

部编版小学语文六年级上册中有《七律·长征》《狼牙山五壮士》《开国大典》等作品。学校在学生课内学习的基础上,结合国庆节庆祝活动,开展了以“校园里的‘旅动’中国红”为主题的“1+X”跨学科主题阅读活动。

2021 年国庆节前夕,学校开展了“校园里的‘旅动’中国红”的主题阅读活动。所谓“旅动”,就是全校学生分别在国庆节前夕的综合阅读学习中根据一条时间轴,选定中华人民共和国奋斗历程中的一个高光时刻作为自己班级关键事件的宣传主题。主题确定后,全班学生参与以下三个步骤的学习。

“旅动”前:阅读相关书籍及资料,选定关键事件,参与教室场景布置,根据阅读所得设计其他同学参观本主题场馆时的互动问题。

“旅动”中:从场馆主题设计者、场馆环境布置者转换为参与者,和伙伴共同设计参观学习路线,并参与互动体验的过程性评价。

“旅动”后:自由阅读,完成国庆长作业,在跨学科综合学习中进一步全面了解中国的过去,感知中国的现在,畅想中国的未来。

国庆节当天,学生们各自搭配红色元素,参与主题为“昂扬新时代,点赞新中国”的校园旅行。各个教室的主题串联成一条“新中国史”的时光隧道,并展现在“旅动”的学生面前。

1949 年,中华人民共和国成立。1950 年,抗美援朝,保家卫国。1964 年,中国第一颗原子弹爆炸成功。1973 年,袁隆平成功培育杂交水稻。1984 年,许海峰摘取奥运首金,实现零的突破。1990 年,浦东开发开放,实现经济腾飞。2011 年,中国首个空间实验室发射成功。2017 年,习近平主席在“一带一路”国际合作高峰论坛上宣布举办进博会。……“如果信念有颜色,那一定是中国红！”学生们选定“旅动”的最后一站是2021年9月孟晚舟回国事件的再现。

为了让全校学生能在本次校园行走中有规划、有收获，在启动仪式上，各中队选派的解说员为即将进行的“‘旅动’中国红”进行导览。在导览中，学生们了解了校园中不同“旅动”场馆的内容。比如：从中华人民共和国成立之初的创业奋斗到今天共襄盛世的幸福生活；在近一周时间的校园行走筹备工作中，学生们通过阅读了解一段历史，熟悉一项成就，参与一场互动，收获一项体验；在半天的情境式学习中，全校二十多个教室变成了引导学生见证祖国发展的时光隧道，吸引学生从历史、生活、文化、军事等方面体会祖国的奋斗之路。接近“旅动”结束时，师生共同唱起《我和我的祖国》。悠扬的歌声回响在校园的上空，寄托着全校师生对祖国华诞的美好祝福。每个学生将热爱祖国的种子播撒在自己幼小的心灵里，希望通过自己的努力与奋斗，让祖国变得更加繁荣富强！

（案例撰写　陆莉莉）

入脑入心的阅读教学强调理论与实践的紧密融合。学校和教师应积极开展多样化的跨学科主题阅读实践活动，将学生在书本中学到的理论知识与实践教学相结合，借助基于生活情境创设的主题阅读实践活动，更好地满足学生对知识的合理应用需求。我们在开展主题阅读实践活动时，可以从文化理解与传承的角度着手，让学生将实践与文化教育相融合，更好地丰富学生的学习体验。

（二）自入学到毕业，鼓励学生自由阅读

在五年的小学学习生涯中，我们尝试通过“阅读100”引导学生走进阅读；在五年的小学校园生活中，我们更希望学生能在这个占地面积不大的空间中享受自由阅读的快乐。35分钟的阅读课堂既有阅读方法的讲解，也有为引导学生自由阅读而腾出的空间和时间。自由阅读是一种教育者的理想境界，即在引导学生读书时“不做什么”或是“不特意做什么”。在没有模式化的文本讲解和指令化的规章要求的教学场景中，根据学生意愿推进学习过程，让他们的阅读有一个

感兴趣“开始”的契机。

作为促进儿童阅读的教育工作者,要清楚地认识到儿童的大脑和熟练的读书爱好者的大脑之间有很大的不同之处。因此,学校在做儿童阅读的这件事情上必须秉承一个原则,即有慢慢等待的耐心,有“听之任之”的随心,有坚持不怠的恒心。只有消除成人以阅读解决问题的功利心,孩子们才会慢慢地在阅读中逐渐爱上读书、学会读书。

[案例]

分阶段开展“故宫的二十四节气”跨学科主题阅读活动

2019 年 10 月,学校给学生推荐了“哇! 故宫的二十四节气”丛书,用了近两个月的时间,引导全校学生进行自由阅读。我们的阅读推进过程有以下几个阶段。

第一阶段:结合课内教学,引导学生在课外尝试自由阅读“哇! 故宫的二十四节气”丛书。此外,学校的校园广播每天中午播放由学生代表诵读上述读本的音频。

第二阶段:如果学生有兴趣进一步了解书中内容,可以鼓励他们再找几本书进行阅读,但不用直接告诉他们应该读什么,目的是让他们进行自我探索。其间,教师鼓励学生在家长的帮助下检索图书、阅读论文,并去书店购买相关图书,但不勉强每一个学生都这样做。

第三阶段:要求学生再一次回读之前阅读过的书籍。重复阅读让部分学生感到无聊,但有的学生坚持后却震惊地发现,具备一定的历史、建筑、艺术、天文等知识后,就会开始注意到书中的一些新东西。

第四阶段:当学生的知识积累到一定程度后,引导他们写周记、日记等,记录自己对故宫建筑和二十四节气相关知识的想法。学生可以自由书写,不用担心文章的好坏。

第五阶段:2020 年元旦,学校借助阅读节闭幕式,组织相关主题的游园会,鼓励学生穿戴具有清朝元素的服饰参加游园。同时,游园会中的所有项目均源于本书的阅读。

图 3-4 “故宫的二十四节气”游园会

第六阶段:项目已经开始并持续了几个星期,教师请学生利用寒假时间完成相关长作业。2020 年 3 月,师生进入线上学习。此时,教师适时引导学生沉下心,在反复阅读的基础上完成长作业。其中,高年级学生作业的一个选项是:写一篇小论文,自定主题,不限字数。

作业设计之初,教师是怀着尝试的心态布置的,但有一小部分学生经过这样的主题式慢读已经对故宫的历史及节气知识有所了解,也做了一些思考,能将书本内容与自我生活和学校主题阅读相结合,写出精彩的内容。最终,学生的优秀作品发布在学校的阅读信息平台上,并获得了奖品《上下五千年(精装版)》。

不是每一个学生都能完成六个阶段的阅读并顺利完成作品上传,因此教师应对作业要求进行分层。复学后,学生们纷纷表示,这种学习方式很有趣,他们变得更喜欢读书了。令人惊喜的是,孩子们的变化不仅体现在兴趣方面,他们的读书量也有所提升。

(案例撰写　陆莉莉)

阅读是一种个性化的行为,因此强制阅读只会让学习的效果适得其反。然而,假以时日的坚持,总能让越来越多的孩子学会阅读,并且在自由阅读中学习思考和获得成长。小学阶段的学生正处于思维能力发展的关键时期,因此在培养学生核心素养的过程中,教师要从尊重儿童的角度出发,对阅读教学组织形式进行合理创新与突破,鼓励学生在探究活动中加深对阅读内容、语文知识的理解。同时,通过思维的有效碰撞,在看似随意的学习活动中促进学生思维能力的发展与提升。

［案例］

阅读，指向生活问题的解决

教师鼓励五年级学生将《去野外——探索大自然之旅》的整本书阅读和学校每年的毕业课程——“GL 印象”相结合，用学习所得为即将到来的佘山野营基地中的野外生存技能训练做准备。在教师的引导下，五年级学生在课内阅读科普书《去野外——探索大自然之旅》，并以小组为单位制作野外生存攻略，通过翻阅书籍、查找资料展开调查与设计，以小组合作汇报的形式呈现研究结果。整个学习过程经历了以下几个阶段。(1)人员分工，合理搭配。在课堂中，教师引导学生自由组合，并鼓励不同小组根据每个成员的不同特长合理分配工作，让每个成员在小组活动中都能有所作为。这样的合理搭配和优化组合，能保证每个小组资源均衡，从而更高效地完成任务。(2)多重比读，知识梳理。教师启发学生阅读包括科普类图书在内的相关读物，并引导他们进行比较阅读。比如，教师基于学生五年来对科普作品的认识和事先对《去野外——探索大自然之旅》的整本书阅读，总结科普作品的阅读角度及相关阅读方法，逐步构建从“这一篇”到“这一类”的阅读路径。(3)提炼信息，用于实践。教师在课前学生已经花时间阅读整本书的基础上，引导学生根据野营中需要完成任务的实际需求对整本书中需要研究的内容进行有用信息的提取，这样的教学能引导学生有针对性地解决生活问题，进而帮助学生在自主解读文本的过程中提高阅读能力。学生阅读之后产生的作品——“野营攻略”“三天两夜野外生活拾趣集”等，也是其在合作阅读中获得能力提升与思维发展的有效证明。

图 3－5　野外生存技能训练

（案例撰写　陆莉莉）

五年时间里,教师在实践中慢慢引导学生了解,阅读是为了今天和未来更好的生活。学生的语文学习与当下的生活发生关联,更是其未来生活中不可或缺的组成部分,因此要从整体出发,着眼于学生学习全过程中的成长:从基础性语言知识的习得入手,在综合性跨学科实践活动中关注学生的语言应用技巧,不断培养学生良好的阅读习惯;在深厚的文化底蕴支撑下,潜移默化地对学生的审美能力、价值观念进行引导。这是聚焦当下阅读教学的基础,也是着眼学生未来发展的追求。

第三节　全域——让阅读自然发生

阅读对一个人的重要性不言而喻。然而不可否认的是,随着电子产品的普及,青少年的课余时间迅速被短视频、游戏和各类社交平台占据。因此,尽管学校在过去的几年中不断通过阅读课程的建设激发学生的阅读兴趣,促使他们养成阅读习惯,但经学校每年一度的问卷统计(从学生和家长两方面征集主观意见),发现学生群体的阅读动机不强,并且随着学段的升高呈下降趋势。

在实际学习生活中,在校园内外、寒暑假期间表示不想读书、读不进书的孩子,除了学业问题外,其社会交往动机、社会化程度同时存在不足。学生在变得越来越不喜欢阅读的同时,还会表现得越来越没有自信,不相信自己能自主阅读、自主学习,不相信自己能达成课程目标和完成挑战性任务,甚至表示不愿意和同伴一起阅读。学生不喜欢阅读的原因有很多,相较于社交平台上的视频、游戏等,读书的吸引力的确大为逊色。阅读特别是整本书阅读,对这部分学生而言是一件十分困难的事情。另有一部分学生表示,(集中在小学中高年段)不喜欢为了完成家长、老师安排的任务而阅读。

在多年的阅读教学实践中,我们深感学校阅读相较于家庭阅读而言,在保护和激发孩子的内在阅读动机方面,如阅读愉悦感、好奇心,及其外在需求动机方面,如通过阅读达成的社会交往、自我学习效能的提升等,都更具实效。因此,学校在打造阅读集群时尤为注重阅读场域的构建,旨在打造自然舒适的空间,让儿童阅读自然而然地发生。

一、校园即图书馆——让阅读与交流随时发生

由于客观原因,城市孩子在社会交往、人际互动等方面相对缺乏机会,因此学校教育应该看到这种“可为”空间,从阅读支持环境入手,打造自然舒适的阅读空间。为了用丰富的图书激发学生内在的阅读兴趣,我们主张将校园打造成一个开放的图书馆,让学生的阅读与交流能在校园里的每一个角落随时发生。这个开放性的图书馆结构同样由“1+X”构成。

主轴“1”:无边界的 GL 图书馆。为了给学生营造良好的阅读环境,2016 年学校把退租还教后的 120 平方米的校园空间“割爱”给学生营建校园图书馆。在这个图书馆里,新书推荐区、电子阅览区、休闲评论区一应俱全,深受学生喜爱。该图书馆以“GL”命名,原因如下:“GL”是学校名称“管弄”的拼音首字母缩写,同时又蕴含“Giving Love”的寓意,希望用一种无边界的爱让孩子们感受到温暖。此外,这种无边界还体现在图书馆的开放时间、服务对象上。比如:早上 7:00刚过,图书馆作为爱心早托班提前开放,邀请居住在学校附近,由于家长过早上班而无人看护的孩子(看护对象多数为家长忙于生计的外来随迁子女)前来阅读;同时,图书馆全天候面向学校师生开放,开放时间与学校晚看护时间同步。在双休日,学校图书馆向社区开放,接待本校和社区内学龄前家长及其幼儿进行公益阅读:一方面使学校图书馆成为家长活动交流、休闲阅读的场所;另一方面建立本校家长教育资源信息库,请部分学生家长进行阅读分享、陪伴。消除 GL 图书馆与教室、学生、家庭、社区的边界,让图书馆的灯光成为社区里的一道风景线,是我们对“1”的美好定义。

“X”空间——各楼面的阅读漂流站。为了让学生在学校里一有闲暇时间就能读到书,学校以“螺蛳壳里做道场”为理念,将教学楼每一层楼面的转角处、校园屋顶花园的休闲区打造成各具特色的阅读漂流站。

每一个阅读漂流站都有其不同的功能特色,如二楼的阅读漂流站以“阳光休闲区”吸引学生,三楼的阅读漂流站则以“视听音响区”取胜。学生们在课余午后、细雨中的阳光下,或三五成群阅读书籍,或一起听音频故事和“GL 好声音”,这成为校园里的又一道风景线。每个楼面的阅读漂流站里摆放的图书都是根据不同学段学生的年龄特点安排的,这些图书既没有做图书馆标签,也没有敲上带有学校标识的图章,任凭学生根据喜好随时随意借阅,但必须遵守“借取一本,归还一本”的原则。在近五年的时间里,除了图书本身的折旧外,漂流站里的图书总量不但没有减少,反而有所增加,因为孩子们习惯将家中已经阅读过的图书带来学校和其他年段的同学共享。此类图书的扉页上往往有该学生的签名(学校鼓励学生写上自己的班级和姓名,经由图书管理员统一消毒后上架)。临近毕业的学生往往更热衷于在扉页上写上一句话用作留念,这既是一种读书人的“浪漫”,更是一种指向社会交往的阅读内驱力,在实践中起到了意想不到的教育效果。

图 3-6　阅读漂流站

“X”空间——各教室的小书虫俱乐部。小书虫俱乐部设立在每个教室的讲台边。尽管学校的教室面积不大,但还是巧妙利用空间营造了“图书吧”和“俱乐部”。学校统一为每个班级配备专用图书柜、读书宣传板、读书成果展示板,并鼓励每一名班主任都能和学生一同创造阅读的智慧,将 50 平方米的教室打造成颇具书香趣味的 MINI 图书漂流站。

“图书吧”的图书成分为两类:一类是学校结合各年级主题阅读的必读书目和选读书目统一配备的图书;另一类是学生把自己喜欢的书带来学校并放在班级的“图书吧”。此外,学校在教室外的走廊上打造了开放型的舒适阅读区,用零散柔软的沙发和靠垫代替整齐排列的桌椅。在晚看护等时段,学生可以在“图书吧”的任意角落以舒适的姿势进行阅读。由于阅读环境相对私密,因此不容易受其他同学干扰,这让学生们对“读书”这件事更有亲近感。

“X”空间——每一个转角处的“TOP 10”悦读排行榜。虽然学校面积不大,但每个楼面的转角处都有本年段“TOP 10”悦读排行榜。这个排行榜包括新书推荐榜和班级阅读量排行榜:左边是新书推荐,介绍图书馆新添置图书的封面和内容概要;右边是根据学校“指尖上的阅读”平台统计生成的学生阅读“TOP 10”排行榜和班级借书量排名前十的学生,这在很大程度上激发了学生的阅读兴趣。

图 3-7 “TOP 10”悦读排行榜

“X”空间——每一个专用室都是主题阅读的综合学习中心。随着教育优质均衡发展的不断推进,学校的各类专用室逐年落成。为了更好地将无边界的理念落实在实践中,学校发挥艺术创新实验室、STEM 创客中心、小剧场、安全体验教室等专用室的功能,将它们和校园图书馆一同变成与学科阅读整合在一起的综合学习中心,促使学生在主题阅读学习中提高学习动力。

综上,虽然校园占地不大,但只要我们用心,处处都可以是阅读之地。学校通过逐年推进环境支持建设,让阅读与交流更广泛地发生在午餐和课间休息时,发生在走廊和操场上。比随时随地能阅读更重要的是,孩子们因为拥有共同的阅读经验而产生了共同的话题,而有更多共同的话题能促进不同年龄孩子之间的社交。虽然读书是个人的事情,但因为读书而引发的口语交际,能在自然发生的过程中给孩子提供双向沟通的良好情绪价值,能让更多孩子喜欢上读书。

二、操场上的暖冬书市——让阅读与交流随处进行

阅读是读者和文字之间的交流和对话,也是一个人精神成长的良方。读书是学校教育的主旋律,因此对基础教育工作者而言,阅读更是学校教育在促进学生社会化发展、提高学生人际交往能力的最佳途径。我们的尝试是从一次暖冬书市开始的。

[案例]

在GL暖冬书市活动中发挥闲置图书的价值

暖冬书市缘起于学校的阅读节。从11月初开始的阅读节中,全校学生通过整合美术课和语文课学习所得参加"GL阅读精灵"的设计评选。一年级学生参与"我听妈妈讲故事"亲子阅读故事比赛;二至五年级学生则参与"GL好声音"比赛。优秀的获奖作品不仅在每天午餐时间通过红领巾广播和全校学生"隔空相见",还成了三楼阅读漂流站"音响天地"里学生们"你点我播"的热门作品。

历时两个月的阅读节闭幕式会给大家带来怎样的惊喜,这让教师和家长们跃跃欲试。12月30日当天正是一个暖冬,冬日的暖阳温柔地洒在学校的操场上,GL暖冬书市活动正在如火如荼地进行着。

为了使学生们家中闲置的图书得到有效利用,为他们搭起一座知识的桥梁,学校在学生们的提议下启动了暖冬书市活动。学生们纷纷把图书捐赠出来,按照新旧程度分类后,获得相应代金券,以此换取自己想看的图书。书市摆在哪里最有意思?有创意的教师把一辆辆白色的小汽车开进了操场,在汽车的后备厢里摆满了事先分过类的图书。

整个操场被分为四个板块,有爱心书屋、流动书摊、互动体验区和民间工艺联合区。有的学生在爱心书屋里爱不释手地翻阅着书本;有的学生在流动书摊上流连忘返;有的学生在互动体验区制作书签、朗读心愿卡;还有的学生则被糖画、捏面人等民俗活动深深吸引,和小伙伴商量着是用手里的"DODO券"换购喜欢的绘本,还是通过"资产重组"换购一个一眼相中的糖画。

在整整一个下午的时间里,操场上都是学生们跑动的身影。随时随地沟通、交流不仅让他们在图书交换活动中交到了更多的朋友,还使他们在校园生活里学会合理地利用闲置图书。

(案例撰写　陆莉莉)

这一年的阅读节是自由、新鲜、有趣的,给师生们留下了深刻的印象。更重要的是,随处可发生的阅读让大人、孩子们的脸上常驻欢颜,我们由此看到了应该努力的方向。因此,暖冬书市的尝试也为教师推进阅读实践打开了思路。

在后续的几年里,学校结合不断变化的生情,在每一届的阅读节中,将阅读与实际生活联系起来,根据学校和学生的实际需求,选择能产生真实有效成果的问题作为阅读主题或任务,进行跨学科主题阅读尝试。比如:2017 年,阅读节的主题是“暖冬书市,与爱同行”;2018 年,阅读节的主题是“百米长卷迎新年”;2019 年,阅读节的主题是“校园寻秦风,书香话新年”;2020 年,阅读节的主题是“故宫的二十四节气”;2020 年,阅读节的主题是“重走丝绸路”;2021 年,阅读节的主题是“跨越山海,奔赴未来”;2022 年,云端阅读节的主题是“阅读上海@你”①。

每年 11 月初,学校都会启动一年一度的阅读节,其中鲜明的阅读主题源于学生的学习生活和阅读体验。历经近两个月的跨学科主题阅读课程的学习,阅读节在这一年的元旦迎新活动中被推向高潮。多年如一日的阅读实践体验也让学校的操场、走廊、专用室等成为学生随时随处可以阅读与交流的地方。

三、“指尖上的阅读”平台——让阅读与交流跨越时空

由于小学生的阅读会受到网络文化的冲击,因此教育者应该清醒地认识到,数字技术对阅读来说不可能只是一种倒退或者破坏。学校教育对学生阅读习惯的养成所要做的应该是善待一切阅读方式,遵从人类阅读认知规律,推动传统阅读与新兴阅读相融合,不要让读书变成读屏;同时,鉴于“互联网+”的时代特征,在引导学生阅读上也不妨做一点融合,通过各种方式让学生明白读屏是为了更好地读书。

基于这样的思考,我们以数字化平台和阅读课程有效整合为手段,以学生阅读为内容,开发了“指尖上的阅读”微信公众平台,旨在通过实践拓展学生的阅读空间,以互联网成就学生阅读的多元对话。

(一) 指尖上的阅读推荐

“指尖上的阅读”通过公众号等进行自上而下的阅读推荐,具体内容如下。一是梳理学校阅读课程中一至五年级必读书目和选读书目的相关课程内容,通过教师创建微视频,结合学校的微信公众平台,对学生、家长进行阅读推荐。二

① 2022 年阅读节的相关主题阅读学习及闭幕式由于疫情原因在线上进行。

是结合少先队德育活动,鼓励学生参与阅读推荐微视频、推文的制作,借此提升学生参与、选择阅读的兴趣。除了各年级的必读书目和选读书目外,学校每周还会通过上述平台给学生和家长推荐书籍。比如:中秋节来临,给孩子们推荐关于节日来历、风俗的相关绘本;随着季节转换,以“明媚的春光下,一起来读书”和“大雪节气里,窝在家里读点书”为主题,给孩子们推荐系列绘本和丛书……在这个阅读平台上,我们将全校学生、家长、教师的数据进行了一一对接。每个学生都拥有自己的“个人中心”,“个人中心”包括“喜爱的书籍”和“收藏的书籍”等。为了更好地引导学生读纸质书,学校只在平台上推荐书籍,却不把全部内容做成电子书,希望借助学生们线上交流的热情,引导他们前往线下图书馆,使其产生真正的阅读行为。“指尖上的阅读”平台旨在引导学生们从“线上”回归“屏外”。随着微信公众平台的推荐,图书馆、阅读漂流站、“小书虫书吧”里的纸质书籍同时上架,等待着孩子们的借阅。

(二)指尖上的阅读分享

通过阅读平台,进行自下而上的阅读分享。教师、学生、家长均可登录平台,交流与分享各自读书后的感受。这样的分享改变了以往课堂教学或读书心得撰写中学生与教师之间的单向交流,使学生与家长、学生与教师、学生与学生之间形成一种多元互动的交流分享模式,如图 3-8 所示。

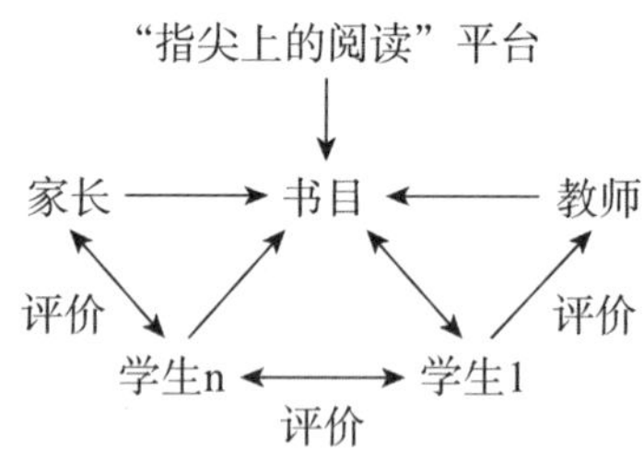

图 3-8　多元互动的交流分享模式

在这个多元交流的过程中,教师、学生、家长的最终目标相同,就是以交流促互动,以对话促分享。基于互联网的背景,学生们能在和别人阅读同一本书的不同感受中获得思维的碰撞;教师们能在全校学生对一本书的不同感受中获得阅读方法指导的灵感,从而更好地调整自己的阅读指导策略;家长们能在无声中走进孩子们的内心深处,了解孩子们的思想与成长。

(三) 指尖上的阅读指导

初级指导是指孩子们阅读书籍的向导。当孩子们通过平台寻找感兴趣的书籍时,如果不能确定内容是否能吸引自己,则可进入"阅读指导"页面,就会出现不同书籍的阅读指导;再点击进入,就可以看到教师提供的"书籍简介"和"阅读指导"。教师会用丰富的语言提示该书的精华所在,激发学生的阅读兴趣。以绘本故事《要是你给老鼠吃饼干》为例,在"书籍简介"中可以看到这样几行文字:"小男孩不过是随手给了小老鼠一块饼干,可这个家伙就得寸进尺了。你给它一块饼干,它就要一杯牛奶;你给它一杯牛奶,它就要一根吸管……你再也摆脱不掉它的纠缠了。"如果学生对上述内容感兴趣,则可点击"阅读指导"栏目,就能得到相应的导读帮助:"在这本书里,因果关系真像是多米诺骨牌一样环环相扣。一块饼干,既是故事的结尾,也是它的开始。孩子们一定会咯咯地笑出声音,一定会缠着大人赶紧读下一页,因为他们想知道小老鼠又要说什么了……大家快到书里一探究竟吧!"这个平台像一位知心的朋友不厌其烦地对孩子们进行导读,目的是激发孩子们的兴趣,使其回归"读书"。

晋级指导是指个性化阅读引导。在传统的线下阅读指导课中,受益者仅是一个班级的学生,而阅读平台上的阅读指导课的学习者范围则更广。我们将不同类型的阅读指导课录制成 5 分钟左右的微课,并呈现在"指尖上的阅读"平台上,鼓励学生、家长甚至是不同学科教师进行观看,借此将阅读指导的受益群体扩大。实践证明,在微课的访问者中,学生家长的账号居多,这说明广大家长急切地想掌握指导学生阅读的方法。从长远角度来看,这有利于营造良好的家庭阅读氛围,也有利于学生养成好的阅读习惯。

与此同时,阅读平台的后台也在不断生成学生们阅览导读的数据。这些数据能精确地指出学生们对不同种类书籍的喜爱度、点评量,从而在下一阶段的阅读书籍导读中推荐两种类型的书籍:对于学生们经常阅读的书籍类型,我们称之为"投其所好"型;对于学生们较少涉及的书籍类型,我们称之为"拾遗补阙"型。网络,让学生的个性化阅读指导成为一种可能。

(四) 指尖上的阅读评价

结合网络统计,发布学生阅读作品的评价,评价内容包括对学生阅读的评价和对阅读课程的评价。我们将阅读分享与学生们的阅读评价挂钩，如结合学生们在阅读时的签到及其对相关书籍的交流与点评，教师、家长均可以“DODO 券”的形式对孩子进行鼓励。与“DODO 银行积分”挂钩的激励机制，则更进一步激发学生们自主阅读的热情。每学期末，学生可以用自己拥有的“DODO 券”兑换相应的奖品。这个奖品可以是物质奖励，如兑换自己喜爱的书籍，也可以是精神奖励，如和最喜爱的老师共进午餐，当一天的校长助理，做一次学校大型活动的主持人，在学校的屋顶花园认领一棵植物……运用各种激励方法的目的无非是希望学生们能在阅读的过程中发现它的美好，从而将阅读作为一种自觉行为。

同时，通过微视频的点击率及微信平台的发布率统计各年级必读书目和选读书目中的 TOP 10，对点击率低即不受学生欢迎的书籍进行排列，分析原因后进行调整，为下一轮阅读书目推送提供依据。

由于本书的第四章会就数字化转型中的阅读教学的新样态——云端链群式阅读教学做具体阐述，本章仅就学生指尖上的阅读空间的开发与使用做简单叙述。

在阅读中自由生长是每一个孩子的权利，而让每一个孩子在愉悦的环境中自由阅读则是激发他们阅读动机的基础和保障。从课内到课外，让校园的每一个角落都能成为孩子们安静、安全、放松阅读和思考之地；从线上到线下，让生活中的每一个转角处都能有充足的阅读内容，让孩子们依照自己的喜好、需求、阅读水平选择自己要读的书籍。无论是对阅读环境的营造和创设，还是对孩子阅读的引导和鼓励，理解和尊重孩子们的阅读需求，支持和保护他们的阅读主张应该贯穿始终。

第四节　全时——阅读时间的有效管理

学校虽然有丰富多彩的课程，但从实践层面而言，学生在校的 8 个小时不可能全部用来读书，因此本节中所阐述的“全时”有两层含义：一是引导学生学习

有效地管理时间,提高学习效率,在学校生活、家庭生活的闲暇时间里能尽量多读书;二是引导学生学会运用学校生活中的所有“边角料”时间,将阅读、交流和沟通变成像玩游戏和做作业一样自然的学习行为,并在日复一日的学习体验中学会时间管理,养成自主阅读的习惯。

时间是人类活动的一种资源,时间资源和智力资源、创造力资源并称为三大主要无形资源。人类文明程度越高,人类实践活动对时间资源的开发和管理水平的要求也会越高,人们在实践的过程中会清楚地感知时间不再是一种不竭的资源,恰恰相反是一种“稀有”资源。[①] 在现实生活中,家长总是抱怨孩子的时间不够用。在学校定期进行阅读情况反馈及原因分析的问卷调查中,学生阅读量不够的原因多数是没有时间。

2021 年 9 月,随着“双减”政策的落地,学校通过各种教学策略的实施来减少机械性作业的占比,做到小学一至二年级没有书面作业,三至五年级语文、数学、英语学科的作业总量控制在 60 分钟内完成。2022 年 3 月,学校严格遵守上海市教育委员会关于作业量的要求,即线上学习期间的作业总量为线下教学的二分之一。在很长的一段时间里,教师在严格把控作业数量和质量的基础上,鼓励学生用节省下来的时间多读书。调研数据显示,近两成的家长表示,学生阅读量不够的原因是没有时间。同时,有较高比例的家长表示,经由学校的努力、教师的鼓励,孩子的阅读量正在逐年提升。以本校四年级为例,2022 年 4 月至 5 月(疫情期间),阅读量超过 10 本(非绘本类书籍)的学生占比近 60%,最高的阅读量达到 50 本。很显然,上述两种情况的差异缘于家长和孩子不同的阅读时间管理。

一、缺乏有效的阅读时间管理

孩子没有时间阅读,主观原因之一是缺乏有效的阅读时间管理。小学阶段尤其是一年级刚入学的学生,在生活和学习中普遍存在“缺少时间观念,注意力不容易集中,做事(完成学习任务)拖拉,生活缺乏条理,不注重整洁”等现象。虽有年龄特点和家庭环境的影响,但关键还是在于他们自己。针对学校近 20%

① 潘劲松.时间管理的诀窍——时间管理工程学[M].沈阳:辽宁科学技术出版社,1986.

表示没有时间阅读的学生进行具体分析，不难发现他们在阅读时间管理上有以下共性。

一是缺乏阅读时间管理的意识。大多数学生没有时间管理概念，他们在学习中长期处于被动状态，认为学习就是完成老师布置的任务；回家以后，作业不多就先玩一会儿，作业太多就边做边玩。有部分学生表示，自己也想看课外书，但是，即使自己完成了作业，家长还会再布置一些家庭作业，所以他们会放慢完成作业的速度。长此以往，自然没有可以阅读的时间。

二是缺少阅读时间管理的方法。部分学生能认识到时间的重要性，希望能有效地利用时间读书，但是缺少具体的方法指导，不知道如何科学合理地分配时间；加上家长反复催促，批评或责怪他们动作太慢，时间一长，学习效率也会越来越低。

三是缺乏自控能力。有的学生在家长和老师的提醒下明白了阅读时间管理的重要性，也在老师的指导下制订了阅读计划，但是他们在执行计划时易受外界干扰，难以自控，因此容易处在“制订计划—未能执行—后悔自责—调整计划—又受到干扰”的循环状态中，最终导致放弃原有的计划，也会对其未来的成长造成影响。

二、学思结合，知行合一

基于上述分析，我们从校内、校外两个层面总结出一些能有效提高小学生阅读时间管理能力的策略，希望他们能主动学习使用这些策略，在“全时”阅读中不断成长。

（一）每日三读

有效的阅读时间管理，始于学生在校学习生活期间的体验和感受。为了充分运用学生在校的闲暇时间，让他们在劳逸结合中学会阅读、享受阅读，学校安排了早、中、晚三个阅读时间段：“晨间漫读”“课中精读”“午后泛读”。以一年级第一学期的阅读安排为例，表3-7是这个年段学生校内阅读的具体安排。

表 3-7　一年级第一学期校内阅读的具体安排

综合单元	课文篇目	晨间漫读	课中精读	午后泛读
识字第一单元	识字 1　天地人 识字 2　金木水火土 识字 3　口耳目 识字 4　日月水火 识字 5　对韵歌	《唐诗三百首》(选读)	《小魔怪要上学》[法]玛丽·阿涅丝·高德哈,[法]大卫·派金斯	"GL 好声音"优秀作品
拼音第二单元	拼音 1　a o e 拼音 2　i u ü y w 拼音 3　b p m f 拼音 4　d t n l 拼音 5　g k h 拼音 6　j q x 拼音 7　z c s 拼音 8　zh ch sh r	《唐诗三百首》(选读)	《大卫上学去》[美]大卫·香农	"GL 好声音"优秀作品
拼音第三单元	拼音 9　ai ei ui 拼音 10　ao ou iu 拼音 11　ie üe er 拼音 12　an en in un ün 拼音 13　ang eng ing ong	《日有所诵》	《有些时候,我特别喜欢爸爸》[法]阿诺·阿梅哈,[法]侯邦	"GL 好声音"优秀作品
课文第四单元	课文 1　秋天 课文 2　小小的船 课文 3　江南 课文 4　四级	《日有所诵》	《一年级的小豆豆:注音全彩美绘版》　狐狸姐姐	《淘气包埃米尔》(听读版)
识字第五单元	识字 6　画 识字 7　大小多少 识字 8　小书包 识字 9　日月明 识字 10　升国旗	《小熊过桥》	《君伟上小学:1 年级鲜事多》王淑芬,赖马	《淘气包埃米尔》(听读版)
课文第六单元	课文 5　影子 课文 6　比尾巴 课文 7　青蛙写诗 课文 8　雨点儿	《小熊过桥》	《洋葱头历险记》[意]贾尼·罗大里	《大秦帝国》(听读版)

（续表）

综合单元	课文篇目	晨间漫读	课中精读	午后泛读
课文第七单元	课文 9　明天要远足 课文 10　大还是小 课文 11　项链	《论语》（选读）	《大个子老鼠小个子猫》　周锐	《大秦帝国》（听读版）
课文第八单元	课文 12　雪地里的小画家 课文 13　乌鸦喝水 课文 14　小蜗牛	《论语》（选读）	《亲爱的笨笨猪》杨红樱	“GL 好声音”优秀作品

晨间漫读。为了满足每一个学生家庭看护的需求，学校的“GL 早托班”早上 7:20 就向有需要的学生开放了。早上 8:00，全体学生走进校园，在悠扬的古筝曲中或是诵读名言，或是漫读唐诗。每个年段由教研组精心挑选适合该年段学生年龄特征的中华经典文学作品，再让他们大声诵读。每天 20 分钟左右的时间，假以时日地坚持和累积，这样有利于学生们养成晨起阅读的好习惯。

课中精读。在语文课中，学生们在教师的引领下，用“1+X”的方法学习阅读，结合学校推荐的必读书目和选读书目，在有限的时间里进行拓展阅读。教师在课堂内引导学生选择阅读内容，掌握阅读方法，用链式阅读法尝试自主阅读，将课内习得的方法迁移到课外，享受阅读的乐趣。虽然各年段教师有时会带领学生带着任务进行主题阅读，但更多的时候是让学生随意翻看、自由泛读，并在课堂结束前组织学生自主提问、自由交流：这一本书讲了什么？哪本书更有趣？哪段话让自己深受启发？这种“不做什么”的阅读课，既没有固化的文本讲解，也没有指定的内容要求，却最受学生的欢迎。看似散漫的阅读课堂，恰恰为学生的自主性和兴趣腾出了空间。在相互交流中，学生们有理解的深化，有沟通能力的提升，更有视野的拓展，他们的收获有时会超越“刻意”的解读和方法指导。

午后泛读。在午后的时光里，阅读又成了一件趣事。午间阅读分成“就餐听读”和“自由阅读”两种。

就餐听读是指边吃午餐边听读本，即在学生享用午餐的同时，红领巾广播同步推送精神午餐。听读的内容每月更新，可以是学生们录制上传的“GL 好声音”，也可以是受学生欢迎的故事类广播作品。每年阅读节，学校会鼓励学生将

自己喜爱的阅读作品录制成音频，参与“GL 好声音”的角逐。学生们既可以自己朗读喜爱作品的片段，也可以和父母进行亲子朗读以及和老师进行师生合作朗读。如 2021 年庆祝建党 100 周年之际，学校的党员教师和学生们合作完成了 100 个党史小故事的“GL 好声音”录制，受到全校师生的欢迎。每当听到广播里播放自己上传的“GL 好声音”时，学生们的脸上总会不由自主地流露出喜悦和自豪感。

此外，学校也会根据每月阅读排行榜的阅读量给学生推荐一些有声读物：有时是童趣十足的《淘气包埃米尔》《长袜子皮皮》；有时是受到中高年级学生欢迎的“课外侦探组”系列校园侦探小说；有时是与当届阅读节主题相关的历史故事，如《大秦帝国》《丝绸之路》……这些有声读物一般都是出版社邀请著名的配音演员诵读的，既在很大程度上丰富了学生的精神世界，也从另一个侧面做好了阅读推荐，如部分没过瘾的学生往往会到图书馆、流动书吧里借阅相关书籍。因此，听读也在一定程度上推进了阅读。

除了让学生听读外，教师也鼓励他们在和煦的阳光下“窝”在教室的阅读角或每层楼面的阅读漂流站，和最亲密的小伙伴分享阅读。为了让学生有更多的阅读空间，学校将原有的办公室区域打通，将教学楼五个楼面中阳光最好的一块地方打造成阅读角。每天中午，学生们三五成群地静静阅读。一个个午间休闲时光，在学生们的书读百遍中变得有趣而难忘。经验告诉我们，自由阅读是提升学生阅读动机的基础，一切其他形式的阅读都应在它的基础上产生和生长。这种建立在尊重学生基础上的自由阅读，也是“居家三读”的重要形式。

除了晨间漫读、课中精读、午后泛读外，还有许多阅读行为浸润在学生们的校园生活里。

比如，晚看护时光里的阅读。“双减”之后，学校提供晚看护服务，学生们在学校的时间变得更长了。对父母都是双职工且上班时间较早的学生而言，他们早上 7:30 左右就会被父母送进学校，晚上会在学校参加完最后批次的晚看护，每天的在校时间接近 10 个小时。因此，这么长时间的在校生活要依靠主动阅读来充实。每天下午 3:30 以后，学校里处处都有完成作业、参加完社团兴趣班之余，三三两两走进图书馆、“窝”在各楼面阅读漂流站里自由阅读的学生。专心致志阅读时，时间总是过得特别快，也相对缩短了学生在校园生活中的时间。引导学生利用完成作业后的时间读一些自己喜欢的书，也成了教师培养学生时间管理能力的良机。

又如，时序更替中的阅读。每年新年前后，学校都会开展阅读节。与平日的自由阅读不同的是，在这段时间里，教师总会给学生推荐一些有意思的阅读作品，鼓励大家多读书。

［案例］

了解秦文化，走进秦文化

2018 年底，学校借当年度的阅读节给全校学生推荐了《大秦帝国》和《秦朝一统》两本书。学生在阅读中了解秦文化，走进秦文化……每天中午，学生边吃午餐边听故事；每天的语文课、阅读拓展课上，教师和学生一起走进秦文化，感受读书明史的有趣和好玩。元旦迎新庆典当天，教师为学生创设了“寻秦记”主题阅读游园会，各年级学生身着秦朝服装并穿梭在各展位前。

比如：“稚子曰秦语”，在成语故事中学习秦典故；“灯火聚秦园”，在灯谜游园会中了解秦风俗；“孔方识大秦”，在游戏中了解货币演化的历史；“翰墨展秦风”，学写小篆，走近秦文字；“秦舞鼓乐坊”，起舞击鼓，欣赏秦风乐曲；“妙笔绘秦服”，从服饰穿搭入手，学习秦礼仪；“砖瓦皆有秦”，拼搭长城、阿房宫模型，知晓秦朝的建筑风格；“大秦竞技场”，玩一玩投壶游戏，共享秦娱乐……身临其境式的主题阅读活动使阅读从平面走向立体，让学生们获得更多元的阅读体验。在这样的情境中，教师及时引导、鼓励学生积极交流，大胆表达自我。在教师的积极引导下，学生基于情境产生更深刻的学习感悟，在学习过程中自然而然地学会如何运用语言，为日后的阅读兴趣提升及学习发展奠定基础。

（案例撰写　陆莉莉）

在日复一日的“每日三读”中，教师引导学生在不知不觉中发现，原来校园生活中的每一个“边角料”时间都是阅读的好契机。我们认为，学习阅读时间管理最忌说教，因此要引导学生慢慢感知“读书是休闲养生的好方式之一”。

（二）居家三读

实践表明，学生合理有效地安排自己学习时间的能力是其基本学习素质之

一。同理，学生对个体阅读活动的自我意识、自我监控及自我调节的策略和技能是其阅读能力发展的内在心理机制之一。由于学生更多的阅读活动发生在校园生活之外，因此教师可以尝试通过“居家三读”引导他们对阅读时间进行管理。

一是营造无干扰的阅读环境，保证孩子的自由阅读。我们只要给孩子们提供以下条件，他们就能开始自由阅读：有充足的自由阅读时间，可以让孩子们按照自己的速度、进度决定阅读进程；有充足的阅读内容，可以让孩子们按照自己的需求、爱好和水平选择阅读；有不受干扰的阅读环境，可以让孩子们安全、安静、放松地阅读和思考。

尊重学生们的阅读应从不随意打扰他们的阅读开始，而固定的阅读区域不但能促进学生快速进入阅读状态，而且有利于学生养成学习、生活、阅读的条理性，有利于学生保持阅读的专注性和持久性。因此，我们主张每个家庭至少能为每个孩子提供一张独立的书桌和一个书柜，桌子上除了必要的学习用品外，书柜里除了书籍外，尽量不要有其他杂物。此外，有条件的家庭可以让孩子在书房学习。书房的布置必须与学习功能相匹配，不能兼具娱乐功能。家庭成员可以经商议确定一段相对固定的阅读时间。在这段时间里，家长要做到不因任何生活琐事打扰孩子，同时尽量能一起参与自由阅读。这样能让孩子明白在规定的阅读时间里不能做与阅读无关的事情，读的时候就要专心地读，玩的时候再尽情地玩。坚持一段时间后，家长要引导孩子们发现，高效率的阅读是节约时间的关键，专心致志能事半功倍。

二是引导孩子制订可行的阅读计划并加以落实。教师通过观察发现，部分学生缺乏阅读时间管理能力，集中体现在对学习时间的规划上。虽然学生的外在学习行为表现各有差异，但不能很好地计划学习时间、统筹安排学习活动是他们始终觉得学习时间不够用的主要原因。因此，帮助这些学生学习制订计划并能很好地落实计划是有效进行课外阅读的重要保证。

教师先以课程标准为依据，从教学目标出发，根据各年龄段学生的实际需要、接受能力、欣赏水平、兴趣爱好和年龄特征等，结合课内阅读教学、作文教学，制订一份详细具体、切实可行的阅读计划，再根据不同学生的学习基础，指导他们制订个性化的阅读计划。这份计划可以包括阅读书目、阅读进度、阅读形式、阅读目标、阅读地点等，也可以根据学生自己的喜好进行调整，以配合后续的计划落地为评价标准。

表 3-8 阅读计划示例

阅读书目	阅读进度	阅读目标	阅读形式
《上下五千年》 林汉达,曹余章	3 月 13 日—4 月 15 日	用自己的方法自由阅读,并在课堂上和伙伴交流读后感受	居家线下阅读(个人阅读,喜马拉雅 App 听读,集体交流)
《垃圾不见了》 李萍,小良	4 月 18 日—20 日	用图文对照法阅读,读后共同参与"如何实现居家期间生活垃圾的分类减量"的主题讨论	居家线下阅读,线上讨论学习(小组合作阅读)
《总有一天会长大》[挪]托摩脱·蒿根	5 月 1 日—5 日	结合三年级下册第六单元的写作要求,练习写作《总有一天会长大》	居家线下阅读,线上展示交流(个人阅读,写作交流)

阅读计划的落实要做到以下两点。首先是明确阅读方法。有了一定的阅读方法的积累,学生才能在自由阅读的过程中较为顺利地进行有序阅读。教师可以给不同年龄段的学生推荐以下方法:图文对照法是指借用绘本,观察景色或人物神态,朗读相应的句子或段落,加深对内容的理解;思维导图法是指根据课堂中习得的基础知识,鼓励学生自行绘制思维导图,梳理文章脉络,理解文章内容;批注法是指在阅读的同时用各种不同的符号在文章中进行批注,在"读—注—悟"中提高阅读能力;朗读法是指在大声朗读句、段、篇的同时探寻文字背后的深层意义;比较法是指比较一篇文章(一本书)中前后的相似之处或不同之处,体会事态的变化,加深对内容的理解。同时,也可以将课外阅读内容与所学课文进行比较,在拓展阅读的同时学习文章的写作特色。

其次是科学合理地分配阅读时间。对于阅读能力较强、自觉性较强的孩子,家长和教师应该引导他们学习自主管理时间,以保障阅读计划的完成。"番茄钟时间管理方法"是一个很好的借鉴方法,这是弗朗西斯科·西里洛于 1992 年创立的一种时间管理方法。他认为,一个人的精力总是有限的,整天保持高效率和集中注意力是不可能的。因此,番茄钟时间管理方法的基本原理是劳逸结合和合理安排时间,完成最紧急和最重要的事情。

虽然这个方法经常被用于成人的时间管理训练,但我们在小学生中试行后发现同样有效。2022 年冬季,学校再一次转为线上教学,一年级有三个学生由于家庭原因申请入校看护。线上教学不同于线下教学,午饭后有近 2 个小时的休闲时间,因此学生们在护导教师的引导下开始了“番茄钟时间管理方法”的尝试。在阅读前,教师引导学生以半小时为单位划分番茄时间,一个番茄钟即阅读 25 分钟之后,休息 5 分钟;每四个番茄钟结束后进行大休息,时间为 15—20 分钟。如果某个番茄钟被中断了,则从下一个 25 分钟重新计时,完成一个新的番茄钟。在最初的实验中,一年级学生很难坚持连续阅读四个番茄钟,但只要教师支持、鼓励,他们就能从连续两个番茄钟渐渐延展到三个番茄钟、四个番茄钟……克服外在和内在的打扰,提升专注力,从一个番茄钟开始试行,慢慢累加,这三个学生培养了较好的阅读习惯。同时,家长反映,他们完成作业的速度也加快了很多。实践证明,有效的时间管理同样能为以后的高效率学习打好基础。由于孩子们的阅读基础各不相同,因此对于阅读基础较为薄弱、自觉性较差的孩子,家长和教师应该给予更多的督促和陪伴,用目标激励法、榜样鼓励法等帮助他们落实阅读计划。

三是引导孩子质疑、反思和总结。“学而不思则罔”,只阅读而不思考、不质疑,阅读只能流于表面。因此,我们引导孩子明白读书的目的不只是获得知识,而是让他们拥有一颗会思考的脑袋。思考往往是从质疑开始的,因此对于孩子提出的任何问题,教师、家长都要设法正面回答或是共同寻找答案。综上,读书的真正目的是让孩子用自己的批判性思维看待世界,用自己的创造力改造生活。

人类文明已经进入加速发展时期,人们对时间的理解和利用正在发生巨大的变化。认识和科学管理时间是现代和未来人类生存的基本素质之一。从儿童时期开始,以阅读时间管理对孩子进行有序的引导是必要且可行的。从短期目标而言,儿童在掌握阅读时间管理方法的同时也能提升学习效率;从长期目标而言,养成良好的阅读习惯、学习习惯是终身学习的基础。康德曾说:“真正的自由不是随心所欲,而是自我主宰。自律即自由。”对孩子的未来成长而言,要获得生活和学习的高度自由就必须高度自律。

我们这样做的目的是帮助学生认识到只要对时间进行有序管理,属于自己支配的阅读时间、学习时间、玩耍时间就会越来越多;如果能根据自身情况制订阅读计划并持之以恒地围绕目标进行落实,就能不断在阅读中有新的发现,不断体验学习上的成功。

综上所述,“全时”阅读并非让孩子把所有的时间都用来读书,这既是教育者当下对孩子的引导和追求,又是对孩子未来成长的愿景和期望,需要学校和家庭一以贯之地坚持和努力。

第五节　全员——人人都是阅读促进者

有了好书,要想真正读好用好,就要掌握科学的阅读方法。懂阅读的教师,才能真正激发学生的阅读积极性,引导他们把书读好。美国教育记者娜塔莉·韦克斯勒指出,背景知识的差距是孩子们阅读水平差异的重要原因之一。比如,一个懂足球的孩子和一个不懂足球的孩子一起站在操场上观看并聆听老师讲解一场足球比赛,能不能听懂更多取决于他们熟不熟悉足球这项运动,而不仅仅是阅读能力。很多研究发现,藏书多的家庭、经常出去旅游的家庭、父母长辈更愿意和孩子进行谈话交流的家庭……来自上述家庭的孩子阅读能力往往会更好一些。根据实践调查统计,家庭的经济差距造成了部分孩子的阅读能力差距。幸运的是,学校正是缩小这个差距的场所。

提升孩子阅读能力的途径有很多,如设置适合学生成长的阅读课程,提供大量可以阅读的时间、空间、书籍,培养阅读引领者。

一、跨越学科界限

实践证明,阅读教学和阅读推广绝不仅仅是语文教师的专职。对每天在各门学科、各类课程中徜徉的学生而言,学校里每一门学科的学习都是最便捷进行阅读实践的良机。科学、艺术、数学、信息技术等学科,不仅给学生提供了题材、内容各异的教材文本,还对很多生词、新概念下了定义。当前中小学教材都是依照教育部颁布的课程标准,将各科教学内容进行系统性编排,供学校师生使用的教学资源。这些材料基于学生核心素养的养成,具有科学而严谨的知识体系。然而,当前小学基础性学科教学实践中教师对学科教材的使用存在“备课精加

工”之后的碎片化现象,除了语文、英语等文科类学科教师外,许多教师在教学过程中疏于引导学生对教材本身的阅读。上述教学方式错过了学生通过自我阅读教材构建学科知识体系的能力培养的关键期,导致学生的自我学习能力低下,不利于学生基础性学习能力的提升和终身学习能力的养成。基于上述思考,学校教师在全员推进阅读的实践中按学科分类进行了不同的尝试。

(一) 文科类学科教师——基于英语学科特征的拼图模式阅读教学研究

英语学习和其他任何一门语言学习一样,大量的阅读有助于听、说、读、写等语言技能的提高。对公办学校的学生而言,英语阅读是英语学习的难点之一,课堂内有限的英语阅读教学时间是他们学习英语阅读的全部。由于学生与学生之间差异较大,在有限的课堂教学时间里,教师往往无法全面地顾及每个学生,同时学生缺乏一定的阅读技巧训练,阅读能力的提高就会变得缓慢。久而久之,他们对英语阅读丧失了积极性,最终导致学生之间的阅读水平差异越来越大。

为了改变这样的现状,英语学科教研组进行了“基于学习者差异的小学英语拼图模式阅读教学的实践研究”。[①] 20 世纪中后期,美国著名学者埃利奥特 · 阿伦森提出拼图教学模式。这是一种极具价值的教学模式,几乎适用于所有书面材料的阅读教学,尤其是较为复杂的书面材料的阅读教学。

拼图模式源于一种拼图游戏,即把零散的部分拼成一幅完整的图画,这种游戏可以锻炼人们的记忆力、分析推理能力和动手能力。拼图模式阅读教学是指将拼图游戏中的科学理念融入阅读,把阅读材料分成几个部分或分解成几项任务,引领学生开展合作式学习,在合作拼图的过程中发展学生的语用能力和高阶思维能力。教师基于学生在英语阅读现有水平上的差异,尝试通过合适的分组机制,为学生提供合适的阅读材料;借助拼图阅读的方式,通过不同基础水平学生的合作阅读,使每个学生的英语阅读素养都能有所提升。同时,教师从以下几方面进行了有效的实践探索:适用于拼图的文本再构、课堂阅读分组的原则与合作方式、小组学习任务单的设计等。

---

① 该课题是对上海师范专科学校附属小学的杨婷老师负责的“小学高年级英语故事教学中使用拼图合作模式的实践研究”这一课题研究成果的推广及应用。

［案例］

小学英语阅读教学中拼图模式的运用

——以牛津上海版小学英语五年级上册“Wind”单元第四课时教学为例

一、教学过程

本课教材内容主要讲述4个小动物为了听到风的声音而用不同的材质制作风铃，这一内容较为适合运用拼图模式开展阅读教学。教学步骤如下。

1. 主题导入，集体学习

用PPT进行情境导入，在原有文本的基础上，补充开头，使故事更具完整性。创设情境，让学生们带着问题进入后续学习。

They are good friends.They live in the forest. They always play together and help each other. One day, the wind blows strongly and they fly the kites happily. The animals want to hear the sound of the wind. What do they do?

（教学说明：通过问题的提出，让学生们有兴趣进行讨论，带着话题进入分组学习。这样有利于调动学生的学习兴趣和积极性，为下一步的阅读教学顺利进行做好铺垫）

2. 组内合作，互动学习

教师将阅读材料分成4个部分，并将全班学生分成8组，每组4位成员，分别担任以下4种角色：host（主持，由学习能力处于中等的学生担任，职责是组织小组成员完成同一语段的学习）；reminder（提醒者，由学习能力水平最弱的学生担任，职责是督促小组成员尽量使用英语交流）；assistant（辅导员，由学习能力水平最强的学生担任，职责是帮助和指导组内学生完成学习任务）；determiner（决策者，由学习能力水平一般的学生担任，负责引导小组成员用何种方式完成学习任务）。此时，组内4位成员学习同一语段，掌握语段中的词汇、句意，并完成相应的理解性问题。

3. 组间合作，交流学习

S组内每位成员完成了片段阅读之后，对学生进行第二次分组。S组的学生带好相关阅读材料到D组中，此时仍为4人一组，学生角色不变，但4人所拿材料各不相同，是这个故事的4段文本。D组的每位成员都完成了原来S组的内

容阅读,然后在D组里交流讨论。

(教学说明:在这一过程中,不同组员在各司其职的基础上,将原有阅读材料带到D组,在交流学习中较好地掌握了4段文本的内容。此时的课堂犹如被打乱的拼图,但是乱中有序。组员之间的合作是为了下一步的组内信息重组)

4. 组内整合,梳理脉络

在D组中的4位成员互相学习4段文本之后,小组成员间展开讨论,通过交流得到的信息,将4段文本进行组合排序,梳理故事的脉络,并进行汇报。在汇报的过程中,每个成员都要发言,部分小组在汇报时还进行了表演。

(教学说明:在小组汇报时,教师发现和以往的传统阅读方式相比,学生们的学习积极性很高,都抢着要汇报,因此阅读这件事变得更有趣了。这正体现了拼图模式要达到的效果:缩短学生之间的差异,让每个学生都能在阅读中获得愉悦感;同时,在小组互助模式的引导下,让每个学生的阅读能力都有一定的提高。此时的课堂又成为一幅重新组合复原的拼图)

5. 检查反馈,共同讨论

教师在学生们组合的文章中选择两幅情节不同的拼图进行检测,通过判断题和问答题等形式了解学生是否真正掌握文本的含义。在此基础上,引导学生进一步思考讨论“Why does Little Pig not like the sound of the wind”,给整篇文本补上一个结尾。

(教学说明:学生自主完成阅读任务后,教师必须当堂检测学习成果,即进行当堂反馈。当堂反馈除了是巩固和检验所学知识的手段外,同时也是拓展学习空间的手段。教师可以通过设计多种活动,对认知目标和知识目标进行进一步的检测)

二、教学反思

1. 发挥自我潜能

本课是运用拼图模式开展阅读教学的一个缩影。在传统英语阅读教学中,学生的学习方式多为接受性学习,这种学习方式严重影响了学生的学习主动性。拼图模式阅读教学不仅能开发学生的潜在能力,还能激发学生的学习积极性。最重要的是,这种教学方法培养了学生的自主意识,让学生更愿意成为依靠自我、发挥自我潜能的学习者。

2. 促进同伴互学

在拼图模式阅读教学中,为了最大限度地获取信息量,学生之间是相互依存的。在这个教学模式下,经过两轮分组,学生有平等的机会参与讨论发言和分享。特别是在第二次重组后,学生有更多的机会把在第一轮讨论中获得的重要信息分享给同伴。因此,每个学生都有需要向同伴学习的地方。这样一来,既可以减少学习共同体中因身份差异而带来的交流与合作障碍,也可以加深学生对学习内容的理解,发挥团队对个体的促进作用。

3. 缩小学生之间的差异

拼图模式阅读教学适用于学习水平有一定差异的学生群体,它为缩小学生间的阅读学习差异性提供了一种解决途径。教师在进行小组分配时,可以以此为依据,将能力较弱的学生与能力较强的学生搭配在一起。对于同样的阅读材料,每个人的视角不同,能得到的信息也会不同。另外,这种教学模式可以使教师依据学生的水平,给出合适的阅读材料,从而使学生在整个教学环节中不会觉得无聊乏味。

4. 学会团队合作

在完成任务的过程中,学生要不断地和他人交换信息以完成任务,也要通过小组讨论获得完整的文章,确定文章的主题,解决阅读技能训练的问题。学生的自主合作学习是他们完成学习任务的唯一途径。信息差是促使学生学习的重要因素之一。拼图模式就是有意识地制造信息差,而要补足这些信息差,学生就得认真内化已有的信息,把握文段之间的内在联系,做出合理猜测。在一次次的猜测和现实的碰撞中,学生就能构建起完整的语篇。

随着语言的进一步深入学习,英语阅读是语言学习的一项重要技能。语言心理学认为,阅读是从文字系统中提取信息的过程。阅读的目的是培养学生有效地获取书面信息的能力及对此信息进行理解、分析、推理和评价的能力。阅读课旨在促使学生有步骤、有条理、系统地学习语言材料,其目标在于通过阅读语言材料,培养学生提取信息的能力,使其逐步养成良好的阅读习惯,掌握一定的阅读策略。通过阅读,学生的词汇、句型和语法等语言知识逐渐丰富和完整起来,对这些知识的理解也更为准确和深刻。因此,拼图模式下的阅读课给课堂教学带来了活力,也带来了无限可能。

(案例撰写　徐玉峰)

（二）理科类学科教师——以数学阅读促进学生问题解决能力提升的实践研究

布龙菲尔德说:“数学不过是语言所能达到的最高境界。”斯托利亚尔则认为:“数学教学也就是数学语言的教学。”语言的学习离不开阅读,随着社会的发展、科学技术的进步,仅具备语文阅读能力的社会人已明显显露出能力不足,如看不懂某些产品的使用说明书,看不懂股市走势图……在小学阶段,培养学生的数学阅读能力有着重要而现实的意义,其独特作用甚至是其他教学方式所不可替代的。

随着教育教学改革的不断深入,新课堂、新形式层出不穷,但是数学课本却被闲置,学生在一节数学课中不翻开课本的现象似乎司空见惯,取而代之的是现代化教学设备的展示。数学教学在绝大多数情况下是由教师把教材中的精髓挖掘出来,再通过自己的理解教给学生,因此绝大多数学生是被动接受和理解知识的。数学课本通常仅被当作习题集,即使教师布置了阅读数学课本的作业,学生也只是蜻蜓点水式阅读,既读不出要点,也读不出字里行间所蕴藏的精髓,更读不出问题和自己的独到体会及创新见解。事实上,教科书上的语言都是经多轮审核后的规范用语,对于学生深入理解句子、增加背景知识、熟悉书面用语都有很大的帮助。长此以往,在数学教学中依托教材提升学生的阅读能力,在阅读能力提升的过程中其基础性学习能力无疑是被忽略了。鉴于上述原因,数学教研组开展了以数学阅读促进学生问题解决能力提升的实践研究。

[案例]

以数学阅读促进学生问题解决能力提升的实践与思考

数学阅读是学生个体根据已有的知识和经验,通过阅读数学材料建构数学意义和方法的学习活动,是学生主动获取信息、汲取知识、发展数学思维、学习数学语言的重要途径。数学阅读过程同一般阅读过程一样,也是一个完整的心理活动过程,包括语言符号(文字、数学符号、术语、公式、图表等)的感知和认读、新概念的同化和顺应、阅读材料的理解和记忆等各种心理活动因素。同时,它还是一个不断假设、证明、想象、推理的积极能动的认知过程。

数学阅读能力是指完成阅读任务的复杂的心理特征的总和,是领会数学阅读中文字语言和符号语言、图形语言的相互转换，形成数、形、意相结合的思维模式，包括语言理解能力、语言转换能力、语言表述能力、概括联想能力、有效猜测能力、直觉创新能力等。在教学过程中，教研组成员通过行为研究法，从以下策略入手进行了探索与实践。

一、创设生活情境，激发阅读兴趣

陶行知先生说："生活即教育。"生活是数学的源泉，教师要在教学中把生活情境呈现出来，引导学生从情境图中获得信息，从而让学生产生阅读兴趣，进行充分阅读，并结合自己的生活经验，学会用数学的眼光观察和认识周围的事物，用数学语言表达与交流，从而解决一些简单的实际问题。学生有了阅读兴趣，就能从机械阅读转向意义阅读。为此，在数学教学中，教师必须根据教材特点、学生年龄特征和个性特点，以教材为载体，创设问题情境，让学生从"要我读"转变为"我要读"。

在三年级上册"有余数的除法"一课中，教师创设了如下情境：学校组织同学们去春游，有21个小朋友要划船，每条船最多坐4人，至少要租几条船才够？先让学生通过阅读明确已知条件和要解决的问题。在这样一个真实的情境下，学生的兴趣被充分调动，感觉是在为自己解决问题。学生们经过充分讨论，最后出现两种答案：5条和6条。坚持需要6条船的学生解释："5条船只能坐20人，难道要把多出的那个人扔到水里吗？"这样的叙述不禁让人莞尔一笑，但也充分表现了他们的思考过程。通过问题情境的创设，学生明确了探究目标，并产生了强烈的探究欲望。学生通过阅读获得信息，又通过独立思考进行交流反馈，自己发现和解决问题，其阅读兴趣、阅读能力在学习中得到提升。

二、根据学习内容，选择阅读时机

所谓阅读时机，是指在教师的合理引导下，促使学生进入最佳的学习状态。如何巧选阅读时机，这与教学内容密切相关。一般来说，对于较易理解的内容，可以安排在教师讲授前阅读，以培养学生的独立阅读能力和独立思考能力；对于相对较抽象、费解的内容，可以安排在教师讲授过程中阅读，以培养学生攻坚克难的能力；对于知识连贯性、系统性强的内容，可以安排在课后阅读，以培养学生的概括判断能力和综合分析能力。以下是我们在课堂教学中的实践。

学前：巧设疑问，引导学生阅读。课本上数学概念、规律等的表述对学生来

说比较枯燥,不易理解。教师在指导阅读时,要巧设疑问,让学生带着问题阅读,并在阅读中发现问题、提出问题。但所设问题要有层次性和启发性,要贴近学生的最近发展区。同时,要鼓励学生标新立异,学会从不同角度思考、质疑,养成爱问、好问、会问的阅读习惯。在“角的认识”一课中,当学生阅读了画角的基本操作步骤后,教师鼓励学生根据教材中规定的步骤先画一个角。学生画好后,教师再提出以下问题:画角时,点对齐和边对齐指的是什么?同学们画出来的角大小各不相同,那么什么情况下画出来的角较大,什么情况下画出来的角较小?看量角器上的刻度时应注意什么?最后,要求学生画指定大小的角。反复进行这种读练结合的教学,会使学生在潜移默化中逐步养成带着问题阅读的良好习惯。通过以疑导读的方式,激发学生的阅读兴趣,培养学生的发散性思维。

学中:合作交流,促进学生阅读。数学阅读不同于语文阅读,更强调效率及思辨性。在阅读过程中,组织学生从不同侧面、不同角度对所学知识进行联系与拓展,让学生在思考和讨论的过程中发现问题、解决问题,进而提高认识并将所学知识进行内化。这种阅读法尤其适用于数学概念和数学规律教学,能更好地促进学生主动阅读,提高数学阅读的有效性和思辨性。如在“分数的意义”一课中,教师鼓励学生在课前通过自读课本,根据自己对分数的理解创造一个分数。在课堂学习时,教师让学生先在小组里交流阅读学习的结果,同时出示如下活动要求,引导学生讨论互动:(1)结合实物或图形,把你在阅读中了解到有关分数的知识讲给小组同学听;(2)根据理解,利用自己手中的学具分一分、折一折、涂一涂,看看你们小组会有什么新的发现;(3)把你在学习过程中不懂的问题和小组同学交流一下,看看能不能得到解决。

通过小组交流,学生可以把自己的阅读成果和小组同学分享,组员之间可以互相补充、互相提问,在提前阅读、初步理解、共同合作的过程中学习分数的含义。课堂实践证明,这样学习的效果,无论是从学生的学习积极性还是学习效果而言,均远胜于“讲授+练习”的教学。

复习:纵横对比,内化学生阅读。纵横对比一般适用于知识形成的初始阶段,更适用于复习阶段。纵横对比是指通过知识间的纵横联系,比较其相同点和不同点,利用正向迁移引出新知识的学习,或对旧知识进行系统区分和整理,使学生更牢固地掌握知识的一种阅读方法。教师可以通过习题的对比练习，引导学生阅读并思考。

如教师在复习旧知阶段出示这样两组题目：

25+6=　　　　　　25+60=

先引导学生观察这两组题目的相同点和不同点，再思考怎么计算。学生通过阅读发现前者是两位数加一位数，后者是两位数加两位数。然后，教师引导学生说说计算方法并请他做小老师，提醒一下大家在计算时要注意哪些问题。学生自然而然地说出："第一题的6与个位上的5相加，第二题的6与十位上的2相加。"根据费曼学习法的原理，这是学生自己得出的结论，学生对其的掌握程度会更高。教师在学生每学完一个知识点时有意识地引导其纵横对比，学生自然而然地就会养成做题之前仔细阅读题目、正确理解题意的学习习惯。

三、优化学习过程，提高阅读技巧

数学阅读的过程应是一个积极的思考过程，教师应根据不同的阅读任务和性质，合理安排阅读时间。在学生阅读教材时，教师应及时给予指导。如果只是让学生自己阅读，不分析思考，则收效甚微，学生也会感到乏味，久而久之，就会失去阅读兴趣。因此，教师对阅读方法的指导很重要。

首先，设计阅读提纲，明确阅读目的。教师要联系教学内容的重难点和学生的学情基础设计阅读提纲。阅读提纲要突出重点内容，指引思维方向，提高阅读效率，使其真正成为通向学生自读的桥梁。阅读提示题的设计，除了具有启发性、指导性、探索性外，还要注意难度上的层次性，让每个学生都有适合自己学习能力的提示题。如在学习推导平行四边形面积计算公式时，教师让学生根据以下阅读提纲边读书边动手操作：阅读书本相关内容；思考怎样把平行四边形转化为已经学过的图形；动手实践操作；讨论转化后的图形与原来的图形有什么联系；说说推导平行四边形面积计算公式的过程。

通过阅读提纲的设计，学生的阅读目的更加明确，阅读效率更高，在自主探究合作交流的过程中学会了知识，掌握了转化的数学思想方法，提升了问题解决能力。

其次，确定阅读符号，实行读写结合。数学阅读强调边读边写注释，读写结合。手脑并用，能促使思维展开，是提高审题效率的重要途径。通过书写能加强记忆，通过纸笔演算能促使学生积极思考，有助于知识的同化和顺应。因此，在阅读过程中，可运用动笔圈画、动手操作、动笔演练等手段，以强化自我阅读理解，做到心中有数。比如，规定条件用“____”，问题用“？”，重点词用“▲”，公式用“____”，中心句用“……”表示等。再如，学生最容易错的“比多比少”的应用题：“男生有26人，女生比男生少5人，女生有几人？”“男生有26人，比女生多5人，女生有几人？”学生总是不明白求女生人数应该用“26+5”，还是“26-5”。教师引导学生用符号进行阅读，把“比”字圈起来，在“女生”“男生”下面画线，通过圈和画让学生明确题目中是“男生”和“女生”比，比的结果是男生多女生少，因此要用减法计算。数学阅读批注同样能帮助学生提升解题能力。

再次，咬文嚼字，对比阅读辨异同。数学语言因其特有的严谨抽象，而使很多数学概念往往一字之差，便有不同的含义。如“数”与“数字”、“降价”与“降价到”、“数位”与“位数”、“除”与“除以”等。因此，教师要引导学生在阅读时仔细推敲，句斟字酌，特别是要学会对重点字词进行比较。

表3-9　小东家2009年第二季度用水情况

月份	四月	五月	六月
用水量(吨)	90	100	120

结合表中数据，回答以下问题。

① 小东家2009年第二季度平均每月用水多少吨？

② 小东家2009年第二季度平均每天用水多少吨？

教师在引导学生阅读时可以提出以下问题：这两题有哪些相同点和不同点？从哪个字可以看出不同？在解决这类问题时有什么好方法？通过对比阅读，既要让学生体会到数学阅读过程中咬文嚼字的重要性，也要让学生认识到数学问题虽然是千变万化的，但是很多问题有共同的规律，很多知识具有内在的联系。

最后，变化阅读方式，注重阅读实践。根据学生的年龄特点和对数学阅读的实际基础，教师应采取集中和分散、听读和自读等灵活多变的学习方式，以适应学生的思维和学习生活，培养学生的自主阅读能力。同时，教师应不定期组织学生交流数学阅读的经验和心得，在板报中开辟“数学园地”栏目，鼓励学生阅读数学故事等。数学阅读实践是其中比较好的方式之一，因为数学阅读过程也是数学交流过程。教师要善于引导学生把课堂中所学的数学知识和方法应用于生活实际，而动手实践是促进数学阅读理解、减少数学阅读困难的有效手段。如在学习“100 以内加减法”的过程中，某学生在周记里这样写道：今天我和妈妈在超市购物时，买果冻用了 4 元 5 角，买洗衣粉用了 7 元 8 角。妈妈让我很快算出一共用了多少钱。我用 4 元加 7 元等于 11 元，用 5 角加 8 角等于 13 角，13 角就是 1 元 3 角，一共是 12 元 3 角。妈妈又问：“要是我们给售货员 20 元，还可以找回多少钱呢？”我用了很长时间也没有算出来，直到售货员用收款机收款时我才知道。从上述日记可以看到该学生在生活中运用数学知识的情况，也可以看到数学知识的价值所在。

以上三个策略之间是相互联系、相辅相成的：创设生活情境，激发阅读兴趣是学生阅读的动力；根据学习内容，选择阅读时机是阅读的机制；优化学习过程，提高阅读技巧是阅读的方法。综上所述，小学数学阅读能力的培养不是一蹴而就的，只有当学生形成一定的阅读技能和习惯，在课堂教学中既有充裕的时间，又有明确的阅读目标，进入最佳的阅读状态，真正实现数学阅读的价值时，才能使数学教学与数学教材有机地融为一体，提升学生的问题解决能力才能真正落到实处。

（案例撰写　郭　琼）

二、跨越校园界域

2022 年 4 月，中国新闻出版研究院发布了第十九次全国国民阅读调查结果。此次调查结果显示：0—17 周岁未成年人阅读情况总体向好，平均每天花费在阅读上的时长较往年有所增加。2021 年 0—8 周岁儿童图书阅读率为 72.1%，较 2020 年的 71.4% 提高了 0.7 个百分点；9—13 周岁少年儿童图书阅读率为 99.1%，较 2020 年的 98.7% 提高了 0.4 个百分点；14—17 周岁青少年图书阅读率为 90.1%，较 2020 年的 89.7% 提高了 0.4 个百分点。综合以上数据可知，2021 年我国 0—17 周岁未成年人图书阅读率为 83.9%，较 2020 年的 83.4% 提高了 0.5 个百分点。这项调查结果很好地显示了国民对阅读的重视程度。在孩子的成长过程中，除了学校教育外，还有家庭教育和伙伴教育，后两种教育在生活中的影

响比学校教育更大。在促进阅读这件事情上，如果家长能和学校达成共识，即读书习惯的养成，就能想出办法来帮助孩子读书。

基于上述原因，阅读推广绝不仅仅是校园界域内的“独家专利”，只有将校园内外的所有力量汇聚到一起，才能将它的效果最大化，而阅读推广的中坚力量之一是家庭成员。学校融合家庭力量推进孩子的阅读，可以从家校联动、亲子阅读等方面进行尝试和探索。

（一）家校联动

根据学生的年龄特点，小学阶段的阅读课程活动设置总是丰富多彩的。家长资源既是阅读课程实践落地的重要保障，又是进行阅读推广的重要途径。学校每一年的阅读节都是一次阅读综合体验和推广活动，唯有家校联动、共同参与，才能让孩子们获得较好的体验感，给予家长更好的阅读引导启示。

［案例］

绘本故事布上跃，画笔生辉耀明天

——以“百米长卷迎新年”主题阅读活动为例

提及每年的阅读节活动，学生们总是欢呼雀跃，因为这是他们最喜欢在校园里度过的快乐节日之一。“阅读节吉祥物的诞生”“暖冬书市的开张”“宸宸口袋书屋的成立”……每一次的阅读节活动都是一次惊喜，也是一次成长。

一、家校共策划

2018 年伊始，当学生们得知今年的阅读节闭幕式上可以让他们用手中的画笔将以往阅读书目中最喜欢的一个故事画出来时，他们显得异常兴奋。那些绘画基础较好的学生立马开始构思，而那些虽不擅长画画，但也想把心中最喜欢的故事分享给大家的学生立刻开动脑筋，搬来救兵，和小伙伴组队出击，又或是找家长帮忙出主意。从故事主题挑选到作品排版构思，他们不放过任何一个细节。经过一个多星期的前期忙活，又通过了学校家委会成员参与的严格筛选后，50 幅入围的作品小样最终被选定。

然而，要将 A4 大小的画面搬到放大几十倍的画布上并不是一件易事，学生们多次请教有经验的美术教师，上网查找操作方法…小小年纪的他们在一次又一次的困难面前终于找到了适合他们的解决方法。

二、神笔马良显身手

操场上一条条白色的画布已整齐地铺在绿草如茵的操场上，围着画裙的小画家们像模像样地进入了角色。有的三人一伙，有的五人一群，各自在自己的阵地里大显身手。“我先勾线条”“我去换水”“我负责画人物”……学生们分工明确，配合默契。阳光下，学生们用画笔仔细勾勒故事中的人物，他们边画边分享画布上的故事情节。一旁的家长志愿者则有的驻足，有的提水、洗笔、当助手，忍不住和孩子们商量着画上两笔“过过瘾”。几个小时过去了，学生们的参与热情丝毫没有退减，一笔一笔地定线条，上颜料……一个个色彩鲜艳、画面生动的绘本故事已跃然画布之上，远远望去，汇成了一组组有趣的连环画。如果说神笔马良用画笔让每一幅作品都变成了现实，那么此时的GL小画家们也用他们的画笔让每一个绘本里的主人公有了生命。

三、社区推广有妙招

快乐需要分享，分享后更快乐。活动的尾声，学生们将百米长卷拼成了2018的字样。仰望天空，他们齐声喊出了“2018，我们一起”的活动口号。

学校将这幅百米长卷悬挂在社区步道上，并利用每周五下午的拓展课组织参加百米长卷绘制的小画家向社区居民等介绍自己的作品，吸引更多的社区小朋友走进图书馆进行阅读。“《仰望天空的猫》这个绘本我也看过”，学校对面的管弄新村幼儿园的大班孩子似乎在长卷里和哥哥姐姐们找到了共同语言；“管弄新村小学的孩子们画得真好”“好像我们小时候看的连环画”，社区的爷爷奶奶们边看边自言自语道……一旁负责引导、安保工作的是我们的家长志愿者。

悬挂在学校对面健身步道旁的百米长卷引来了石泉社区过往居民的驻足和称赞，凝结着学校全体师生智慧和故事的百米长卷成了社区的移动阅读书吧。我们的学生在放学之后也会当一次公益讲解员，把他们喜欢的故事告诉身边的每一个人。

百米长卷的阅读节闭幕式虽暂时告一段落，但学生们的创作热情并未就此停歇。在新学期里，美术教师结合学校的阅读课程，在课堂中与学生们一起探索更多、更新颖的表现手法，让大家尽情发挥创意；同时，许多家庭里也出现更多共同阅读的亲子身影。相信会有越来越多的学生迷上绘本创作，会有更

精彩的画作源源不断地面世，也会有更多书香家庭孕育未来真正的画家和作家。

（案例撰写　刘　蕾）

从案例可知，在学校组织的阅读课程活动中，学生在教师的引导下先是通过跨学科阅读积累相关知识，进行有趣的创作；而后，在家长的共同参与下，由团队合作完成互动任务；最后，携手家长共同进行总结反思，在向社区大众推广的过程中锻炼胆量和交流能力，其相关兴趣和能力均在不断提升。

（二）亲子阅读

第十九次全国国民阅读调查结果显示：2021 年我国 0—8 周岁儿童家庭中，平时有陪孩子读书习惯的家庭占 73.2%，较 2020 年的 71.7% 增加了 1.5 个百分点；在 0—8 周岁有阅读行为的儿童家庭中，家长平均每天花 26.14 分钟陪孩子读书，较 2020 年的 25.81 分钟增加了 0.33 分钟。对小学生而言，亲子阅读是其养成阅读习惯的载体之一，但对更多的家长而言，亲子阅读仅仅是陪着孩子一起读书。怎样进行有效引导，让固定时间和随机推进相结合的亲子阅读对孩子的阅读产生影响，我们可以从以下两个案例中一窥究竟。

[案例]

我喜欢读书

从小到大，我有许多爱好，如跳舞、弹琴、唱歌、游泳等。相较于“动”的爱好，我更喜欢静静地坐着读书。

上中班时，我就认识了许多字，但真正阅读一本厚厚的书还是在小学一年级的“Magic Night”活动后开始的。这是一项学校的传统活动，当时我有幸参加了一次，主题是“哈利 · 波特的魔法之夜”。我对老师们搬进校园的“魔法学校”“九又四分之三车站”非常感兴趣，由此也迷上了“哈利 · 波特”，一口气在那年暑假读完了“哈利 · 波特”系列丛书。

开学后的学习生活比较繁忙，一天下来，上课、写作业、练琴，几乎没有什么空闲时间看书。可是，我自有妙招，就是利用一切碎片时间读书。比如：上午早点到校，课前 20 分钟能读书；中午作业写得快点，“省”下的 10 分钟能读书；如果动作快,睡觉前20分钟也能阅读……如果买不到喜欢的纸质书,我就在iPad上下载有声故事,并在晚上把催眠时间交给“听读”。阅读让我学会并体验了“挤出时间”的快乐。

读书,能让我坐在书桌前“周游世界”。两年级时,妈妈给我买了一本好看的绘本,名字叫《揭秘建筑》。绘本里介绍了许多世界知名建筑。这几年的寒暑假里,我跟着书本去旅行,先后和爸爸妈妈一起走过了设计精美的悉尼歌剧院、雄伟壮观的伦敦桥、仪态万方的小美人鱼铜像、傲对碧空的赫尔辛基大教堂,还有见证人类历史文化传承的圣三一学院图书馆……作为一名资深的哈利·波特迷,我也央求爸爸带我去了一次爱丁堡。在那里,我找到了J. K. 罗琳写“哈利·波特”丛书时的大象咖啡馆。爱丁堡的冬天超级寒冷。在咖啡馆里写作虽然嘈杂,但是透过窗户往外看绿树映着古堡,屋内食物的香气缭绕,于是我终于明白了J. K. 罗琳这个单亲妈妈选择在这儿写作的原因。阅读既能让我体验世界的美好,也能让我更有兴趣了解书本中故事背后的文化。

因为我爱读书,所以读书时总是孜孜不倦、乐此不疲。这几年来,我读书的速度快了,阅读量也大了,但爸爸总提醒我要学着把书中看到的东西用到所写文章中。在欧洲旅行时,我发现有不少出租车司机在等乘客时都捧着一本书在读。妈妈说:“阅读是门槛最低的高贵。”虽然我不是很明白“高贵”的含义,也还没找到如何运用阅读中了解的知识写文章的“窍门”,但只要坚持,我终有一天会明白的。

(案例撰写　学生林映含)

阅读:GL的神奇果实

为人父母,总对孩子有着无限的期待,盼望他们拥有美好的人生和理想的未来。我们祈求孩子可以健康平安成长,同时又苛求他们要足够优秀。孩子给我们带来喜悦之情时,往往随之而来的还有忧虑。

我的两个女儿有着截然不同的性格:妹妹活泼外向,整天叽叽喳喳吵个不停;姐姐恰恰相反,安静内向,不爱主动与人交流,也不善于表达自己的想法。对一个急性子的妈妈而言,简直就像是在历劫。

我常感到困惑,在我们之间,沟通似乎是一件很困难的事情,犹如一道屏障,

却始终难以逾越。一次偶然的遇见，给了我和孩子们并肩作战的机会，使我们彼此建立了信任。

校园生活是充实的，即便学业忙碌，孩子们仍会在闲暇之余捧起书籍专心阅读。每每读到精彩之处，她俩还会分享心得，互通感悟。我欣喜地发现，她们已经迷上了阅读，但也有些不解，好奇究竟是何等神秘力量，才能感化这两块可恶又顽固的小石头。她们倒也不吝赐教，满脸得意地向我介绍起学校的阅读节。

学校的阅读节是最具特色的活动之一，它潜移默化地将一种良好的学习方法传授给学生。当我最初接触到阅读节时，就被别出心裁的主题吸引，然而又为烦琐的细节所烦恼，我忍不住埋怨起阅读节的意义。可令我始料未及的是，孩子们少有的反驳和回击，让我感受到她们的认真和专注。她们开始主动研读关于秦朝的书籍，查询秦汉时期的历史和风俗民情。孩子们成功地打动了我，我决定重新加入她们的队伍，和她们一同探寻古风。努力得到了肯定，我们的战队成功地收获了胜利的果实。更加可贵的是，孩子们充分地领略了阅读节的精髓，大大提升了阅读兴趣，激发了主动阅读的意识及能力。

在以“丝绸之路”为主题的阅读节活动中，教师鼓励孩子们根据学校推荐的绘本设计游戏棋并参与阅读节优秀作业的评选。虽然难度不低，我还是和孩子们兴致勃勃地参与其中。从商定主题、设计游戏规则到绘制棋谱，两个孩子忙得不亦乐乎。我还记得那天参加完活动之后，孩子们十分兴奋地告诉我：“我们设计的游戏棋被制作成了大型棋谱，铺满了整个教室，让全校师生一起游园。”在游戏过程中，两个孩子又学到了许多关于丝绸之路的知识。孩子们给我讲了很多关于丝绸之路的故事，有些连我都是一知半解，我不得不感叹孩子们在学习过程中的成长。最重要的是，我惊喜地看到这对姐妹花逐渐绽放出自信与坚定，姐姐不再怯懦，敞开心扉，勇敢地展现自己，妹妹也一改往日的浮躁，认真地聆听，努力动手配合姐姐。

我终于明白了阅读节蕴含的深意，即用一种生动有趣的形式开启了孩子们对知识的无限渴望。寓教于乐，寓学于趣，引导孩子们学会阅读、爱上阅读。书籍赠予人们无尽的财富，阅读给人们带来极大的帮助，在丰富知识的同时，还提高了文化内涵与个人素养。良好的阅读习惯不仅培养了孩子们的社交能力，也锻炼了他们的勇气和自信心,从而促使他们学会思考,敢于追求理想与探索未知。久而久之,孩子们自然会将目光放得更远,格局也会变得更大。

我开始反思,改变以往消极的教育模式,更多的是放手让孩子们自由发挥创作,努力做最好的自己。每个孩子都有自己的特点,当他们清楚地表达意愿时,更需要的是支持与理解,因此可以多给他们些信任与赞美。我相信,孩子们一定可以寻找到属于自己的那片天空。如今,我们不仅消除了隔阂,还筑起了相互信任的桥梁。

阅读是一把钥匙,帮助孩子们开启智慧大门;阅读是一个导航仪,引领孩子们奔向美好的未来;阅读是良师益友,陪伴孩子们慢慢长大。不仅如此,阅读还是一颗富有魔力的神奇果实,改变了孩子,也感染了无数家长,让我们共同成长。

(案例撰写　家长孙晏婧)

以上两个案例提供了很好的亲子阅读借鉴。对低年龄段的孩子而言,兴趣一定是最好的老师。家长们要学以致用,在可行的条件下和孩子们一同读更多的书,走更远的路,知行合一,增长见识。

三、跨越社区围栏

随着城市建设的日益更新,2021 年我国城镇成年居民对居住的街道附近有公共图书馆、社区阅览室/社区书屋/城市书房、报刊栏等至少一种公共阅读服务设施的知晓率为 51.7%。其中,对公共图书馆的知晓率为 30.3%,对社区阅览室/社区书屋/城市书房的知晓率为 25.3%,对报刊栏的知晓率为 26.5%。作为国际化大都市,近年来上海的公共阅读服务设施普及率更是逐年递增。但由于学校地处城市内环的老式居民新村,大型图书馆的配比率较低,因此在 2021 年的阅读节中,学生对社区 15 分钟幸福生活圈的设计标准之一是能有一家时尚的“GL 书屋”。

为了进一步对社区开放校园资源,学校自 2019 年起跨越社区围栏,每周末用一个下午的时间邀请社区适龄段的孩子在家长的带领下走进学校图书馆。出于对社区阅读人群的关注,我们的社区阅读提供以下两类服务内容。

(一) 云端图书馆:亲子阅读推广

社区阅读服务的第一类对象为居住在学校周边社区的学龄前儿童及其家长。2020年至2022年,我们在原有线下亲子阅读故事会的基础上,进一步开放了学校云端图书馆中的微课资源,开设了社区公益讲堂。公益课堂汇总了各学科教师精心准备的微课。当好书导读与学科知识完美融合,总会迸发出不一样的思维火花。绘本拥有简洁的画面、鲜艳的色彩、生动的人物形象,深受低龄儿童及其家长的喜爱。比如,任老师将绘本阅读与审美欣赏、绘画创作相整合,让孩子们在欣赏美的同时,用手中的画笔创造心中美丽的图景。

[案例]

关于"我心中的草房子"一课的教学设计

师:同学们,在我校阅读平台推荐给大家的一百本书中,有一本是曹文轩的《草房子》。如果你读过这本书,除了会对书中小主人公们坎坷的命运感到关心外,还会对书中描写的美丽的田园风光和那所如梦似幻的草房子感兴趣。接下来,我们通过多媒体的形式,一起来欣赏中国传统乡村式建筑和美丽的田园风光。

师:中国传统乡村式建筑有其独特的风格。请同学们在欣赏的同时注意这些建筑造型,并尝试找一找我们熟悉的形状。

师:刚才我们欣赏了各种各样的草房子,现在我们进行一个小活动,请大家看一看并想一想:能否用自己所熟悉的各种形状来概括这所草房子的造型呢?

师:通过刚才的小活动,我们知道可以运用各种熟悉的形状进行组合,以概括草房子的造型。接下来,老师就为大家演示如何运用形状组合的方法来画一画草房子。

师:我们可以先用自己熟悉的形状,如梯形、方形、圆形、半圆形等,通过形状组合的方法,画出草房子的大致外形,再添加窗户、栏杆等细节,最后运用平涂的方式给草房子涂上鲜艳的颜色。

师:此外,我们还可以通过添加侧面的方式表现草房子的立体感,并运用线条和色彩的变化,画出草房子的质感,让作品更生动。

师:多媒体展示作业要求:(1)用形状组合及添加细节的方法画出草房子的

外形(可以用添加侧面的方式表现草房子的立体感);(2)用平涂的方法给草房子涂上鲜艳的颜色(可以用颜色变化表现出草房子的质感);(3)给草房子添上美丽的田园风光作为背景,让作品更完整。

师:今天我们通过描绘中国传统乡村式建筑和欣赏美丽的田园风光等方式,与大自然进行了一次亲密的交流。其实,大自然是我们的母亲,每一个人都有义务爱护自然,保护自然免遭破坏,更不能一味地向自然索取。

(案例撰写　任力晶)

(二) 阅读潜能开发:关注早期阅读障碍干预

社区阅读服务的第二类对象为学校及其对口幼儿园中有一定阅读困难的学生。在教育对象为几十个学生的大班教学中,教师往往会发现不是所有的学生都能跟上集体的节奏进行阅读,总有那么几个学生在阅读中表现出与别的学生有所不同。他们通常的表现为阅读和书写速度慢、识字很少、缺乏阅读兴趣、注意力难以集中等。如果教师能耐心地观察、了解、辨别,就会发现这些表面看上去类似的现象背后往往隐藏着不同的故事。

比如,有的孩子的突出表现是:今天学过的字,明天就忘了;家长经常抱怨,每天晚上反复默写,明明已经全部掌握的生词,第二天到了学校基本都不会写了。时间一长,孩子每天的学习时间都耗费在机械性的抄写上,加上动作又慢,根本没有时间阅读。长此以往,就会形成恶性循环,家长几乎崩溃,孩子自然更加痛苦。有的孩子运动、音乐等能力都很正常,但在学习上有很大的问题,如作业拖拉、怕写作文。有教师说:“有的学生从桌上写到琴凳上,从站在钢琴边写到趴在地板上写……一上午的时间只能写出一两句话。”除了怕写作文外,这些学生做其他事情也没有专注力。

尽管这些学生表现的症状不同,但实际上他们的问题主要集中在文字的阅读上。阅读障碍是发展心理学的研究领域之一。这些学生基本都在普通学校就读,且智商并不低下,越是早期干预,越能尽早矫正。教师在现有的教学实践中积累了一定的教学经验和干预方法,如尽早发现孩子阅读障碍的表征,及早干预,在社区图书馆中以有效的方法激发他们的阅读潜能。

《走出迷宫:认识发展性阅读障碍》一书指出,有阅读障碍的儿童的思考过程也和常人不同,他们很少用字句去思考,而是先有想法,再尝试找出字句并表达出来。

由于学校教育的内容和形式大多是以书面文字进行呈现的,有阅读障碍的儿童在学习过程中必然面临许多困难和挫折。如果学校教师、家长甚至儿童本人无法理解正在面临的独特问题,儿童就可能会出现一些情绪问题,如失望、焦虑、愤怒等。应该注意的是,对大多数有阅读障碍的儿童来说,这些情绪问题是阅读困难导致的。

在教学实践中,我们发现有阅读障碍的孩子一般有两个共性特征:一是相较于同龄孩子而言识字量少;二是注意力难以集中,阅读速度较慢。上述两点事实上也是导致孩子出现阅读障碍的原因。对于有发展性阅读障碍的孩子,必须依靠专业部门的干预治疗;对于有阅读障碍倾向的孩子,教师可以在正常的教学过程中有意识地加以引导,尽早对这些孩子进行关心和干预。近两年的时间里,学校一方面借看护时光对有需要的孩子进行有针对性的教学活动干预;另一方面体谅个别家长的排斥情绪,以公益课堂的形式吸引家长带着孩子参与阅读学习活动。

[案例]

和 DODO 一起遨游文字世界,学会阅读

一、情境导入,激发兴趣

师:小朋友们,你们看,这是谁?对,这是小海豚 DODO,它是我们的形象大使,也是一个非常好学的小朋友。今天,它要去遨游奇妙的文字世界,学会更多的本领。可是,一道道大门阻挡了 DODO 的去路。只有完成挑战,才能打开通往文字世界的大门。让我们一起帮助它完成挑战吧!你们有信心吗?

二、游戏参与,锻炼能力

师:你们看,DODO 出发了!它来到第一扇大门前,可是门口有两位士兵看守着大门,只有通过游戏才能通行。到底是什么游戏呢?让我们快来看看游戏规则:以流星的形式呈现,而流星划过的路线会构成一个字。只有选出正确的那个字,才能有机会打开大门。

师:小朋友们,请你们和陈老师一起试一试,选出那个正确的字。

师:这位小朋友,你是怎么猜出这个字形的呢?你有什么方法吗?

(预设)生:我会跟着流星一起划动,流星划到哪里我就跟到哪里。

师:想要打开大门,不仅要仔细观察,还可以用我们的手指跟着流星一起划动,猜猜它的字形。学会了这个方法,我们三人一组合作试一试。

(设计说明:以挑战文字的游戏切入,用流星雨的形式让学生通过看、动、模仿等方式接收外界信息,激发学生学习兴趣。它是基于正常的视觉信息接收,达到手眼协调及对文字形、义理解的能力训练。利用辨别一组看似“相似”的字,有利于学生识记视觉信息的迁移,有利于训练学生编码、组合、观察、储存、检索、提取、记忆等方面的能力)

师:有两组小朋友帮助 DODO 打开了大门,DODO 激动地冲向下一关。可是眼前的密码锁又难倒了它,让我们快来帮助它吧!

师:这个游戏设置了窗户,每当窗户打开,我们就会看见一个图形,只有把图形按前面出现的顺序拖到下方的格子中,才有机会打开大门。每个小朋友都有一次尝试的机会,请大家分别在两台平板上进行尝试。大家开始行动吧!

(设计说明:这部分的练习主要是感知和辨识常见图形,训练学生的观察、比较与分析等能力。这样设计的目的是从视觉传达角度对图形进行排序,达到以“形”达“意”的理解。图形排序训练的目的在于提升学生的记忆力。在音乐的伴奏下,学生的心灵会得到舒展。这一学习方法不仅能激发学生学习兴趣,还能起到承前启后、建立知识联系的作用)

师:在大家的相互帮助下,我们成功地获取了密码,帮助 DODO 打开了密码锁,让 DODO 离文字世界又近了一步。DODO 可高兴了,加快了前进的脚步。它一路向前,可是有座山挡住了它的去路。这时,一只小鸟飞来大声告诉它,只要读好两篇课文,就能载着它飞过大山。我们赶紧接受挑战吧!

(设计说明:阅读障碍最典型的特征就是不能轻松地学习阅读,如有的学生无法协调视觉和听觉中的信息。教师创设有趣的情境,用鸟儿飞过山峰的直观形象作比喻,引导和鼓励学生像鸟儿那样,跨过困难的山峰,展翅高飞)

师:我们先来读读儿歌《虫儿的歌》。请同学们轻声地朗读这首儿歌,要求是读准字音,读通句子,不加字不漏字。下面我们来做“一问一答”的游戏,我来问,你来答。

(设计说明:这一环节主要指导学生发音训练,以改善学生由视觉上的阅读障碍造成的发音障碍和发音不协调等缺陷。因为有的学生对一些音节、音位无法精确辨别,无法将字母和音位对应,从而出现阅读困难。纠正学生阅读中出现的读音轻、读音不准、阅读节奏慢等现象,有助于帮助学生初步掌握和感受朗读的一些基本方法。同时,阅读中让学生能做到不加字,不漏字,引导学生注意读出句与句之间的停顿等,都是为了矫正学生的阅读困难,指导学生运用视觉、听觉等多种感觉通道进行协调练习。这就需要教师不断地指导学生反复阅读,让学生在有声有色的朗读中读懂内容,并逐渐将内容熟记于心,同时理解标点符号的作用,从而激发阅读兴趣,逐步养成阅读习惯)

师:这首儿歌会读了,我们离成功又进了一步。可是刚才小鸟说了,要读好两篇课文,它才会来载着 DODO 飞过大山。下面大家可以跟随屏幕上红色字体出现的节奏读一读课文《新年好》。

(设计说明:教师运用视频课件,引导学生跟着视频中红色标记的节奏朗读课文。用色彩作标记,让学生跟着标记的节奏朗读,是教师指导学生辨别和强化对音节、声母、韵母或声调的准确判断。它能训练学生在阅读中按正常阅读的字序有意识地读,纠正学生阅读速度慢、丢字串行、增字删字等问题。同时,用色彩刺激和加快学生大脑对文字速度的反应,达到阅读速度与思维过程同步进行)

三、总结方法,布置作业

师:经过我们的努力,DODO 终于如愿以偿地到达奇妙的文字世界。在这个世界里,我们不仅能学到很多本领,还能感受到阅读给我们带来的快乐。在这节课中,我们学习了用朗读法来读好两篇课文,要做到不加字,不漏字,不顿读,有感情地朗读课文。课后请大家用同样的方法读一读《夏天来了》。

(设计说明:教学最后环节的阅读训练其实是教师的一种行为干预。从这一段跳到另一段,学生的眼球要快速移动,以准确读出感知信息,训练感知能力。眼睛吸收信息的能力和大脑处理信息的能力来回交替,可以提升学生的阅读速度)

(教学设计　罗黎萍　陈佳雯

设计说明　陆莉莉)

以上教学设计关注引导学生集中注意力阅读，训练学生注视及追视的能力，整合视觉角度，促使学生做到阅读时的口齿清晰，再加之发音训练，以及节奏、停顿、长短句等朗读训练，努力改善学生由视觉上的阅读障碍造成的发音障碍。由于阅读障碍的成因不同，不同类型的孩子需要采取不同的干预方式，我们将以课题的形式继续推进研究。

综上，“全员”阅读指的是全体教师、家长、学生积极参与阅读。我们在鼓励教师、家长进行阅读推广的同时，也邀请中高年级学生担任阅读推广志愿者，为学龄前、低年级的学弟学妹们讲述有趣的故事，推荐好看、有趣的书籍。无论是线上还是线下，“公益图书馆推广大使”的活动总是让孩子们乐此不疲。在参与阅读推广的同时，我们将石泉地区居民家门口的 15 分钟阅读圈变成了现实，也让孩子们从阅读者转型为阅读推广者。对孩子们而言，这既是一份社会责任，更是一种提升自己阅读能力的内驱力。

“全员”阅读也指在阅读推广的过程中不放弃任何一个阅读对象。对阅读基础较好、能力较强的孩子而言，适当的方法引导、有效的环境营造，能让他们在合适的土壤中盛开阅读之花；对阅读基础薄弱甚至阅读困难的孩子而言，耐心地引导和鼓励，依据科学及早干预，能让他们在阅读中体验学习的喜悦。

基于这样的思考，阅读的“全员”才能带来“全员”的悦读。愿校园内外处处都是阅读之地，书香之中人人皆为“悦读”之人。

第四章

小学语文链群阅读指导新样态

众所周知，我们当下的教育对象是一批“网络原住民”，数字化资源的便捷性、多样性、可得性使云端教学必然成为未来教育教学的主导模式。2020 年至 2022 年，学校大规模开展线上教学，顺应了未来教育数字化转型的主流趋势。在这样的大背景下，教育者应该思考云端阅读指导的尝试和实践。比如，整合各类数字化资源（包括智能技术平台和阅读软件资源等），以大语文观做引领，紧扣语文课程标准的要求，开展“线上+线下”多样态的链群阅读指导实践，让学生习得方法，在之后人生的每一个学习阶段都能读有兴趣、读有深度、读有所获。

第一节　云端链群阅读指导的范式构建

许多教师、家长对于“云端阅读”“数字支持”有一种天然的抵触感，认为这种阅读方式就是让孩子在电子设备上读书。在实际应用过程中，基于各类数字平台、资源软件支持的云端阅读教学的优势还是较为明显的，如各类技术支持往往能为学生提供更多个性化阅读的渠道。

一、数字技术应用于阅读教学的优势分析

（一）丰富资源，拓展学生阅读平台

如前文所述，学生阅读能力的提升，应该在一个较为广阔的阅读场景中进行。随着学生阅读策略的掌握、阅读能力的提升，仅有的碎片化阅读无法满足他们对阅读的需求。具有互联功能的数字化学习云平台、智慧阅读平台等，能借助其开放性、兼容性整合多方阅读资源，使学生的课堂阅读学习得到拓展。学生可以在教师的引导下借助平台进行与课堂阅读学习相关的拓展阅读，也可以借助平台与他人进行阅读评价交流。学生在交流和互通中批判与思考、内化与输出，这同样是一种优秀的教育资源。

（二）记录数据，描摹学生数字画像

无论是课前、课中还是课后，学生参与阅读的过程也成为一种可以储存的阅读数据资源。他们在平台上的阅读书目、阅读时间、阅读感受等，都能很好地被记录下来。这些数据被记录的同时，自然也生成了一张学生数字画像，如阅读兴趣点在哪里，阅读障碍点在哪里……数据的二次分析可以为后台未来的推送提供依据，为学生之后的自主阅读提供支架。由上述资源形成的数据汇总也会成为一种教学资源，为教师提供阅读教学设计的决策依据，有利于教师在阅读教学中真正做到因材施教。

（三）提供依据，促使以学生为中心的链群阅读课堂生成

以学生为中心的链群阅读指导是指以学生为主体，通过学生自主阅读、探究来获取阅读信息，解决实际问题，培养能力，塑造价值，使学生的知识、能力和素质获得全方位提升，促进学生全面发展的一种课堂阅读指导形态。在传统的阅读教学课堂中，教学模式总是摆脱不了以教师为中心或以课堂为中心，忽略了学生的主动性和主体性。云端阅读教学不仅能使海量的阅读材料以数字化的形式呈现，还能帮助学生实现各类相关知识的自由搜索和自主阅读。技术和阅读教学的整合能在一定程度上促进传统教学模式的变革，使学生成为阅读课堂中的引导者和主动者，而教师则成为更好的指导者、评价者和促进者。这种以学生为中心的链群阅读指导，能很好地激发学生潜在的学习积极性和主动性。

二、以学生为中心的云端链群阅读指导的范式构建

（一）“变”和“不变”促使问题聚焦

从课堂教学到云端教学的“变”和“不变”，促使我们聚焦以下问题。

一是不变的课程标准与变化的教学资源引发我们思考“学什么”和“教什么”的问题。《义务教育语文课程标准（2022 年版）》中聚焦的学科核心素养培养是我们开展阅读教学的依据。网络学习资源属于社会资源，如“空中课堂”、数字化转型平台等提供的学习资源的特点是与新课标相一致，让使用的学生享受到了教育公平。越是大面积、大规模的云端教学，越是要求我们在研究课程标准和教学资源之间关系的基础上思考“学什么”和“教什么”，这是我们让学生在云端阅读教学中获益的关键。

二是不变的教育目的与变化的教育形态指引我们聚焦“怎么学”和“怎么教”的问题。语文阅读课堂教学形态虽然发生了变化，但教育目的不变，教师该教什么还是得教什么，学生该学什么还是得学什么。如何关注教学目标的达成，借助网络平台多样化的教学形式和知识表现形式，让教师和学生在云端学习中“教得有趣”“读得有效”，值得我们在实践中探索。

三是不变的教育情怀与变化的交流方式指引我们讨论“研什么”和“怎么研”的问题。在云端阅读教学环境中，教师和学生交流的对象都不再是人群，而是一块冷冰冰的屏幕。如何在云端教学中通过温暖的互动破冰，有赖于教师以不变的教育情怀积极开展相关教学研修，通过研修让云端教学从技术支撑、简单互动的教学活动转变为技术支撑、多渠道情感交流的教学活动。基于以上思考，我们进行了云端阅读教学的尝试。

（二）以学生为中心的云端链群阅读指导范式的构建框架

在课堂实践中，我们主张将云端阅读教学活动与线下链群阅读指导相整合，从“教师、教材（文本）、讲授”的旧样态向“学生、网络、自主阅读（学习）、过程引导”的新样态转变。教师不仅是知识的单向传递者，还是学生自主阅读、自主创新学习过程的引导者，更是学习条件的创造者和阅读活动的组织者。

教师通过聚焦与学生学习生活相关的问题，激发学生的好奇心和创造力，设计基于问题（以问题为导向）或项目的学科（跨学科）综合阅读学习方案，创造有利于学生主动学习的良好环境，激发学生主动探究知识的欲望，配以智慧学习资源、平台、技术的支撑，实现师生共同管、以学生为中心的云端链群阅读指导的实践与探索。

我们从学生、学习流程、教师角度构建了三个层面、三个阶段和四个流程的“334”范式（见图 4－1）。其中，“自主提问、自行设计、自由合作、自我反思”这四个具有云端教学特征的学习流程是从线下链式阅读“一读、二问、三说、四写”的方法和流程演化而来的。具体案例将在本章第二节进行阐述，此处不再展开。

整个学习流程依托数字化学习环境，融合个性化阅读和合作式探究学习，最终达到增强学生学习效果的目标，体现以学生为中心。

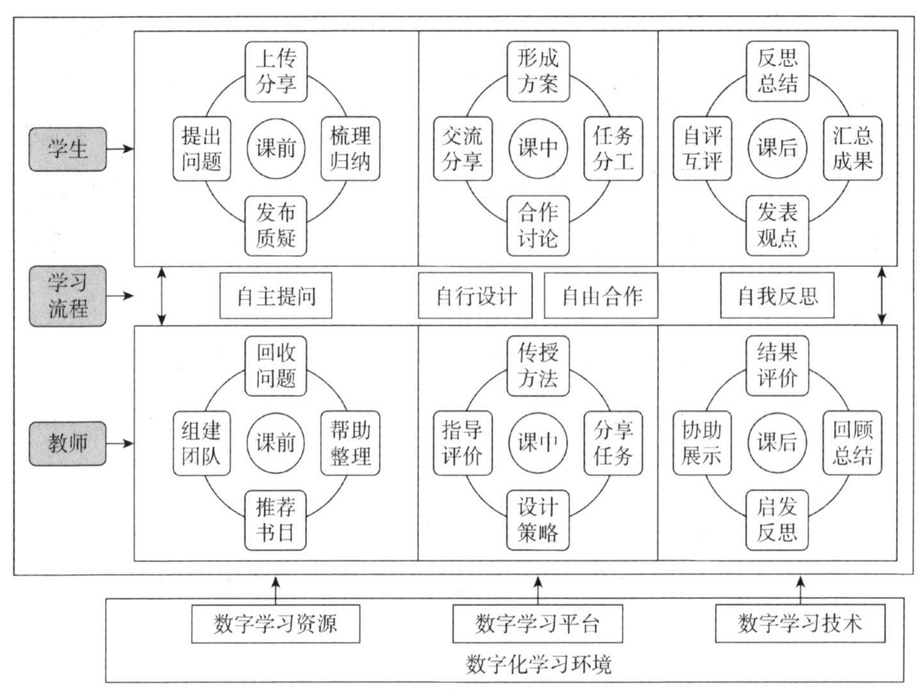

图 4－1　云端链群阅读指导的“334”范式

因为数字化平台的功能较为强大，所以学生的读、问、说、写（如作品发布、观点交流等）都可以在云端实现。学生们在课堂上还能与同学面对面地讲述、展示、讨论某个知识点，甚至就某个话题进行辩论……更重要的是，上述学习表达的过程和教师引导的过程，作为一种可追述的信息，是一种优秀的教育资源。这些生成性资源经过数据汇总后的深度解析，能更好地帮助教师进行教学诊断，为教师调整阅读指导的范式提供依据，也为教师更好地实现以学生为中心的链群阅读指导提供支持。

第二节　云端链群阅读指导的难点突破

阅读是学习者适应社会的重要技能之一，是学生核心素养培养中的重要一环。在传统的阅读教学模式中，依然存在的教师中心主义是培养学生综合能力

的阻碍。阅读课堂应该是能充分发挥学生想象力、创造力的地方，更应该是充满思辨、生成互动、点燃学生思维火花的地方。

线上教学有它的便捷之处，云端学习的时空模糊性会使学生对其产生新鲜感和好奇心。但是，一旦线上教学成为唯一的学习方式，学生就会出现独自一人面对屏幕学习的孤独感和自我存在感缺失的问题。可以想象，这个时候，哪怕教师的教学水平再高，个人的讲解再精彩，单纯的师说生听模式也不可能长时间地吸引学生，尤其是小学生，以学生为中心的阅读指导更是无从谈起。

基于云端教学模式的难点，我们进行了“334”阅读指导范式的探索，并以师生互动的精准化、阅读内容的丰富化、阅读方式的个性化、评价主体的多元化四个云端阅读教学的难点为突破口，推进阅读教学实践，丰富学生的云端阅读样态。

一、师生互动的精准化

教师依托线上教学的优势，充分体现以学生为中心的理念，在链群阅读指导实践中落实课前、课中、课后三段式的在线互动教学范式，即课前预习诊断、课中精心引导、课后个性辅导。

（一）课前预习诊断

一读：教师根据学生学情初定教学目标，精心设计预习任务，通过学习平台发放课前学习资源，引导学生自由阅读。

二问：学生通过自主学习完成预习，提出问题并上传至平台。教师根据平台反馈情况，精准把握学生对相关课堂学习知识的掌握程度，及时调整教学内容。

部编版小学语文四年级下册第八单元的学习重点是“感受童话的奇妙，体会人物真善美的形象”，包括两篇精读课文《宝葫芦的秘密》（节选）、《巨人的花园》和一篇略读课文《海的女儿》。教师在教学前设置预习提纲，统计已阅读的学生数量，并根据预习练习的完成情况判断学生对三篇童话中人物塑造、情节演绎等的掌握情况，再进行有针对性的教学设计调整。这样的教学，让已经有一定基础的学生在课堂中不必再旁听，也将阅读教学的目标设定在学生学习的起点上,有效提升了学生的学习效果。教师也能在课堂中用更多的时间引导学生关注更多同类作品的表达,对激发学生阅读兴趣很有帮助。

(二) 课中精心引导

三说:在线上互动教学中,教师通过各种方法引出学生的问题,回顾课前知识的疑难点,引导学生自主探索问题。在解决这些疑难点之后,教师引入拟解决问题或概念,引导学生借助数字化平台进行充分的合作讨论,表达各自的观点和看法。教师在整个学习过程中起到引导、启发、协助作用,借助终端(或练习助手平台),实时了解学生课中练习的完成情况。学生将部分学习结果上传至平台,进行展示分享。教师对学生的学习结果进行评价,并针对易错点、重难点进行精准讲解,引导学生完善知识体系。

部编版小学语文三年级下册第9课“古诗三首”包括《元日》《清明》《九月九日忆山东兄弟》这三首古诗。它们都是描写中国传统节日的古诗,旨在让学生领略我国的经典文化,了解我国的习俗文化,使学生受到中华优秀传统文化的熏陶。教师通过平台的预习反馈了解到,由于学生在低年段对这三首古诗都有过接触,对于诗歌内容的理解不存在问题,但难点在于理解诗人的感情。在线上互动过程中,教师首先创设情境,让学生想象画面,体会当时的情境,通过自由读、个别领读等方式吟诵诗词。其次,教师基于学生的预习基础,放手让学生先凭借课文中的注释,联系上下文说说关键词语的大概意思,再在理解句意的基础上,根据课本提供的画面,说说全诗的意思。在线指导学生有感情地朗读、背诵课文,并用自己的话说说古诗的意思,体会作者的情感;同时,也鼓励学生吟诵表演其他类似的诗歌。这样的教学互动,既在课中进行了有效的练习,提高了课堂效率,又减轻了学生的课后负担,提升了学生的语文能力。聚焦本课重难点进行教学互动,让教学直达文本的核心目标,能有效帮助学生巩固阅读学习成果,积累规范的语言经验。

(三) 课后个性辅导

四写:教师根据学生课前预习、课中学习的生成情况,给不同学习基础的学生布置分层性、开放性、创新性作业;在反馈批改后对不同类型的学生进行个性化辅导,在引导不同学生完成作业的同时促进其个性化发展。

部编版小学语文四年级下册第四单元是以动物为主题的，旨在让学生通过阅读名家名作，体会作家是如何表达对动物的感情的，最终能在习作练习中选择一种情境，写一写自己喜欢的动物，并写出它的特点。

在习作"我的动物朋友"一课的学习中，针对教材中提到的三个不同的情境，教师先让学生对比阅读了周而复写的《猫》，体会作家是如何抓住猫的外貌特点，写出它的与众不同的；接着学习了丰子恺写的《白鹅》，体会作家是如何将白鹅的饮食习惯写清楚的；最后回顾了课文《猫》，体会老舍先生运用了拟人的手法，写出了猫的可爱，表达了对猫的喜爱之情。

在对比学习的基础上，教师设计并布置了可自主选择的分层性作业，包括"读一读""画一画""拍一拍""写一写"。

朗读作为最重要的阅读手段之一，不仅可以让他们加深对课文内容的理解，还可以让他们陶冶情趣，培养语感，获得美的享受。基础比较薄弱的学生可以选择"读一读"的作业，把课文里的内容或者描写动物的名作有感情地读给父母或朋友听，从而加深对文章内容的理解，对比体会不同作家的表达方式，达到锻炼和提升语言表达能力的目标。

作业的布置要注重学科间的横向联系，可以打破学科之间的界限，让学生把完成作业当成一种快乐。喜欢绘画、绘画能力较强的学生可以选择"画一画"的作业，用绘画的方式展现动物的不同特点。选择这项作业的学生，可以用思维导图展现所要描写动物的不同特点，也可以制作动物卡片，收集不同动物的特点和习性，还可以写一篇关于"我的动物朋友"的文章，享受创作的乐趣。这样的作业不仅点燃了学生创造思维的火花，还提高了学生的审美能力。

在"互联网+"时代，拍照、剪辑视频已经成为学生生活的一部分。他们可以通过小视频的形式记录小动物的生活，观察它们的习性，了解它们的特点，为接下来的习作练习积累必不可少的素材。

要给拍摄的作品附上文字注解和说明，如写清楚拍摄的时间、地点、原因和当时的心情、想法等，为后续班级中开展的摄影展做好编辑准备。

上述云端练习打破了学科之间的界限，拓宽了学生的视野，激发了学生的阅读兴趣，重构了学生的知识结构，训练了学生的综合表达能力，体现了作业的交汇性和应用性。有效的线上教学作业布置和辅导，能帮助学生收集、积累阅读素材，为表达输出即习作打下坚实基础，让学生有内容可写、有方法可循，不再惧怕写作文。

［案例］

关于《在天晴了的时候》一文的教学设计

线上学习不同于学校学习，教师不能对学生的学习进行及时有效的监督。为了让学生积极参与课堂，教师精心备课，想办法走近学生、倾听学生、及时反馈，不断引导学生勇于表达自己的观点和想法，激发学生的学习潜力和创造力。

一、云端互动，教学实践

首先，自主感悟，互动交流。在这节课上，教师以学生为主体，让学生以朗读为主，先从整体上感知诗歌内容，找出文中描写的景物，再品味诗句，说说诗词之美。学生通过连麦、互动面板畅所欲言，其兴趣被调动起来，因此课堂互动参与度很高。诗人通过拟人的修辞手法，用动态化的表达方式描绘出了一幅幅雨后放晴的乡村画卷。“泥路”是温柔的，“小草”在炫耀，“小白菊”大胆地试寒试暖，“凤蝶儿”在悠然地闲游……这些普通的景物在雨后似乎都焕然一新，让人陶醉、向往。学生们在阅读中和大家分享自己对美的感受。学生通过各种方式的朗读，反复感知诗歌的语言之美。同时，教师运用线上平台上的各种工具，激发学生学习的积极性。对于发言出色的学生，要及时肯定、表扬他们，使他们获得成功的体验。最后出示奖励排行榜，并与学校原有的“DODO券”评价相结合，实现线上和线下教学评价的有效衔接。

其次，延展所学，以诗呈现。教师借助本课创设的情境，引导学生联系自己的生活，回忆雨过天晴后所见的景象，自主创编小诗，并在诗中表达自己的情感。此环节最大的亮点是教师合理利用多媒体，通过图片和音乐烘托诗的意境。写诗之前，先让学生欣赏一组雨后大自然的美景，激发学生写诗的灵感；随后，通过播放音乐营造写诗的意境，引导学生走进诗歌的世界，让他们展开想象的翅膀，用自己的语言说出头脑中的画面，再运用自己喜欢的表达方式创编小诗；最后，让学生配乐朗诵自己创编的小诗。学生化身为一位小诗人，将雨过天晴后大自然的美景呈现在我们面前。这样既升华了本课的朗读感情，同时也是对本单元学习的综合运用，使学生进一步体会现代诗的韵味，丰富语言积累。

二、课后延展，教学思考

《在天晴了的时候》的作者是戴望舒。诗人观察细致独特，想象富有诗性，赋予文字一种宁静而不乏灵动的美感。由于这是一篇略读课文，教师在教学前通过预习反馈了解到，学生通过前三篇精读课文的学习，初步体会了现代诗的特点，掌握了借助关键词句体会诗人情感和诗歌韵味的方法。因此，教师将本课的教学目标定为，对精读课文所学知识与技能的综合运用，注重学生的自读自悟。

在阅读教学中，教师从整体感受现代诗的特点入手，放手让学生练读诗歌，做到正确朗读，读出诗歌的韵味。根据略读课文的阅读提示，让学生选取自己喜欢的诗句，运用之前单元中学到的想象画面、关注独特表达等方法，自主交流读后的感受。在朗读、理解的基础上，让学生有感情地背诵这首诗。最后，引导学生联系生活实际，用诗歌的形式描述自己看到过的雨后天晴的景象。

云端课堂，亦有温度。无论教学方式如何改变，都不能改变我们敬业的工作态度。作为教师，要让每一次的云端阅读都能富有温度。

（案例撰写　罗黎萍）

二、阅读内容的丰富化

语文阅读教学活动是一种融合作交流、实践探究、情感体验为一体的综合性学习活动。它的发生源于生活中的问题，旨在引导学生在阅读中寻找生活的意义，学会生活的方法、途径。

因此，我们主张的阅读教学的外延绝不仅仅限于学生在课堂中阅读的文本。2022 年，学校打造了“GL 乐动”社区创客工坊，引导学生学会用书本里的知识解决生活中的困难。

“GL 乐动”社区创客工坊旨在引导学生用有创意的办法解决社区生活中的困难和问题。整个学习过程分为三个阶段、六个流程，具体如下。

上课前：自主提问，自发选题。

学生根据疫情期间居家学习过程中发现的需要改进的问题，提出意见和建议，并上传至平台。教师收集问题后将相关内容进行合并，归纳为六个相对集中的研究项目(见表4-1)。学校通过问卷星平台,引导学生自主选择感兴趣的研究项目进行后续学习。

表4-1 研究项目和涉及学科

序号	研究项目	涉及学科
1	如何安全有效地提高社区核酸检测效率	语文、数学、美术等
2	如何合理使用家中储备的食材给自己制作简易营养餐,以减轻家长的负担	语文、科学、美术、劳动技术等
3	如何帮助老人学会使用抗原自测包	语文、美术、信息技术等
4	如何实现居家期间生活垃圾的分类减量	语文、科学、信息技术等
5	疫情期间,足不出户,如何健身	语文、体育、音乐等
6	居家隔离时如何调节心情	语文、音乐、美术、心理教育等

上课中:自主阅读,自行合作。

学生随机组合成临时任务小组进行合作探究,自行设计研究方案,还可以邀请有相关特长的家长参与指导、合作。学生初步完成任务后,再通过平台上传任务单。

教师用2课时的时间(每课时35分钟)进行线上互动教学:第1课时进行阅读书目推荐、解读;第2课时对学生预先提交的作品进行课堂分享、点评、指导,指出需要改进之处,启发学生相互借鉴。

教师先在云端创建"GL乐动"社区创客工坊的互动教室,再用1课时的时间对参选的跨班学生进行辅助阅读书目(同类阅读作品)推荐和项目探究方法指导等。

上课后:发布成果,自我反思。

学校通过六大主题的系列公众号发布学生各类学习成果(视频宣传、设计稿件等),使其感受成果被认可的喜悦。

以"如何实现居家期间生活垃圾的分类减量"的主题阅读学习为例,对相关内容进行简要介绍(见表4-2)。

表 4-2　关于“如何实现居家期间生活垃圾的分类减量”的设计方案

<table>
<tr><td>学习主题</td><td>如何实现居家期间生活垃圾的分类减量</td><td>学习时长</td><td>4 周</td></tr>
<tr><td>年级</td><td>一至五年级</td><td>涉及学科</td><td>语文、科学、信息技术等</td></tr>
<tr><td>学习内容</td><td colspan="3">在家隔离的日子里，因为生活上的限制，人们会产生很多垃圾，但却不便于外出倒垃圾。通过此次项目化学习，学生了解到垃圾分类的重要意义，以及不同种类的垃圾该如何分类，并能对分类垃圾进行有效的回收利用。学生们通过信息技术课上学到的知识，学习使用各种软件，丰富学习作品的呈现形式，记录生活垃圾分类减量的过程，提升信息技术素养，体会回收利用生活垃圾的好处。</td></tr>
<tr><td>学习目标</td><td colspan="3">目标设定：
1. 通过阅读绘本《垃圾不见了》，了解不同种类垃圾产生的过程以及垃圾分类处理的情况。
2. 引导学生分析家中湿垃圾产生的原因，通过对比实验探究各类蔬菜的最佳保存方案，以减少变质现象。
3. 通过设计小调查，了解干垃圾减量的方法。
4. 了解可回收物再利用的方法，并尝试制作。
5. 利用文字处理软件、演示文稿制作软件、思维导图制作软件等，制作数字作品，将生活垃圾分类减量的过程展现出来。
关键概念或能力：
让学生在学习过程中积累经验，在制作作品的过程中解决问题，结合核心问题开展实验，用发现的眼光寻找身边可利用的素材，对生活垃圾进行有效利用，实现减量分类，践行“动心动手动脑”的学风。</td></tr>
<tr><td>驱动性问题</td><td colspan="3">如何把生活垃圾的产生量降到最低？有哪些垃圾是可以回收再利用的？学生为了解答以上问题，通过动手制作，将可利用的垃圾制作成各类物品，以提升问题解决能力和动手制作能力。同时，学生可以利用各类信息技术工具，对制作的过程或者结果进行及时记录，以提升信息技术素养。</td></tr>
<tr><td rowspan="2">成果与评价</td><td>个人成果：
可回收物的减量与再利用；
垃圾减量小实验；
各类数字作品。</td><td colspan="2">评价的知识和能力：
问题解决能力、动手制作能力。</td></tr>
<tr><td>团队成果：
垃圾减量对比实验；
调查小报告；
垃圾减量发布会；
四格小漫画（告居民书）。</td><td colspan="2">评价的知识和能力：
创新能力、团结合作能力。</td></tr>
</table>

（续表）

实践与评价	第一阶段：运用问卷星的调查功能，对每日垃圾产生量进行统计，抓住核心问题进行分析研究，实现每个种类的垃圾都能减量。 第二阶段：阅读绘本《垃圾不见了》，了解生活中常见的生活垃圾，并尝试分类。 第三阶段：分类探究垃圾减量的小妙招，通过头脑风暴、分组讨论等，侧重于小实验、小调查、小制作的形式，进一步学习湿垃圾、干垃圾、可回收物减量的方法。 第四阶段：教师根据前期分组的情况对不同小组进行指导，可以从如何进行制作、制作的方式、制作的手段等方面进行辅导讲授。 第五阶段：在最后的展示活动中，进行成果展示和介绍，收集他人的建议，先进行组内评价，再进行不同小组的交流互评。 第六阶段：发布成果。
[第一课时] 师：同学们，相信大家在居家期间会产生很多的生活垃圾。这节课的主题是如何实现居家期间生活垃圾的分类减量，让我们先来了解一下垃圾的产生和分类。 一、垃圾的产生与处理 师：今天老师给大家推荐一本绘本《垃圾不见了》，请大家朗读绘本的前几页内容，边读边思考“我们平时是怎么处理生活垃圾的”。 （学生交流生活垃圾处理的现状） 师：同学们，你们知道生活垃圾到底去了哪里吗？对于这个问题，我们能在这本关于垃圾分类的绘本中一探究竟。 （教师出示绘本，介绍作者和创作背景） 二、垃圾分类投放的重要性 师：生活垃圾会被放进不同种类的垃圾车里，如湿垃圾处理车、干垃圾处理车等，再被运到不同的垃圾处理厂。仔细读文读图，说说玻璃瓶、金属易拉罐、纸张等垃圾的处理方式。 师：玻璃瓶被彻底消毒清洗后可二次使用。废旧金属易拉罐经过处理后能产生新的易拉罐，节省下的能源还能转化成电能。废旧纸张能被制作成再生纸，从而减少树木的砍伐。 师：同学们，你们认为家中还会产生哪些垃圾？你们是如何处理这些垃圾的？ （学生根据生活经验回答） 师：焚烧垃圾产生的能量能转化为电能，但要对排放的废气进行处理，这样才不会对空气造成污染。 师：什么是垃圾分类？哪位同学来念一念？ 师：绘本中的垃圾分类和上海市规定的垃圾分类有什么区别？ （引导出示：可回收物、有害垃圾、湿垃圾、干垃圾） 师：通过阅读，我们了解了垃圾的处理方式和分类。下节课，老师会带领大家学习居家期间生活垃圾的分类减量方法。	

（续表）

[第二课时]
一、线上作业反馈
师：上节课，我们通过阅读绘本《垃圾不见了》，简单了解了生活垃圾的分类方法。
师：疫情期间，为了减少人与人之间的接触，我们往往会选择减少出门倒垃圾的次数，因此做好垃圾的减量工作，才能更好地保障舒适的居家环境。今天，让我们一起围绕这个话题展开探究吧！
二、探究垃圾减量的小妙招
1. 湿垃圾减量（侧重点：小实验）
引导学生分析家中湿垃圾产生的原因：(1)正常的厨余垃圾，如果皮、菜叶与菜根、根茎类的表皮、动物内脏等；(2)剩菜剩饭；(3)因食材保存不当而产生的湿垃圾。
结合学生的创意，做出相应指导或补充：(1)神奇的蔬菜再生术，是指通过阳光暴晒使植物性湿垃圾脱水；(2)如何更合理地安排每天的食谱与每餐的量，以减少或避免剩菜剩饭的产生，或许可以尝试设计一份适用于三口之家的一周食谱，注意标明各种食材的用量；(3)通过对比实验探究各类蔬菜的最佳保存方案，以减少变质现象。
作业呈现形式：在家长的协助下做好详细的实验过程记录，保留各阶段的照片。
2. 干垃圾减量（侧重点：小调查）
引导交流：居家生活中产生最多的干垃圾有哪些？最需要减的是哪些？为什么？
比如，从合理使用纸巾的角度分析怎样减量，以及各种商品包装袋、塑料底托如何做到减少体积。
作品呈现形式：除了调查报告外，也可以结合调查结论开展实践操作，用图片或数据记录下没有做减量前的垃圾数量、重量或体积，再记录下减量后的具体情况。
3. 可回收物的减量与再利用（侧重点：小制作）
先让学生找一找哪些可回收物是我们有能力加以改造、再利用的，再结合具体物品讨论如何对它进行改造。
(1)与之前的蔬菜种植相结合，改造各种瓶瓶罐罐，使之成为种植容器，还可以进行组合、适当美化；(2)参照“纸盒笔筒”一课，尝试对各类纸盒进行整合、改造，并用作收纳；(3)参考上一个项目，开展头脑风暴，改造快递箱、大纸盒，如将其做成猫窝、收纳柜、仓鼠迷宫等；(4)多种材质的组合再利用，或许可以呈现出不一样的艺术作品；(5)指导学生掌握设计、绘制、切割、连接等技术；(6)开展安全教育。
三、作品呈现方式
建议学生选择自己感兴趣的作品呈现形式，分为简易版和复杂版。
简易版：(1)一份完整的实验报告，包括实验材料、实验时间、实验过程中各阶段的图片及文字记录、实验结论，以及从实验中获得的启示、想要向大家推荐的好方法等；(2)一份调查报告，包括问题表述（为什么会想到做这个调查）、调查对象、调查方式、调查结论、相关建议等；(3)一件手工作品，以图片形式简单记录材料准备、制作过程、最终作品效果等。
复杂版：(1)将试验成果、调查结论及建议、创意制作转化为一段小视频，可以是单人录制，也可以是多人合作；(2)制作一份垃圾减量实用手册，如低年级学生以漫画形式为主，三至五年级学生可以尝试制作图文并茂的宣传册，也可以将其做成电子手册，以便于在网络上发布。

（续表）

四、答疑互动 给予学生三至五分钟的提问、质疑时间。 五、课后延伸 师：今天，我们一起探究了不同类型生活垃圾的减量方式。请同学们充分发挥你们的创意，运用所学知识与技能，以实验报告、调查报告、小制作等形式展现你们的探究成果。希望大家能在学习过程中主动阅读更多的书籍，将你们的探究成果转化为好的作业成果，与大家分享你们的创意，帮助更多的人真正实现生活垃圾的分类减量和再利用。

上述研究问题源于生活，致力于帮助学生提升居家生活质量，同时帮助学生在自主探究、合作交流中发展数据处理能力、模型思维能力、逻辑推理能力、表达沟通能力。

三、阅读方式的个性化

数字化平台的使用，让个性化阅读成为可能。教师在教学前对以学生为中心的学习平台技术进行学习和探索后，结合互动教学需求做了以下尝试。

首先是在智慧学习平台辅助下提升阅读学习内驱力。教师在使用 ClassIn 软件时，发现许多软件自带的小工具，如抢答器、倒计时、随机选人等。如果将这些小工具合理融入教学环节，可以有效提升课堂教学的互动性和吸引力。比如，在“《宝葫芦的秘密》（节选）”一课的阅读教学活动中，教师首先让学生通过观看“空中课堂”教学视频进行学习，了解故事的主要内容和人物的形象特点；然后抓住学生喜欢天马行空的特点，在课堂上创设了“宝葫芦的秘密故事新编”的环节，利用授课平台上的小工具，组织学生分组研读讨论，用计时器给学生限定讨论时间，并在时间结束后发放抢答器，让学生进行抢答续编；最后可以根据课堂教学需求设立答题卡，让学生进行情节概述的速写练习。教师端可以直接看到全班学生的答题结果，也能对课堂生成的问题进行个性化讲解和分析。通过线上互动，学生将自己在“空中课堂”里学到的方法运用到实践中，在阅读学习互动中快速且有效地掌握阅读方法，让原本单向互动的线上阅读课堂氛围活跃了起来。

其次是在互动合作中让阅读资源发挥更大作用。为了避免学生在线上学习时全程“观屏”，教师依托智慧学习平台促进学生合作学习。如在以“一次________的实验中”为主题的写作练习中，教师先请学生观看“天宫课堂”后，尝试完成其中的某项实验，以照片或视频的形式将预习结果上传至平台。课堂中，教师在展示优秀视频作业时启发学生：如果今天我们要为这段视频做一点解说或是加上说明实验步骤的字幕，可以怎么做？比如，三年级的授课教师首先总结了本单元课文中梳理的一般方法，并通过线上学习平台提供了《一次有趣的“天宫课堂”》一文，让学生做批注学习；接着利用智慧教学平台自带的分组功能，随机把学生分成几个组，并提倡由组长带领大家讨论。在讨论过程中，学生不仅可以互相交流，还能在屏幕上写笔记、列提纲，充分发挥了主体作用。教师在进入每个小组旁听的同时，还可以随时以学生身份进行交流指导。教师在讨论之后又出示了自己录制的短视频，并引导学生用学习的方法详细地给屏幕前的观众进行推荐。这样的互动学习，让以往在线上学习中处于被动接受状态的学生感受到云端合作的活力。在这样开放的学习氛围下，以学生为中心的学习自然生成。

综上，学生能在互动阅读课堂中充分展示、讨论某个观点，甚至就某个话题进行辩论……多样化、生成性的阅读过程，有效提升了学生的学习兴趣。

最后是在云端图书馆的漫游中不断提升阅读兴趣。阅读兴趣的培养需要课内课外的相互联动，如教师于2020年疫情期间完成了“指尖上的阅读”云端图书馆的“阅读方法指导”系列课程录制，并在两年的时间里不断补充完善，形成了丰富的云端阅读方法教学资源库，引导学生在居家期间进行自主观看、学习。5—15分钟的阅读方法指导视频深入浅出、有趣生动，吸引了学生家长的线上围观。小小的线上阅读微课，推动了家庭亲子阅读的进程。

[案例]

送给孩子最好的礼物

——以亲子阅读为例

疫情期间，很多家长最大的忧虑可能是，这么长时间的居家学习会不会对孩子的成长造成影响。今天，我想先和大家分享一个故事，主人公是我们都认识的一位科学家——牛顿。

1665年,一场瘟疫席卷全英国。当时英国的情况并不比我们的情况好,一时间人心惶惶。因为医疗条件很差,很多人回到乡村躲避。为了躲避瘟疫,牛顿离开剑桥大学,回到了家乡进行自我隔离,不串门,不逛街,不参加聚会。但这段独处的清静岁月成了他一生创造发明的高峰期。谁也没想到,1666年成为历史上的物理学奇迹年。在18个月内,牛顿创立了二项式定理,发明了微积分,最著名的万有引力定律的基本思想也是在此期间形成的,因此一举奠定了经典物理学的基础。

这个故事要说明的道理是显而易见的:只要好好利用时间,疫情期间的居家学习会让孩子们获得意想不到的成长。怎样好好利用时间呢?我的建议是送给孩子一份最好的礼物——亲子阅读。居家生活让我们有了更多陪伴孩子的时光,与其因长期刷视频而让自己越来越焦虑,不如陪着孩子好好读书。

亲子阅读的好处不必多说,从语言学角度而言,经常听父母读童话书的孩子能使用具有特定语法的关系连词说长句,这意味着他们具有理解复杂句子的能力,也为他们今后成为读书家打下基础。孩子天生不会喜爱读书,因为吸引他们的东西太多了。只有听父母读书或看父母读书,孩子才会跟着读。对低龄段的孩子而言,他们阅读的不仅是书,更是父母的爱。

怎样引导孩子和家长一起共读,有以下几种方法。

第一,对于低年级的孩子,教师可以鼓励他们在听读的基础上大声朗读。当孩子比较小的时候,可以听父母读书或是听App上的讲读;随着年龄增长,父母可以鼓励他们在阅读的时候尽量大声朗读。这是因为年龄越低,不出声的默读越容易分心走神;放声朗读时,人的大脑容易被激活。大声朗读可以帮助孩子进行长时间注意力高度集中的训练。

第二,对于中高年级的孩子,家长要鼓励他们"慢阅读"。不是说孩子读一本书用的时间越短,他的阅读能力就越强。读书这件事要允许孩子们"慢读出真知"。比如,学校曾经组织过四年级学生在父母的陪伴下进行六个阶段的"慢阅读":(1)选择语言表达丰富的国内外小说,鼓励孩子读;(2)反复就没读懂、感兴趣的细节再读;(3)派生阅读(在父母、老师的推荐下,读作者同类或内容相关的作品);(4)引导孩子按章节概述,和大人聊聊各章节讲了什么,哪个章节让你印象最深;(5)按(选择)章节写写自己的思考;(6)用日记、随笔的形式写下自己的整体思

考。“慢阅读”能帮助孩子把一本厚书读薄，也能引导孩子把一本薄书读厚。

第三，引导各年龄段的孩子在阅读中学会质疑。读书的目的不只是获得知识，更是让他们拥有一颗会思考的脑袋。

以上是一些关于亲子阅读的建议，有兴趣的家长可以试一试。在疫情居家的日子里，让孩子在您的带领下爱上读书，养成阅读的好习惯，无疑是给孩子们的一份最好的礼物。

（案例撰写　陆莉莉）

四、评价主体的多元化

评价对学生的成长发展具有非常重要的作用。在整合线下阅读教学中，教师以学校的“DODO 银行存折”作为学生过程性评价的方法，在开展云端链群阅读教学的同时，还尝试以信息技术改变传统阅读教学的评价方式，关注教学过程中评价主体的多元化。

第一，数据助力下的过程评价。教师在阅读教学过程结合学生“读、问、说、写”的表现进行即时评价。通过平台统计，也可以进行以下过程性评价。一是在阅读课后提取每个学生的学习报告、精彩瞬间和课堂数据。数据表明，学生的阅读练习完成度、上课的表达活跃度与课堂学习时获取的“DODO 券”呈正相关。二是在“指尖上的阅读”平台上提取学生的过程性阅读报告，内容包括学生的阅读作品、作品评价、阅读时间等。教师在参考课堂即时评价和课后评价、阅读报告的同时，也与家长交流学生学习评价的数据，优化线上阅读教学期间的家校共育模式，有助于更好地做到家校联动下的阅读推进。

第二，着眼学生持续发展的多元评价。实践证明，线上阅读学习的即时评价能有效激发学生参与线上学习的兴趣。但对中高年级学生而言，“线上+线下”“自评+互评”的混合式长效评价更能促进其阅读兴趣的提升和阅读习惯的养成。学校将线上阅读教学评价报告结果与学生的“DODO 银行存折”挂钩。“DODO 银行存折管理系统”是笔者所在学校特有的过程性评价。学生在积累了一定的“DODO 券”即评价奖励后，可以在每学期一次的兑换活动中选择将其以一定的利率存入学校银行，或是换取一定的物质奖励或精神奖励。教师会鼓励学生在每节课后结合平台的报告进行自评,也会鼓励学生通过自律控制、阅读行为的调整、与学习伙伴的合作、对伙伴的阅读帮助等,在课堂教学评价中或在“指尖上的阅读”平台上获得更多的奖章和“DODO券”。学生线下返校后则有更多的评价形式来获得激励,如担任校长助理、升旗手……混合式评价有利于激发学生更大的学习动力,这同样是云端阅读的魅力所在。

第三节　云端MINI阅读教研的培训保障

人工智能、数字化转型等技术的发展,为云端阅读教学提供了可能;教育教学与信息技术深度融合的新形态,对教师专业水平的迅速提升提出要求。本节从建构高效智能的教师云端MINI阅教研模式出发,阐述如何通过基于实践的阅读教学研修来促成教师在校本研修中的深度学习;通过教师阅读教学意识、能力的提升为链群阅读教学提供师资保障。

一、MINI教研概述

(一)MINI教研的内涵和发展困惑

MINI教研是学校于2013年起实践的教研模式,形成初期是为了解决学校各学科教师专业发展不均衡的问题。为了保障在教育教学正常推进的同时,全体教师能在有效的时间段里共同参与教研,学校在保证教研流程和教研质量的同时控制研修的总时长,让教师在一两小时里完成所有研修流程,解决相关问题,故将其命名为MINI教研。在实践过程中,学校构建了学习互助共同体,为教师专业均衡化发展扫清障碍,促进教师共同成长。

同时,学校需要根据教育现状不断迭代和升级MINI教研。比如在“双减”政策背景下,学生学习负担的减轻、综合学习能力的提升对教师基于阅读的跨学科教学能力提出了新的要求;在疫情背景下,云端阅读教学的推进促使教师提升信息素养。一线教师如何整合线上教学平台的使用,通过链群阅读指导促进不同层面学生阅读能力的提升?对于这一问题,学校要引导教师在实践、思考、改

进中,从问题出发,进行深度学习。因此,我们的实践是从明确当下教师需要提升的能力入手的。

（二）MINI 教研为实现教师深度学习奠定基础

整合当前教育技术和背景,我们认为,教师在专业发展中有以下能力需要通过研修得到提升。

一是基于技术操作的反思能力。在数字化转型背景下,教学手段、教学模式的变化建立在教师熟练掌握数字化平台使用技巧的基础上。学校是上海市教育数字化转型的首批试点学校,而教师如何用好"三个助手"的平台功能,将其与其他智慧学习平台有效兼容,并在熟练掌握技术的基础上思考基于阅读教学实践的数据分析、反思检视,有赖于学校的全员教研培训。

二是基于在线教学有效性的研究能力。教师要善于发现阅读教学过程中的实际问题,在教学实践的过程中从研究视角提炼有效的在线阅读教学策略,这同样依赖于基于课例研修的校本教研。

三是基于在线教学个性化的创新能力。在线教学是实现教育均衡、因材施教的良机。怎样针对学生的阅读基础、学情个性,在阅读教学设计、阅读教学过程、阅读作业设计中实现个性化,教师必须具备一定的创新能力。

综上,我们将 MINI 教研的特征概括为:共享化的社区学习、创造化的思维发展、深度学习。MINI 教研作为一种校本实施的新型教研模式,将共享化、数字化、个性化贯穿于整个教研过程中,为实现教师培训中的深度学习提供了新思路。基于云端链群阅读教学的需求,MINI 阅读教研着眼于教师能在未来的阅读教学变革中融合各类智能技术,使之更好地服务于学生,关注学生终身阅读能力的养成,真正达成素养提升、个性化发展的目标。

二、促进深度学习的云端 MINI 阅读教研模式

（一）云端 MINI 阅读教研模式的构建和设计

根据教师队伍发展需求,整合学校在实践中形成的云端链群阅读教学范式,我们从教师个体活动、学习共享活动、研修流程构建了三个层面(教研组、研修流程、参研教师)、三个阶段(教研前期、教研中期、教研后期)和五个流程(集体

备课、课题汇报、教学展示、教研活动、全员反思）的 MINI 教研模式，即“335”模式（见图 4－2）。

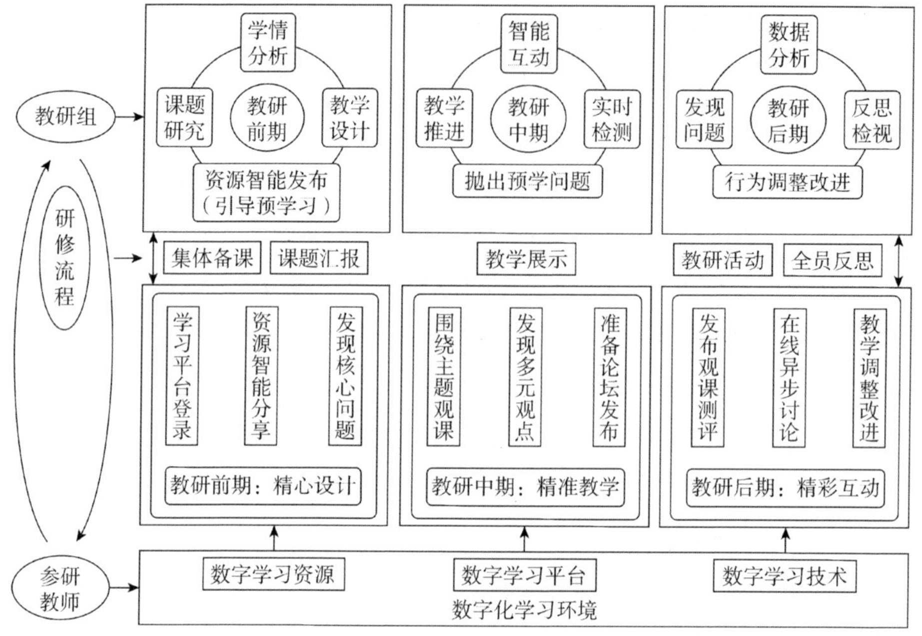

图 4－2　云端 MINI 阅读教研模式

（二）云端 MINI 阅读教研模式的应用和实践

围绕前文阐述的教师急需培养的能力，整合 MINI 教研的内涵特征，我们的云端链群阅读教研进行了如下实践。

一是结合线上阅读教学实践中的困难与反思提升教师的反思能力。2022 年上半年的线上教学开始时，教师就在研修活动中提出各自对提升线上阅读互动教学有效性的思考，而这些思考先后成为 3 月中旬至线上教学结束期间历次云端 MINI 阅读教研的研修主题。比如，对于怎样基于“空中课堂”资源有效开展阅读教学研究，他们提出由市教委统一录制的“空中课堂”基于课标、设计精良、重点突出、节奏紧凑，对于把握课程标准、落实教学重难点起到了很好的引领作用。为了能将“空中课堂”资源的效能最大化，语文教研组以“‘空中课堂’+教学方式的运用和探索”为主题，依托 MINI 教研，组织全体教师观摩 20 分钟的互动教学，并交流了教师在实践中的做法。比如：“空中课堂+ClassIn”，教与学互

动一体;“空中课堂+有效练习”,练与评融为一体;“空中课堂+研修反思”,研与训促进发展。教师结合各自学情,交流在教学实践中选择合适的视频片段或习题分析,融入自己的线上阅读教学,以提升教学效果的做法与成效反思,起到了良好的研修效果。教研中的深度学习催生教师结合实践的反思与跟进,最终得益的是参与在线学习的孩子们。

二是通过基于智慧平台的阅读教研流程提升教师的研究能力。成功的教研不仅仅表现为教师在研修中的倾听、记录,更重要的是教师贯穿于整个教研过程中的思考研究、反思实践。因此,构建深度学习的云端 MINI 阅读教研在实践中均依据“教研前期、教研中期、教研后期”三段式,从“教研组、研修流程、参研教师”角度,分“一轮集体备课、一个课题汇报、一段教学展示、一项教研活动、一场全员反思”五个流程推进。

教研前期:精心设计。担任核心研究展示任务的教研组根据在线阅读教学中产生的困惑和问题,结合教研组正在进行的课题研究,确定并公布本次研修主题;根据学情和教研组课题研究进程,精心设计研修内容。教学片段展示前,教研组成员先通过数字化平台给学生及教师发放课前学习资源;根据平台反馈的学生预习情况进行智能学情分析,掌握学生对相关课堂学习内容的学习基础,并经由集体备课生成教学设计。线上互动教学展示前,由组内代表先汇报本教研组进行的课题研修内容和后续研究计划,让其他学科的参训教师更好地了解该教研组的研修背景,为后续教研环节的推进奠定基础。参与研修的全体教师登录智慧学习平台,根据平台发布的研修主题和学习资源进行阅读课前代入式思考,以学习者的身份参与研修。

教研中期:精准教学。担任核心研究展示任务的教研组依托智慧学习平台进行 15—20 分钟的线上链群阅读互动教学展示,并在教学中回顾课前知识的疑难点,抛出学生质疑较多的问题,引导学生进行互动学习。主讲教师在课堂教学中借助终端,实时检测学生学习情况,并及时调整教学策略,实现与学生的线上互动。参与研修的全体教师围绕本次研修主题即线上阅读教学的核心问题进行思考,在线上观课的同时生成各自的观点和意见,并发布在观课意见论坛上,以实践者的身份参与研修。

教研后期:精彩互动。担任核心研究教学展示任务的教研组根据平台出示的学习结果进行简单的数据分析和反思检视,引发全体教师的思考和教学改进。参与研修的全体教师进入在线观测平台,给出观课评价结果,并发布各自的观点,进行在线研讨。该线上论坛有两个主要作用:一是作为储存教师教学思考的数据库,二是将所有教师的想法公开。这些想法一旦在公共社区被讨论、辩论和改进,就能帮助参研教师有意识地以一种系统的方式将自己的教学和观点联系起来,从而获得专业提升。

[**案例**]

以"课堂流程再造,个性学习思考"为主题的云端MINI阅读教学教研片段

片段一:教研中期,课堂教学简要实录

本次担任核心研究任务是一年级语文教研组,教学内容是部编版小学语文一年级下册"人之初"一课的第2课时。在20分钟的线上互动教学中,吴老师的教学有三处可借鉴之处。一是为了解决部分低龄段学生躲在屏后不肯发声的教学问题,吴老师采取了每天上课灵活邀请三位观测员的方法。在互动课中,这三位观测员的音频、视频始终打开,第一时间与老师进行互动。其余学生可以远程"举手"发言,共享学习成果。由此,学生的云端口语表达练习、个性化教学指导效果良好。二是通过平台在课前汇总上一课时学生提交的写字作业和朗读音频,借由学生预习完成情况反馈调整互动教学内容设计。三是为了解决不同层次学生学习需求差异的问题,吴老师在讲授课文内容的同时,进行了适当的学科内容拓展,推荐并引导学生阅读《三字经故事》等课外书籍,将线上教学和线下阅读进行了有机整合。

片段二:教研后期,研修互动简要实录

20分钟的互动教学之后,全体教师离开授课教室,同步加入学习共享会议室。学校信息部先是结合平台给出的课堂报告简单回顾了教学中的精彩瞬间,并分析了学生参与度、教师讲授时间等数据,随后结合学校的课堂观测平台对全校教师的评分进行了数据分析。结果表明,吴老师的课堂教学综合评分为93分,明显领先于同一年内同学科教师的课堂观测评分均值。随后一年级语文教研组成员介绍了本教研组从上学期就开始实施的"小学低年级学生'链式阅读'

的实践研究”，简述了本堂课教学设计的研究背景，并围绕本次 MINI 教研的主题“在云端链群阅读指导中关注学生个性化学习的思考”，整合教研组成员的实践与思考，进行了教学研讨。

全校教师在学校的课堂观测平台上进行了互动评课和教学评价。表 4-3 是部分学科教师的观课评价。

表 4-3　观课评价表(部分教师)

张老师	本堂课紧紧围绕教学目标展开，结合听、说、读、写，课堂生动有趣；同时，安排了三位课堂观测员，帮助点评同学的书写以及指正他们的错误，还可以根据他们的反馈及时发现课堂中的问题，非常值得学习。
李老师	吴老师的这节语文课很好地延续、升华了前 20 分钟的“空中课堂”。在看不到老师的线上教学中，首先传来的是吴老师优美的声音。我相信学生们一定和我一样觉得十分亲切、愉悦。一开始，吴老师以图片的方式点评了书写作业，直观又有效。在字词教学时，给学生一定的留白时间，并通过课堂观测员的纠正辅助，给予学生自主学习的机会。吴老师善于调动学生的学习积极性，通过师生配合读、生生交流等方式，让大部分学生都参与了发言。此外，吴老师还运用图片、视频等教学资源进行了课外拓展。因此，整节课起到了线上答疑、朗读指导、书写辅导等作用。
陈老师	听了吴老师的这节语文课，我受益匪浅。课堂上，吴老师细心倾听每一个学生的发言，并及时给予反馈。不仅如此，值得一提的是，三位课堂观测员不仅能实时反馈学生的听课情况，还能调动学生的积极性。这些做法都十分值得借鉴。

(案例撰写　陆莉莉)

三是在整合跨学科主题阅读学习研讨中提升教师的创新能力。在“GL 乐动”社区创客工坊的主题阅读学习中，全校教师围绕六个研究项目，引导学生进行跨学科学习。

表 4-4　“GL 乐动”社区创客工坊的主题阅读学习

序号	研究项目	涉及学科	推荐阅读书目
1	如何安全有效地提高社区核酸检测效率	语文、数学、美术等	低年级：《给孩子的病毒科普图鉴》　脑花 中高年级：《新冠肺炎突发疫情的社区防控：组织与管理》　周绿林，陶红兵

（续表）

序号	研究项目	涉及学科	推荐阅读书目
2	如何合理使用家中储备的食材给自己制作简易营养餐，以减轻家长的负担	英语、科学、美术、劳动技术等	《怎么吃饭才营养》 ［日］山本省三，［日］山高真纪子
3	如何帮助老人学会使用抗原自测包	语文、美术、信息技术等	《中国抗疫简史》 张剑光 《帮助好朋友》 ［德］卡罗拉特，［德］麦斯
4	如何实现居家期间生活垃圾的分类减量	语文、科学、信息技术等	《垃圾不见了》 李萍，小良
5	疫情期间，足不出户，如何健身	语文、体育、音乐等	《居家健身防疫：世界冠军带你强身健体》 江山
6	居家隔离时如何调节心情	语文、音乐、美术、心理教育等	《儿童音乐之旅：世界上最美的儿童歌曲绘本》 ［法］格格斯雷加特，［法］阿尔马格纳

从表4－4的“涉及学科”一栏可知，每一项学习内容的指导教师均来自不同学科。对于来自数学、美术等非语言类学科的教师如何结合教学进行有效的阅读指导，我们的MINI阅读教研则根据教学推进的需要分阶段进行指导。

首轮教研的主题锁定在“跨学科综合学习中阅读教学策略的实践和探索”。各研修组教师围绕主题进行了各自的阅读教学设计交流，从“阅读引入”“资料选用”“拓展探究”“工具书使用”等方面进行了主题发言，并观摩了“如何实现居家期间生活垃圾的分类减量”主题阅读学习中的教学展示。在课堂教学观摩中获得启示的教师纷纷表示：“很有启发，但是可以将阅读教学上出我们美术学科的特色。”“根据我们组的选题，将阅读文本的导读放在第2课时，能更为有效地解决实际问题。”……云端MINI阅读教研为各学科教师的云端走班教学奠定了良好的基础。

在第一阶段学生的云端学习后，学校组织开展了第二阶段的MINI阅读教研，邀请平台数据中学生参与度最高、学习效果最好、主题为“运用现有食材设计营养午餐”的研修组进行分享。研修组教师以“云端主题阅读学习中目标制定的适切性探索”为主题，分享了他们的教学心得。学习前，教师倾听学生的创意，在整合多门学科教师的意见后，制定了以下综合学习目标。

科学(S)：知道人体需要不同的营养，懂得营养均衡的重要性。搭配膳食营养要做到品种多样，并保持合理数量。学生在评价食谱是否均衡搭配的交流活动中，能对所提供的信息进行分析和运用。

技术(T)：根据营养均衡的特点制作餐食或用代替品搭建出快餐的模型，满足人的审美要求，体现餐品的美观。

工程(E)：根据人的营养需求和家中现有的食材设计餐食，并根据他人的意见修改菜单。

数学(M)：能运用数学知识算出一份营养午餐的大致价格和各种营养成分含量。

上述教研指向跨学科学习的目标制定，在推进过程中有效促进了参研教师对于新理念、新技术、新方法的思考，真正促进了学生的“学”。随后教研组教师又分享了他们研修小组设计的学习流程，见表4－5。

表4－5　关于“如何合理使用家中储备的食材给自己制作简易营养餐，以减轻家长的负担”的设计方案

<table>
<tr><td>学习主题</td><td>如何合理使用家中储备的食材给自己制作简易营养餐，以减轻家长的负担</td><td>学习时长</td><td>4周</td></tr>
<tr><td>年级</td><td>一至五年级</td><td>涉及学科</td><td>英语、科学、美术、劳动技术等</td></tr>
<tr><td>学习内容</td><td colspan="3">通过阅读绘本“吃饭的秘密”系列之《怎么吃饭才营养》，了解家中储备的各种食物及其营养价值，了解每餐各种营养的合理摄入量，学会根据实际情况合理安排饮食，设计菜单，用家中有限的食材做出色香味俱全的餐食。在综合学习过程中，培养学生的动手能力、想象力、创造力以及对美的认知，注重劳动教育的落实，促使学生养成爱劳动的好习惯。</td></tr>
<tr><td>学习目标</td><td colspan="3">此处省略。</td></tr>
<tr><td>驱动性问题</td><td colspan="3">不断蔓延的疫情打乱了原本井然有序的工作、学习和生活。在居家战“疫”的日子里，我们仍要用心经营每天多彩的生活，用美食点缀每个欢喜的时刻。同学们，让我们用街道发放的或自己囤积的物资制作美味的营养餐，体验美好“食”光吧！</td></tr>
</table>

（续表）

成果与评价	个人成果： 设计一份手绘营养餐菜单或漫画营养餐食谱； 设计制作营养餐的食物模型； 录制制作营养美食的视频。	评价的知识和能力： 阅读能力、设计能力、动手能力。
	团队成果： 以多人合作的形式，围绕一个主题设计手绘营养餐菜单或漫画营养餐食谱，设计制作营养餐的食物模型或录制制作营养美食的视频等。	评价的知识和能力： 阅读能力、设计能力、动手能力。
实践与评价	第一阶段：感知。 阅读绘本《怎么吃饭才营养》，了解宅家战“疫”期间家里储备了哪些食物，尝试用英语说出常见食材的名称，并将不同食材分成红、黄、绿三类。 第二阶段：理解。 了解不同颜色食材的营养价值，以《怎么吃饭才营养》为参考书籍，学会合理搭配食材，达到营养均衡的目的。 第三阶段：阅读。 1. 引导学生以“居家抗疫，美好‘食’光”为主题，阅读绘本《怎么吃饭才营养》，展开想象，进行讨论，确定营养餐的设计方案。 2. 组织学生合理分工，展开实践，设计绘制营养菜谱，在家长或教师的指导下，动手制作美味的营养餐。 3. 特邀明星家长（如营养师李爸爸）为学生提供专业的技术支持和方法指导，对学生制定的营养菜谱或制作的营养餐提出意见与建议。 第四阶段：评价。 学校在官微上进行宣传，给予优秀作品 1—3 枚数量不等的“DODO 券”作为奖励。	

上述研修和思考也为后一阶段学生在云端链群阅读综合学习中的自主提问、自行设计、自由合作、自我反思奠定了良好的基础。研修组成员在介绍的最后向学校建议：将一部分学生制作的菜单作为复学后校园午餐菜单，并用该合作小组的名字命名。这一成果可以作为一项评价指标，进一步激发学生学习的积极性。至此，跨学科主题阅读学习的过程成为学校引导教师、学生共同参与治理的过程，这也是通过推进阅读教学提升学校治理的一个成功案例。

在云端链群阅读教学的实践过程中，MINI 教研的技术赋能成效明显，具体如下。

一是以语文学科教学为引领的主题阅读研修对如何在课堂中进行链式阅读

指导、在云端 MINI 教研打造集群研修的样态做了引领和示范，为所有在校教师推进后一阶段的跨学科链群阅读指导打开了思路。人人都是儿童阅读的点灯者，而关于怎样用“对”的方法更好地引导学生走上阅读之路，跨学科、短时效、数字化的云端 MINI 阅读教研起到了很好的示范、培训作用。

二是云端 MINI 阅读教研也为链群阅读指导和其他学校教育教学的新样态提供了路径借鉴和队伍保障。各年龄段的教师在研修过程中努力摆脱对传统教学路径的依赖，学习利用技术手段辅助自己的阅读教学。其中，青年教师有深度的阅读课堂教学设计和科研能力的提升同样是引导教师在深度学习之后进行研修的成效之一。如何将这种在教研层面的开放共生、智慧共享进一步与学校文化主流价值观的建构和传播相结合，不断引导教师在这种共生和发展中实现自我成长，这是未来我们要思考的问题。教师的自我成长正是学校未来阅读教学新生态形成的保障和关键。

后　记

本书成稿于我在普陀区管弄新村小学担任校长的第十个年头,内容汇聚了个人近三十年在小学语文阅读教学上的探索思考以及全校教师为了孩子们的阅读而进行的精耕细作。我把它当成是一个奉献给学校和孩子们的礼物。

多年前,我和伙伴们整合学校的校情,将"'GL悦读'课程的实践研究"这个普陀区重点课题作为我们的起点进行实践,在实践中既促进了学校孩子、教师的成长,也提升了学校的办学品位。我鼓励教师们将实践的案例、子课题汇编成册,于是出版了《阅读,让人生出彩——"GL悦读"课程的实践研究》一书。我将自己对于儿童阅读的理解、探索和研究编撰成集,出版了《让阅读滋养孩子的心灵:儿童阅读的探索与实践》一书。此后,我并没有停止自己在小学语文教学上的探索与实践。不断地反思与否定、质疑与探索同样是促进自己成长的良方。随着研究的不断深入,我逐渐发现学生才是阅读的主体,"读书是孩子们自己的事情"。当我们忽略了这一点,所谓的实践研究越"深入",越是和我们的实践研究初衷背道而驰。因此,在结合个人在教学中对于"小学语文链群阅读指导"的思考与实践时,我将本书的名字定为"阅读润泽生命"。

相较于第一本专著而言,这本书稿的撰写更是一个喜悦和痛苦交织的过程。实践与理论的碰撞,让我得以在开展教学实践的同时再次徜徉于书海。然而,越是提炼越是觉得可以实践之处还有很多,越是梳理越是觉得需要改进之处没有穷尽……幸运的是,我在恩师王伟娟老师的鼓励和指导下走过了这个历程,从内容梳理、目录编制到书稿的撰写、成稿后的修改,中间历经了疫情的一再反复、病毒的百般"阻挠",是王老师温柔并一以贯之地鼓励,细致且循循善诱地点拨、指导,才让我坚持到了最后。

在本书撰写过程中,我从"链群式阅读"的设想出发,从"链群阅读指导"的起源、内涵、概念谈到"链式阅读"的方法概述、"群式阅读"的环境创设等。"链"是我对小学语文阅读指导方法的概括,"群"是促进学生阅读的全面保障。"链群阅读”的设想见证了我在研究伊始想要带领全校教师做一种不一样的阅读的初心。儿童阅读是一条有意义、有意思却又无极之路，本书的出版不过是研究进程上的一个段落，而我将一直怀揣着朴素之心和伙伴们行走在语文学习研究的路上。

此书的完稿和出版特别要感谢上海市中小学幼儿教师奖励基金会、上海易顺公益基金会和上海新华传媒连锁有限公司教材中心所创设的研究、宣传和推广平台。在多位专家一次又一次的项目评估和指导鼓励下，我不断扩大研究范围，并努力用专著的方式编排体例和加深内容。同时，我要感谢杨杰、袁晓东、高永娟、颜欣玮等师长、专家对学校阅读课程的推进和本书的撰写给予的指导与帮助。最后，我想对虞国芬、潘杰、刘蕾、姚玉婷等老师表示深深的感谢，他们为“链群阅读指导”实践落地付出了极大的努力；也要感谢罗黎萍、杨蓉、张逸雯等老师，他们把自己对儿童阅读的认识与实践融入自己的教学过程中，创造了许多促进儿童积极阅读的方法，为本书的撰写提供了丰富的案例。

由于撰写时间紧迫，书中定有疏漏差错或有待改进之处，恳请专家同仁指正。

陆莉莉
2024 年春